Filosofia, racionalidade, democracia

FUNDAÇÃO EDITORA DA UNESP

Presidente do Conselho Curador
Herman Jacobus Cornelis Voorwald

Diretor-Presidente
José Castilho Marques Neto

Editor-Executivo
Jézio Hernani Bomfim Gutierre

Conselho Editorial Acadêmico
Alberto Tsuyoshi Ikeda
Célia Aparecida Ferreira Tolentino
Eda Maria Góes
Elisabeth Criscuolo Urbinati
Ildeberto Muniz de Almeida
Luiz Gonzaga Marchezan
Nilson Ghirardello
Paulo César Corrêa Borges
Sérgio Vicente Motta
Vicente Pleitez

Editores-Assistentes
Anderson Nobara
Henrique Zanardi
Jorge Pereira Filho

José Crisóstomo de Souza
Organização e tradução

Filosofia, racionalidade, democracia

Os debates Rorty & Habermas

© 2005 da tradução brasileira:
Fundação Editora da UNESP (FEU)
Praça da Sé, 108
01001-900 – São Paulo – SP
Tel.: (0xx11) 3242-7171
Fax: (0xx11) 3242-7172
www.editoraunesp.com.br
www.livrariaunesp.com.br
feu@editora.unesp.br

Os direitos de publicação, em língua portuguesa, dos textos que constituem este livro foram cedidos ao seu organizador, segundo o discriminado abaixo:

Para o primeiro diálogo, extraído de *Debating the State of Philosophy*, Józéf Niznik (ed.): © 1996 by the Institute of Philosophy and Sociology of the Polish Academy of Sciences. Reproduced with permission of Greenwood Publishing Group, Inc., Westport, CT.

Para o segundo diálogo, extraído de *Rorty and His Critics*, Robert Brandom (ed.): © Blackwell Publishers, Ltd 2000, Oxford, UK.

Para "Reflexões sobre o Pragmatismo", extraído de *Habermas and Pragmatism*, Mitchell Aboulafia, Myra Bookman and Catherine Kemp (eds.). © M. Aboulafia.

Para a resenha de Richard Rorty, de *Verdade e Justificação*, de Habermas: © Notre Dame Philosophical Reviews.

Para "Grandiosidade Universalista, Profundidade Romântica, Finitude Humanista", de Richard Rorty, direitos cedidos diretamente pelo próprio autor.

CIP-Brasil. Catalogação na fonte
Sindicato Nacional dos Editores de Livros, RJ

F524

    Filosofia, racionalidade, democracia: os debates Rorty & Habermas / José Crisóstomo de Souza, organizador. – São Paulo: Editora Unesp, 2005.

    Apêndices
    Inclui bibliografia
    ISBN 85-7139-619-1

    1. Rorty, Richard, 1931-. 2. Habermas, Jürgen, 1929-. 3. Filosofia moderna – Século XX. 4. Relatividade. 5. Pragmatismo. 6. Ciência política – Filosofia. I. Souza, José Crisóstomo de.

05-2648   CDD 193
                                                       CDU 1(43)

Editora afiliada:

MEUS AGRADECIMENTOS

Aos colegas Józéf Niznik (Academia Polonesa de Ciências), Mitchell Aboulafia (Universidade do Colorado) e Gary Gutting (Universidade de Notre Dame) pelo seu apoio. A Habermas e Richard Rorty, em especial, por suas contribuições e sugestões. A Marieze, Leo Rudá, Deodato e Murilo, pelo incentivo.

Sumário

Apresentação: Nota sobre os debates e sobre suas fontes   9

Introdução aos debates Rorty & Habermas: Filosofia, pragmatismo e democracia   13

Primeiro diálogo
Lidando com contingências
(Filosofia, cultura e relativismo)

A volta ao historicismo   53
(Platonismo, relativismo e pragmatismo)
Jürgen Habermas

Para emancipar a nossa cultura   85
(Por um secularismo romântico)
Richard Rorty

Segundo diálogo
(Filosofia, racionalidade e política)

Verdade, universalidade e política democrática 103
(Justificação, contexto, racionalidade e pragmatismo)
Richard Rorty

A virada pragmática de Richard Rorty 163
(Contextualismo, razão e naturalização)
Jürgen Habermas

Resposta a Jürgen Habermas 213
(Realidade objetiva e comunidade humana)
Richard Rorty

Apêndices

Reflexões sobre o pragmatismo 233
(Respostas de Habermas a perguntas formuladas
por Mitchell Aboulafia)

Sobre *Verdade e justificação*, de Habermas 241
Richard Rorty

Grandiosidade universalista, profundidade
romântica, finitude humanista 247
Richard Rorty

Apresentação
Nota sobre os debates e sobre suas fontes

Os dois encontros entre Richard Rorty e Jürgen Habermas que apresentamos aqui correspondem a dois momentos distintos, mas mantêm entre si uma significativa continuidade. O primeiro deles – sobre a situação atual da filosofia e sobre o relativismo em relação aos nossos ideais éticos e políticos iluministas – apareceu inicialmente no volume *Debatendo o Estado da Filosofia*,[1] que traz as contribuições dos dois filósofos num evento promovido, em 1996, pelo Instituto de Filosofia e Sociologia da Academia Polonesa de Ciências, em Varsóvia.[2] Nesse

---

[1] NIZNIK, J., SANDERS, J. (Eds.) *Debating the State of Philosophy*. Londres: Praeger Publishers, 1996. Foi Jürgen Habermas quem gentilmente chamou minha atenção para esse material.

[2] O debate de Varsóvia marcou o 40º aniversário do Instituto. Dele também participaram, com textos próprios e como importantes coadjuvantes, os filósofos europeus Leszek Kolakowski e Ernerst Gellner.

evento Habermas comenta criticamente, apoiado numa recapitulação histórica, as posições "antiplatônicas" e "contextualistas" de Rorty, que lhe responde com uma narrativa histórica alternativa, a favor de seu "secularismo romântico". Esses dois textos intitulam-se, respectivamente, "A volta ao historicismo" e "Para emancipar a nossa cultura".

Os materiais que constituem o segundo debate apareceram na volumosa coletânea *Rorty e seus críticos*, publicada em 2000,[3] que se inicia precisamente por uma substanciosa peça polêmica de Rorty, intitulada "Verdade, universalidade e política democrática".[4] Nesse texto ele apresenta suas posições pragmatistas sobre aqueles tópicos, dirigida, no essencial (o que é sintomático), a Habermas, contra seu lado "universalista-kantiano", tomando o filósofo alemão, mais uma vez, como seu principal interlocutor.[5] A pertinência de reunirmos aqui os dois debates (ou diálogos) fica realçada pelo conteúdo desse texto de Rorty, que visivelmente retoma e responde, extensa e detalhadamente, às questões postas por Habermas no primeiro debate, durante o encontro de Varsóvia.

O texto com que Rorty abre o segundo debate é seguido por um novo comentário de Habermas, abrangente, em linha gerais diferente do de Varsóvia, intitulado "A virada pragmática de Richard Rorty", e esse comentário, por fim, é seguido de uma

---

3 BRANDOM, R. (Ed.) *Rorty and His Critics*. Oxford: Blackwell Publishers, 2000.

4 No original, "Universality and Truth". "Política democrática", acrescentado por nós, é o tópico a que os dois primeiros temas estão articulados, tanto em Habermas como em Rorty, que recorre aí, mais de uma vez, a essa expressão. Seu texto se inicia com a questão: "O tópico da verdade é relevante para a política democrática?". Essa preocupação política é, sem dúvida, o motivo de fundo da elaboração filosófica de ambos, bem como do diálogo e debate entre eles.

5 O restante de *Rorty and His Critics* (op. cit.) traz as peças polêmicas de outros filósofos (de filiação predominantemente analítica), bem como as respectivas réplicas de Rorty.

Apresentação

tréplica de Rorty, aqui intitulada "Realidade objetiva e comunidade humana".[6] Também nesses textos, as questões sobre verdade e conhecimento, contextualismo e racionalismo estão referidas às preocupações de ambos com a implementação de nossos ideais éticos e políticos mais generosos. São essas três peças que compõem o segundo – e mais extenso – debate, que, como dissemos, dá continuidade/desenvolvimento ao primeiro, ambos incluindo tanto as divergências como as coincidências entre os dois autores.

Completam o livro, em apêndice, três outros textos particularmente interessantes na linha do confronto de posições entre ambos: "Reflexões sobre o pragmatismo", de Habermas,[7] uma resenha de Rorty sobre *Verdade e Justificação*, de Habermas,[8] e a conferência "Grandiosidade universalista, profundidade romântica e finitude humanista", apresentada por Rorty em Oxford, que volta a tratar de Habermas.

Todos esses materiais deixam ver, também, a evolução recente das posições de Habermas e Rorty, uma evolução que parece decorrer, em parte, dessa própria e fecunda troca de ideias. Eles são precedidos por uma introdução, minha, informativa e explicativa, ao pensamento e à obra dos dois autores, ao contexto teórico e ao conteúdo de sua discussão.

O grande número de notas, nessa introdução, visa assinalar um conjunto de questões que permeiam esses diálogos e uma gama de referências bibliográficas que têm a ver com elas e com a obra dos dois filósofos, para quem se interessar em explorá-las, em diversas direções e em torno de diversos temas.

---

6 Esse título, dado por nós (no original, simplesmente "Response to Habermas"), procura explicitar o eixo da tréplica de Rorty.

7 Essas "Reflexões" foram publicadas pela primeira vez em: ABOULAFIA, Mitchell et al. (Eds.) *Habermas and Pragmatism*. Londres: Routledge, 2002.

8 A resenha me foi cedida por Rorty e Gary Gutting, este como editor da *Notre Dame Philosophical Reviews*. O texto "Grandiosidade universalista..." me foi enviado diretamente por Rorty.

Uma última observação: para me referir a esses textos, utilizo o termo *debate* mas também *diálogo*, ou ainda os dois simultaneamente. É que, de fato, as duas coisas estão neles presentes e inseparáveis.

José Crisóstomo de Souza

Introdução aos debates Rorty & Habermas
Filosofia, pragmatismo e democracia

José Crisóstomo de Souza

Richard Rorty tornou-se famoso fora dos Estados Unidos depois da publicação, em 1979, de seu *A filosofia e o espelho da natureza*.[1] Esse livro é uma crítica ao modelo "epistemológico" de filosofia de Descartes, Locke e Kant, investindo contra sua ambição de oferecer as bases racionais, últimas, de todo conhecimento digno do nome.[2] Investindo, também, contra sua pretensão, correlata, de ser o juiz supremo da legitimidade das

---

1 RORTY, R. *Philosophy and the Mirror of Nature*. Princeton: Princeton University Press, 1979. Edição brasileira: *A filosofia e o espelho da natureza*. Rio de Janeiro: Relume-Dumará, 1995.

2 Na filosofia moderna, representada por esses expoentes máximos (Descartes, Locke, Kant), a epistemologia ou teoria do conhecimento é a "filosofia primeira", que nos diz, na verdade, como conhecemos e o que de fato podemos conhecer. O que lhe permite decretar o que é conhecimento verdadeiro e o que não é conhecimento nenhum.

outras expressões da cultura, ou seja, contra sua pretensão de "endossar ou refutar as alegações de conhecimento da ciência, da moral, da arte ou da religião".[3] O trabalho rortyano de crítica estende-se para incluir ainda a filosofia analítica contemporânea, e quer conduzir ao abandono, tanto do modo antigo (metafísico), quanto moderno (epistemológico), de fazer filosofia. "Uma maneira de ver a filosofia analítica como se encaixando no padrão tradicional cartesiano-kantiano é ver a filosofia tradicional como uma tentativa de escapar da história."[4] Ao final, a "desconstrução" rortyana deságua no pragmatismo e no historicismo (ou no pragmatismo e na hermenêutica). Isto é, na proposta "não fundacionista"[5] de uma filosofia trazida inteiramente para dentro do mundo (de nossas práticas), como interpretação e como formação (ou edificação), e não mais como uma espécie de "dona da razão".[6]

Se considerarmos o conhecimento como uma questão de conversação e prática social, em vez de como uma tentativa de espelhar a natureza, não é provável que concebamos uma meta-

---

3 RORTY, 1979, p.3.

4 Ibidem, p.9. "A filosofia analítica está ainda comprometida com a construção de uma estrutura permanente e neutra, para o conhecimento e, portanto, para toda a cultura" (p.8). Ela (na paráfrase que Habermas faz de Rorty no segundo diálogo) "partilha, com a tradição que desvalorizou [isto é, com a filosofia tradicional], a convicção de que há verdades filosóficas esperando ser descobertas", em vez de verdades a serem concebidas, construídas ou imaginadas.

5 O leitor menos familiarizado com esse jargão não deve se assustar. O significado desses termos estranhos ficará claro no decorrer desta introdução e ao longo da própria leitura dos diálogos entre Rorty e Habermas. Tampouco o número muito grande de notas deve preocupá-lo. Meu propósito ao inseri-las foi assinalar um conjunto de questões que permeiam esses diálogos, e uma gama de referências bibliográficas que têm a ver com essas questões e com a obra dos dois filósofos, para quem se interessar em explorá-las mais profundamente. Acho que uma atenção mais minuciosa a essas notas deve ficar para uma segunda leitura.

6 RORTY, 1995, parte 3, capítulo final.

prática [a filosofia], que seria a crítica de todas as formas possíveis de prática social.[7]

Inclusive de nossa prática de conhecer.

A empreitada de Rorty tem algo da conhecida denúncia contra o positivismo e o cientificismo, mas atinge igualmente a filosofia em sua ambição de conhecimento, racional, superior, da natureza da realidade e/ou do próprio conhecimento, do tipo representado exemplarmente pelo que ele chama de platonismo.[8] Em relação a isso, além da noção de verdade independente de ponto de vista e de contexto, o alvo central da crítica rortyana é a concepção "correspondentista" da verdade, segundo a qual o pensamento deve "refletir" ou "representar", fielmente, uma realidade inteiramente objetiva. (De um modo que lembra a discussão marxista, de décadas atrás, em torno da ideia do conhecimento como *reflexo* do real na consciência.) A filosofia moderna de Descartes, Locke e Kant,

> tem como objetivo central ser uma teoria geral da representação, uma teoria que dividirá a cultura entre as áreas que representam a realidade adequadamente, as que a representam menos adequadamente e as que absolutamente não a representam (apesar de sua pretensão de fazê-lo).[9]

Como sugere o título do livro, Rorty quer deixar para trás, definitivamente, as metáforas visuais e especulares que sustentam o modo dominante de conceber o conhecimento, agora consideradas um emperramento para o pensamento, para cultura e para a política. "A imagem que mantém cativa a filosofia tradicio-

---

7 Idem, 1979, p.171.

8 O filósofo clássico "sabe o que todos os outros estão fazendo [nas outras áreas da cultura e da atividade humanas], quer eles próprios saibam-no ou não" (RORTY, R. *Philosophy and the Mirror of Nature*. Princeton: Princeton University Press, 1979. p.8).

9 Ibidem, p.3.

nal é a de que a mente é um grande espelho, que contém várias representações (algumas acuradas, outras não), e que pode ser estudado por métodos puros, não empíricos."[10] Para Rorty, trata-se agora de libertarmo-nos, e à filosofia, desse cativeiro.

Na comunidade filosófica, pouca gente tomou conhecimento do notável impacto do livro de Rorty sobre um filósofo da estatura de Jürgen Habermas – que, entretanto, viu nele um "impressionante trabalho de crítica".[11] O livro teria mesmo preenchido um "vazio teórico" em que Habermas se encontrava naquela ocasião, seu impacto tendo-lhe levado a abandonar, definitivamente, "toda veleidade fundacionista para a filosofia".[12] Isto é, toda veleidade de que esta pudesse oferecer um fundamento racional seguro, neutro, não relativizável, não contingente, sobre o qual se assentasse todo o conhecimento e toda a orientação prática de homens e mulheres. Ainda em 1999, o próprio Habermas, em *Verdade e justificação*, confirmava a importância que teve, para ele, a "virada pragmatista" operada por Rorty (no *A filosofia e o espelho da natureza*), na qual, como

---

10 Ibidem, p.12. Rorty entende, com razão, que o "representacionismo" é o núcleo duro da epistemologia, cuja preocupação é cuidar para que nossas crenças *representem* a realidade com exatidão. Para uma introdução geral ao pensamento de Richard Rorty, em português, ver seus artigos em: MAGRO, C., PEREIRA, A. C. (Orgs.) *Pragmatismo*: a filosofia da criação e da mudança. Belo Horizonte: UFMG, 2000. Ver também: GHIRALDELLI JR., P. *Richard Rorty*: a filosofia do novo mundo em busca de mundos novos. Petrópolis: Vozes, 1999.

11 Pelo lado da comunidade filosófica de língua francesa, Gilbert Hottois refere-se à obra de Richard Rorty, *A filosofia e o espelho da natureza*, como sendo "um clássico da filosofia contemporânea", parte de uma obra que tem "a marca do gênio" (HOTTOIS, G., WEYENBERGH, M. (Eds.) *Richard Rorty*: Ambigüités et Limites du Postmodernisme. Paris: Vrin, 1994).

12 Ver, sobre isso, o excelente artigo de Claude Piché, "A passagem do conceito epistêmico ao conceito pragmatista de verdade em Habermas" [In: ARAÚJO, L. B. L. (Org.) *A filosofia prática e a modernidade*. Rio de Janeiro: UERJ, 2003]. É interessante observar que, apesar da sua ênfase na influência de Rorty sobre Habermas, Piché conclui por uma superioridade do segundo (em relação ao primeiro) como pragmatista.

diz o filósofo alemão, "apesar de nossas diferenças e das minhas próprias intenções, pude me reconhecer".[13] Depois da influência de Rorty, a filosofia de Habermas não voltaria a ser a mesma, afastando-se, cada vez mais, daquela de Karl-Otto Apel, seu parceiro no desenvolvimento de uma ética universalista acerca da interação discursiva não distorcida. Agora, sem abrir mão de uma preocupação universalista, Habermas aprofundaria sua própria virada pragmatista.

Racionalidade, intersubjetividade e ameaça relativista

Logo depois da publicação do livro de Rorty, Habermas respondeu-lhe na conferência "A Filosofia como Guardadora de Lugar e como Intérprete".[14] Aí ele se revelou disposto a admitir o abandono de boa parte das pretensões da filosofia tradicional (em última análise, "dogmática" e "autoritária"), e a atribuir-lhe, em vez disso, numa sociedade democrática, modestos serviços, coadjuvantes, de tradutora e intérprete – entre as esferas da cultura e entre o saber dos especialistas e o mundo das pessoas comuns.[15] Habermas não quis abrir mão, entretanto, do papel, da filosofia, de "guardiã da racionalidade", isto é, guardiã de alguns princípios racionais de validade universal, que seriam justamente condição necessária, no plano do pensa-

---

13 HABERMAS, J. *Wahrheit und Rechtfertigung*. Frankfurt: Suhrkamp, 1999. p.17. Apud PICHÉ, C. A passagem do conceito epistêmico ao conceito pragmatista de verdade em Habermas. In: ARAÚJO, L. B. L. (Org.) *A filosofia prática e a modernidade*. Rio de Janeiro: UERJ, 2003. p.10.

14 Ver HABERMAS, J. A filosofia como guardadora de lugar e como intérprete. In: HABERMAS, J. *Consciência moral e agir comunicativo*. Rio de Janeiro: Tempo Brasileiro, 1989. Essa conferência foi apresentada em 1981, no Congresso da Associação Hegeliana Internacional, em Stutgart. Por abreviação, referir-nos-emos a ela como "A filosofia como intérprete".

15 Ver "A filosofia como intérprete", p.32-3.

mento, "às formas humanas de convivência" – o que é sempre a principal preocupação de Habermas. E isso ainda que tais princípios fossem puramente formais, procedimentais e reduzidos a um mínimo, e devessem ser encontrados no interior das próprias práticas humanas, tais como elas se apresentam.[16] Contanto que fossem suficientes, em todo caso, para exorcizar o fantasma do relativismo e do irracionalismo, e a ameaça da barbárie que tais desvios filosóficos poderiam, no mínimo, sancionar – segundo a visão iluminista alemã de Habermas.[17] Contanto, enfim, que bastassem para sustentar o ponto de vista democrático, como incondicionalmente certo e racional, em oposição ao ponto de vista não democrático, como irracional e incondicionalmente errado.

Podemos dizer que no "A filosofia como intérprete" começa o debate entre Habermas e Rorty, que a partir de então têm sido possivelmente os interlocutores mais importantes um do outro.[18] Nesse texto, a estratégia argumentativa de Habermas

---

16 Tais princípios, como veremos adiante, seriam encontrados no interior da prática comunicativa dos homens e constituiriam uma "ética do discurso" – como "disciplina básica da filosofia prática" (moral, política). Em termos gerais, essa é a perspectiva tanto de Habermas como de Apel, que começaram juntos o seu desenvolvimento. Sobre a concordância entre os dois e, depois, sobre seu progressivo afastamento, ver, por exemplo: APEL, K. O. Regarding the Relationship of Morality, Law and Democracy. In: ABOULAFIA, M. et al. (Eds.) *Habermas and Pragmatism*. London: Routledge, 2002.

17 Mesmo que tais princípios (pressupostos) devam abrir-se ao teste da experiência empírica e deles, portanto, nunca tenhamos uma formulação definitiva. Sobre isso, Habermas procura afastar-se da pretensão de Apel de oferecer uma fundamentação normativa "última", não contingente, para nossas práticas – posição da qual Habermas esteve inicialmente muito próximo. Em relação à "barbárie" que ele e Rorty abominam por igual, ela consistiria, em alguns casos, na substituição do diálogo pela violência, e da tolerância pela exclusão, por meio da extensão inapropriada à esfera política, de valores heroicos e estéticos que deveriam se restringir (especialmente segundo Rorty) à esfera da vida pessoal, privada.

18 Em 1993, ocorreu na França o que se poderia entender como um primeiro gesto de comparação entre os pensamentos de Rorty e Habermas, no

consiste em situar a virada pragmatista de Rorty, por meio de uma recapitulação histórica, na esteira do movimento de autocrítica que ocorreu no interior da própria filosofia alemã, no século XX, tanto do lado da sua descendência kantiana (Lorenzen, Popper) como daquela hegeliana (Lukács, Korsch, Adorno). "Quer se volte agora contra o absolutismo de Hegel ou contra o fundamentalismo de Kant", diz Habermas, "a crítica metafilosófica aos mestres pensadores [como a de Rorty] é um produto tardio, e segue as pegadas de uma autocrítica há muito praticada pelos sucessores de Kant e de Hegel [inclusive no campo marxista]".[19] No desenrolar de tal movimento autocrítico (na verdade, dois movimentos, inicialmente independentes e paralelos), a desmontagem dos exageros "absolutistas", "transcendentalistas" e "dogmáticos", da razão e da filosofia (alemãs), não levaria a um completo abandono de nenhuma dessas duas.[20] É justamente no âmbito desse projeto, de uma razão tornada menos segura de si, e de uma filosofia tornada mais modesta, que Habermas situa seus próprios esforços teóricos.[21] A um só tempo, acolhendo o que chama de "ganhos de

---

colóquio intitulado "La Modernité en Questions chez Habermas et Rorty", realizado no Château de Cerisy la Salle. Entretanto, como se pode ver pela programação do encontro e pelo livro homônimo que resultou dele, publicado pelas Editions du Cerf em 1998, não houve aí nenhum verdadeiro debate entre os dois.

19 "A filosofia como intérprete", p.21.

20 Habermas acha que, ao final desses dois movimentos de autocrítica, inicialmente paralelos, o que restou de cada uma das duas estratégias fundacionistas, agora enfraquecidas, respectivamente de Kant (transcendental) e de Hegel (dialética, histórica), poderia sustentar, dessa vez, uma "complementação produtiva", uma concepção não dogmática e não autoritária de razão, uma concepção que evitasse ao mesmo tempo a recaída no relativismo e no ceticismo. É o que ele e Apel gostariam de representar. Ver "A filosofia como intérprete", p.21 e 24.

21 Não se trata somente de Habermas ou de Rorty. Como sugere o filósofo brasileiro Oswaldo Porchat Pereira, neopirrônico, boa parte do pensamento filosófico do século XX é "desconfiada com relação ao absoluto" ou é simplesmente "antiabsolutista", procurando instalar-se "no espaço

discernimento" do pragmatismo e da hermenêutica, e sustentando uma racionalidade que se resume à não abdicação, por inteiro, do alcance – de algum modo objetivo, universal e incondicional – tradicionalmente reivindicado para a noção de verdade.[22] Para tanto, além de contar com o que sobreviveu do lado do kantismo e do hegelianismo (agora finalmente combinados numa "complementação produtiva"), Habermas vai buscar apoio no mundo da vida cotidiana (*Lebenswelt*), onde aquele alcance (da verdade) seria sempre assumido "na prática", e onde ele seria imprescindível e inevitável para o funcionamento dos negócios humanos.[23] Habermas reconhece, entretanto, que são o pragmatismo e a hermenêutica que conferem essa autoridade, no plano do conhecimento, à comunidade humana e à prática – cooperativa e comunicativa, cotidiana – dos homens.[24]

---

do mundo do fenômeno e da empiria". Ver: PEREIRA, O. P. Ainda é preciso ser cético. *Discurso* (São Paulo: USP), n.32, p.21-2, 2001. Com sua posição neopirrônica e próxima do pragmatismo, Porchat pode bem ser visto como nosso representante no debate filosófico contemporâneo, do qual os diálogos Habermas-Rorty fazem parte. Posso assinalar também, nessa linha, as contribuições, já de algum tempo, pelo lado "continental", "iluminista-alemão", de Sérgio Paulo Rouanet: *As razões do iluminismo*. São Paulo: Cia. das Letras, 1989.

22 Ver "A filosofia como intérprete" (p.26). Habermas entende que a razão não deve abrir mão de apontar (com suas noções de verdade, incondicionalidade, validade universal, objetividade etc.) "para além de todas as limitações de lugar e de tempo" (p.24), o que parece, a Rorty, uma pretensão descabida, inútil e, em última análise, ruim para a prática.

23 Ver PICHÉ, C. A passagem do conceito epistêmico ao conceito pragmatista de verdade em Habermas. In: ARAÚJO, L. B. L. (Org.) *A filosofia prática e a modernidade*. Rio de Janeiro: UERJ, 2003. p.21-2.

24 "A filosofia como intérprete" (p.24 e 25). Ver também: HABERMAS, J. *Wahrheit und Rechtfertigung*. Frankfurt: Suhrkamp, 1999. p.245-7. De acordo com Claude Piché (op. cit.), é nesse livro que Habermas passa declaradamente para uma concepção pragmatista da verdade. Quanto ao que é pragmatismo, ele pode ser caracterizado como uma orientação anticartesiana e anticética, sustentada pela noção de que nossas crenças não são algo como a imagem de uma realidade independente de nós mesmos,

De seu lado, como veremos, Rorty entende que sua própria posição antifundacionista (ou não fundacionista) apenas acolhe e leva até o fim o movimento habermasiano de superação da racionalidade monológica, cartesiano-kantiana, típica do Iluminismo. Um movimento que propõe, no lugar dela, uma racionalidade intersubjetiva, comunicativa, presente, pelo menos como ideal, latente, nos nossos hábitos e práticas – antes de tudo, naqueles de nossa comunicação verbal.[25] A esse respeito, Rorty reconhece que *O discurso filosófico da modernidade* (1985),[26] de Habermas, "causou-lhe uma enorme impressão", e concorda com a narrativa da história recente da filosofia e com a apreciação do seu estado atual, oferecidas nessa obra. A narrativa habermasiana procura aí recuperar as tentativas filo-

---

mas "hábitos de ação" que se provam na ação. Nossos conhecimentos têm a ver com a solução de problemas, e o que chamamos "verdade" é o que nos permite lidar com o mundo. Menos reconhecido é que a orientação ao mesmo tempo antissolipsista, antipositivista e antifundacionista do pragmatismo envolve uma virada, da "pura" subjetividade e da "pura" objetividade (e também da razão "pura"), para a intersubjetividade, a sociedade, a cultura – para o mundo dos homens, enfim. Uma boa introdução ao pragmatismo, que considera extensamente seu desenvolvimento rortyano, é a seguinte: COMETTI, J. P. *Filosofia sem privilégios*. Porto Alegre: Edições Asa, 1995. Cabe ainda assinalar que, no interior da "família" pragmatista, dentre várias outras diferenciações, a principal é possivelmente aquela entre o pragmatismo *hard* de Peirce, "científico" e "analítico", e o pragmatismo *soft* de James, "perspectivista" e "antropológico". Em torno disso, ver, por exemplo: SILVA FILHO, W. da. Pragmatismo, verdade e objetividade. In: *Filosofia Americana*, n.1, 2002.

25 Depois de fazer a crítica da estreita razão instrumental, exclusivamente calcada na "autoritária" e rigidamente dualista relação sujeito-objeto, Habermas se ocupa de resgatar uma outra racionalidade, presente na "igualitária" relação sujeito-sujeito e tipificada na argumentação e na deliberação na esfera pública – presente, enfim, em toda atividade cooperativa dos homens. Ela se fundaria nas regras (ou "condições de possibilidade") sempre presentes – tacitamente – nas nossas práticas linguísticas, orientadas idealmente para o consenso não constrangido, dotadas, assim, de uma dimensão ética – tanto quanto de uma dimensão cognitiva.

26 HABERMAS, J. *O discurso filosófico da modernidade*. São Paulo: Martins Fontes, 2000.

sóficas anteriores, parciais, de superação dos defeitos da razão moderna, centrada no eu, dualista, reificante, supostamente autoritária e excludente (tentativas que, segundo Habermas, vão de Hegel aos jovens hegelianos e à chamada filosofia da práxis, de Marx e aparentados).[27] Para, em seguida, contrapor sua nova e socializada razão intersubjetiva à radical negação nietzschiana da razão, tanto da razão "platônica" quanto da razão "moderna".[28] E para contrapô-la também, por fim, ao neonietzcheísmo e ao neoheideggerismo contemporâneos, "desconstrucionistas" e "pós-modernos" – de gente como Foucault, Lyotard e Derrida, que acolheriam, temerariamente, aquela negação.[29] O que, para Habermas, já sabemos, pode abrir caminho para o irracionalismo e, em última análise, para a violência e a barbárie – como no caso do nazismo, do fascismo e de práticas antidemocráticas em geral, de manipulação e de uso da força.[30]

---

27 A crítica da razão é um dos pontos centrais da filosofia da Escola de Frankfurt, da qual Habermas é representante da "segunda geração". De acordo com ela, a razão moderna teria esgotado seu potencial crítico e emancipador, reduzindo-se hoje a uma estreita e conformista razão instrumental, empirista, positivista, ideologicamente a serviço da alienação e da dominação. Para não se render ao outro extremo (o irracionalismo), só restaria a uma razão crítica manter-se como razão radicalmente negativa. Para Habermas, entretanto, a sua nova razão intersubjetiva, comunicativa, é a solução para os impasses atuais da razão iluminista.

28 HABERMAS, 2000, caps.4 e 9.

29 Ibidem, caps.4 a 7 e 9 a 11. Habermas trata os "pós-modernos" franceses (Foucault, Lyotard, Derrida) de "jovens conservadores" em: A modernidade: um projeto inacabado. *Crítica* (Lisboa: Editorial Teorema), v.2, p.21, nov. 1987.

30 Habermas preocupa-se com os precedentes representados pela utilização nazista de Nietzsche e pelo nazismo de Heidegger, que, para ele, só podem ser exorcizados por uma ética universalista e por uma política democrática, ambas fundamentadas numa certa incondicionalidade da razão. Em relação ao "irracionalismo", ele não vai ao exagero – de Georg Lukács em *Assalto à razão* – de vê-lo por toda parte, na filosofia contemporânea, em tudo o que não é racionalismo e Iluminismo (de tipo alemão). Mas, aparentemente, preocupa-lhe, sobretudo, o fato de que, na Alemanha, as posições políticas de extrema direita, reacionárias e perigosamente chauvinistas, têm-se acompanhado, no plano filosófico, de posições que repudiam o Esclarecimento e que retomam o Romantismo.

Em relação ao último passo, porém, Rorty, cujo novo pragmatismo pode bem ser qualificado de nietzschiano,[31] não vê por que seguir Habermas, procurando, em vez disso, nesse terreno, uma alternativa própria. Com efeito, uma maneira de caracterizar a posição de Rorty é entendê-la como, de certo modo, mediando entre Habermas e os "pós-modernos" – "relativistas", críticos do Iluminismo – franceses. De um lado, ele fica com os ideais humanistas do Iluminismo (democracia, justiça, tolerância, solidariedade etc.), caros a Habermas, como elementos bem-sucedidos e desejáveis da nossa cultura. De outro, ele dispensa – como inviável, mas também desnecessário, e, mesmo, desinteressante e contraproducente – o recurso a uma razão anistórica (mesmo que mínima), não dependente do contexto, dissociada da particularidade de nossos hábitos, práticas e projetos, que garantisse, então, àqueles ideais, algo como um fundamento não relativizável, incondicional e universal.[32] A esse

---

31 Sidney Hook, o discípulo favorito do pragmatista clássico John Dewey, caracterizou o pragmatismo de Rorty como versão "irracionalista" e "nietzschianizada" de Dewey (RORTY, R. *Objetivismo, relativismo e verdade*. Rio de Janeiro: Relume-Dumará, 2002. p.33, nota 30). O próprio Rorty tem insistido, em vários trabalhos, no parentesco de Dewey e de James – em questões como verdade e conhecimento – com o "pragmatismo europeu" de Nietzsche. Hook mereceria uma consideração à parte por conta da sua tentativa, depois renegada, de combinar marxismo (leninista) e pragmatismo deweyano. Ver, sobre isso, meu artigo, "Karl Marx como John Dewey: o marxismo pragmatista de Sidney Hook" [*Veritas* (Porto Alegre), v.49, n.1, p.49-69, mar. 2004].

32 Rorty poderia concordar com Habermas que a modernidade é um projeto inacabado que precisa ser levado adiante, mas não vê por que tomar o seu lado, no plano filosófico e acerca da "pós-modernidade", contra Lyotard. A concordância maior de Rorty com Habermas se dá, como já disse, em torno dos ideais políticos e sociais, de corte humanitário, que ambos compartilham – e que incluem a utopia de uma comunidade humana universal. Para Rorty, Habermas é "um liberal que se recusa a ser um ironista", isto é, a perceber (e aceitar) a "relatividade" de sua própria posição liberal como uma entre outras. Já Foucault, crítico da racionalidade moderna, seria "um ironista que se recusa a ser um liberal" (RORTY, R. *Contingency, Irony, and Solidarity*. Cambridge: Cambridge University Press, 1989. p.61).

respeito, uma das teses favoritas de Rorty é a da prioridade da democracia (e da política) em relação à filosofia (bem como da prudência, em relação à moral racionalista). A filosofia não pode *fundamentar* o discurso democrático, que não precisa disso; pode apenas contribuir para *articulá-lo*[33] – como seria o caso da filosofia democrática e progressista do pragmatista John Dewey. Para Rorty, como para os pragmatistas fundadores, o pragmatismo é um humanismo, fiel à máxima de Protágoras (em especial, no caso de William James e do inglês naturalizado Ferdinand Schiller): "o homem é a medida de todas as coisas".[34] Fiel à ideia, aí envolvida, de que não existe, não só no plano da moral como no do conhecimento, nenhuma autoridade (como a razão, a objetividade, a realidade "em si") fora ou independente do mundo dos homens, de suas convenções e práticas.[35] Veja-se quanto a isso, no primeiro debate, adiante, a réplica de Rorty a Habermas.

---

33 RORTY, R. A prioridade da democracia em relação à filosofia. In: RORTY, R. *Objetivismo, relativismo e verdade*. Rio de Janeiro: Relume-Dumará, 2002. p.234-61. Habermas, apesar de tudo, parece aqui e ali se aproximar das posições "antitranscendentalistas" que critica em Rorty, especialmente quando faz restrições ao "transcendentalismo forte" de Apel. Ver, por exemplo: HABERMAS, J. *Consciência moral e agir comunicativo*. Rio de Janeiro: Tempo Brasileiro, 1989. p.21.

34 Ferdinand Schiller desenvolveu seu trabalho em Oxford, Inglaterra, e, depois de aposentado, na Universidade da Califórnia do Sul, nos Estados Unidos, e pode ser descrito como expoente de um hegelianismo desabsolutizado e pragmatista. Com Dewey, ele, que chamava sua própria posição de "humanismo", foi provavelmente o pragmatista de maior influência hegeliana. Peirce, fundador do pragmatismo, entendia que a filosofia de Schiller ocupava uma posição intermediária entre a sua e a de James.

35 Como diz Rorty: "Se nós tivermos uma concepção deweyana do conhecimento como aquilo em que temos razões para acreditar, então não vamos imaginar que haja constrangimentos duradouros quanto ao que pode valer como conhecimento, pois veremos a 'justificação' como um fenômeno social, em vez de como uma transação entre 'o sujeito cognoscente' e a 'realidade'" (RORTY, R. *Philosophy and the Mirror of Nature*. Princeton: Princeton University Press, 1979. p.9).

Depois de *A filosofia e o espelho da natureza*, Rorty abriu caminho para o centro da discussão filosófica contemporânea, pelo menos daquela de maior audiência e visibilidade, dialogando, de um lado, com Habermas, e, de outro, com os "pós-modernos" franceses.[36] Ao mesmo tempo, mantendo uma discussão com os colegas mais próximos, de sua própria linhagem de pensamento, envolvidos com filosofia analítica da linguagem, como Wittgenstein, Sellars, Quine, Putnam e Davidson, que têm, em maior ou menor medida, retomado os caminhos do pragmatismo.[37] Em relação a estes, Rorty aparece como o mais radicalmente pós-empirista, pós-analítico e neopragmatista, e, na opinião de Habermas, relativista.[38] Enquanto Habermas se reconhece próximo da posição moderadamente racionalista e minimamente realista de alguns deles, como, em especial, Hillary Putnam. Assinale-se ainda, por fim, que Rorty – por seu antifundacionismo e "antilogocentrismo" – tem um interesse particular pela literatura, em sentido estrito, e tem escrito, por exemplo, so-

---

36 De fato, pouco antes do seu *A filosofia e o espelho da natureza*, Rorty já começara a dialogar, por exemplo, com Derrida. Sobre os outros "pós-modernos", ver, por exemplo, em português, seus artigos "Cosmopolitismo sem emancipação: uma resposta a Jean-François Lyotard" (In: RORTY, R. *Objetivismo, relativismo e verdade*. Rio de Janeiro: Relume-Dumará, 2002. p.263-70) e "Identidade moral e autonomia privada: o caso de Foucault" (In: RORTY, R. *Ensaios sobre Heidegger e outros*. Rio de Janeiro: Relume-Dumará, 1999. p.257-64). Ver, ainda, o texto "Habermas, Derrida and the Functions of Philosophy" (In: RORTY, R. *Truth and Progress*. Cambridge: Cambridge University Press, 1998. p.307-26), sobre o equacionamento rortyano das diferenças entre os dois pensadores.

37 Nessa linha, ver em *Objetivismo, relativismo e verdade*, de Rorty, os artigos "Fisicalismo não redutivo" (p.157-72) e "Pragmatismo, Davidson e a verdade" (p.173-204), da década de 1980. Ver ainda, em *Truth and Progress*, também de Rorty, os artigos, da década de 1990, sobre Putnam, Searle, Taylor, Dennett, Brandom, Davidson e outros, que compõem toda a primeira parte do livro (p.19-166).

38 Rorty "quer mostrar a que conduz a filosofia da linguagem quando purificada das tentativas de imitar, seja Kant, seja Hume", diz Habermas no segundo diálogo deste livro.

bre Proust, Orwell e Nabokov.[39] Na verdade, ele entende que a literatura pode fazer mais pelos nossos ideais e sentimentos de justiça, solidariedade e tolerância, além de pela nossa autoconstrução pessoal (e mesmo nacional), que a própria filosofia, com toda a sua argumentação racional.

Trajetórias convergentes: da teoria à prática – O resíduo kantiano

As diferenças filosóficas entre Habermas e Rorty refletem seus respectivos contextos culturais e nacionais, suas formações pessoais distintas e as tradições filosóficas particulares a que se filiam. E podem ser mais bem compreendidas em relação a tudo isso. Rorty vem da tradição filosófica anglo-saxônica, do empirismo, de Hume e de Stuart Mill, e, mais proximamente, do positivismo lógico (de Carnap), da filosofia analítica contemporânea e de sua "virada linguística" – um campo que deu contribuições respeitáveis e tecnicamente sofisticadas.[40] É esse o "voca-

---

39 RORTY, R. *Contingency, Irony, and Solidarity*. Cambridge: Cambridge University Press, 1989.

40 Ver RORTY, R. (Ed.) *The Linguistic Turn*. Chicago: University of Chicago Press, 1967. "Essa coletânea", "podemos ver em retrospecto, marca uma ruptura na história do pensamento analítico", diz Habermas, no seu segundo diálogo com Rorty. Em português, ver seu "Wittgenstein, Heidegger e a reificação da linguagem" (In: RORTY, R. *Ensaios sobre Heidegger e outros*. Rio de Janeiro: Relume-Dumará, 1999. p.75-94). Para Habermas, "Rorty é um filósofo analítico brilhante" (HABERMAS, J. *Era das transições*. Rio de Janeiro: Tempo Brasileiro, 2003. p.35). Ou, ainda, "é um dos mais notáveis filósofos analíticos, que argumenta consistentemente, de modo informado e astuto" (Habermas, no segundo diálogo deste livro). Gilbert Hottois [HOTTOIS, G., WEYENBERGH, M. (Eds.) *Richard Rorty*: Ambigüités et Limites du Postmodernisme. Paris: Vrin, 1994] entende que, em *The Linguistic Turn*, de Rorty, ele já anuncia o programa ao qual têm-se mantido fiel. O livro de Hottois e Weyenbergh é digno de nota. Resulta de um colóquio consagrado a Rorty ("Étique et Politique chez R. R."), e nele o leitor encontrará as considerações de vários filósofos de língua francesa sobre nosso neopragmatista.

bulário" que Rorty domina, e essa é a "literatura" que lhe é mais familiar. No *A filosofia e o espelho da natureza*, ele reconhece – de forma desconcertante para a imagem tradicionalmente buscada pelos filósofos – que, "se fosse igualmente familiarizado com outros modos contemporâneos de escrever filosofia", seu livro teria saído "melhor e mais útil, embora ainda maior".[41] Ele deve estar se referindo a "modos" como o hermenêutico, o idealista alemão, o existencialista, o desconstrucionista francês, e outros, dos quais, no entanto, tem um conhecimento mais que considerável para um representante da tradição analítica.

Tendo começado a filosofar nessa vertente, Rorty acompanhou e radicalizou o movimento de "dissolução" (parcial) do projeto original da filosofia analítica para longe de suas pretensões iniciais empiristas positivistas. Uma dissolução promovida pelas contribuições de alguns dos principais representantes desse mesmo projeto, como Quine ("Os dois dogmas do empirismo"), Sellars ("O mito do dado"), o segundo Wittgenstein (das *Investigações filosóficas*) e Davidson (com seu anti-solipsismo pleno).[42] É essa dissolução que toma um rumo pragmatista, marcado pela primazia do ponto de vista do agente, e pelo reconhecimento da inarredável dimensão linguística envolvida na apreensão do mundo. A partir daí, Rorty pode se declarar contextualista, pragmatista e discípulo de John Dewey (e William James), bem como se aproximar das posições "continentais" de Heidegger e dos "pós-modernos" – sempre no tom, menos apocalíptico e mais prosaico, além de mais claro e mais modesto,

---

41 RORTY, R. *Philosophy and the Mirror of Nature*. Princeton: Princeton University Press, 1979. p.8.

42 Nessa corrente, Rorty se considera um fiel davidsoniano, enquanto o próprio Davidson reluta em assumir-se como pragmatista. Não obstante seu grande entusiasmo pelo pensamento de Davidson, para Rorty, a contribuição recente da filosofia da linguagem, que é o nível em que Davidson opera, "não acrescenta muito ao que Dewey já havia dito, senão uma 'adaptação' a um público diferente". Ver a entrevista de Rorty em: BORRADORI, G. *A filosofia americana*. São Paulo: Editora UNESP, 2003. p.149.

da tradição inglesa e norte-americana.[43] Desde então, Rorty tem se tornado, possivelmente, o maior promotor, desse lado do Atlântico, da aproximação e do intercâmbio internacionalistas entre sua própria tradição, empirista, analítica e pragmatista, e a chamada filosofia continental, basicamente alemã e francesa.[44] E, também desde então, ele tem se achado livre para subordinar abertamente o empenho de conhecimento (antes, "alienado" pelo ideal de objetividade) ao empenho ético de *solidariedade* (e à ideia *Bildung*, como edificação).

Habermas, por sua vez, vem da tradição da filosofia clássica alemã, e mantém-se na trilha da *Aufklärung* (o esclarecimento alemão de Kant e Hegel) e do projeto da filosofia da práxis – numa linha de enriquecimento e atualização dessa herança, com contribuições de fora dela. Ele foi discípulo de Theodor Adorno e tornou-se um dos expoentes da Escola de Frankfurt e da sua Teoria Crítica, fazendo parte, portanto, do desenvolvimento

---

43 Os pragmatistas, que alimentam uma boa dose de anti-intelectualismo, em geral pretendem estar mais próximos do ponto de vista do senso comum que os outros filósofos. Rorty, muitas vezes, adota nos seus textos um estilo coloquial, e "traduz", em termos e exemplos os mais concretos e chãos possíveis, as questões conceituais e filosóficas de que trata. Em alguns momentos, chega a ser provocativo e brincalhão nessa trivialização da filosofia. Nesse aspecto, ele contrasta, em geral, com a expressão sempre mais teórica de Habermas. Porém, sua posição neopragmatista, como Habermas aponta, volta-se contra o "realismo intuitivo" do senso comum, como se fosse um mau legado da formação "platônica" que tem dominado o pensamento ocidental desde os gregos. Para Rorty, tudo depende de "se cremos que a retenção de algo como o platonismo natural do senso comum é essencial para nossas esperanças de uma sociedade decente, ou se, em vez disso, achamos que uma mudança no senso comum pode ajudar-nos a realizar tais esperanças" (ver HABERMAS, J. Truth and Justification. *Notre Dame Philosophical Reviews*, dec. 2003).

44 Essa é a tradição representada por autores como Hegel, Marx, Nietzsche, Bergson, Heidegger, Gadamer, Sartre, Foucault e Derrida. Na Europa, a lista de interlocutores contemporâneos de Rorty inclui ainda filósofos como os alemães Karl-Otto Apel e Albrecht Wellmer (que são interlocutores de Habermas também), e como os franceses Vincent Descombes, Jean-Pierre Cometti e Jean-Marc Ferry.

do "marxismo ocidental".[45] Suas referências autorais e o cenário filosófico com o qual trabalha são sempre, também, predominantemente alemães,[46] e o talhe do seu pensamento continua ainda marcado, apesar de tudo, pela ambiciosa envergadura da teoria (*Theorie*) e da ciência (*Wissenschaft*) alemãs, como concebidas no século XIX. Ao mesmo tempo, seu projeto filosófico insere-se no esforço, pós-hegeliano, de passar (em estilo alemão, naturalmente) da filosofia "pura" e "abstrata" para uma teoria não contemplativa, ligada à ação, ao mundo real, às circunstâncias e à história – a filosofia da práxis, supostamente mais adequada aos novos tempos e à realização das potencialidades da modernidade.

No tocante à sua ascendência mais próxima, Habermas representa um afastamento da crítica pessimista de Adorno e do profetismo apocalíptico de Herbert Marcuse, na direção de uma posição crítica mais moderada e construtiva, embora ainda igual-

---

45 Para uma breve introdução ao pensamento de Habermas, em seu desenvolvimento, ver, por exemplo: de D'AGOSTINI, F. *Analíticos e continentais.* São Leopoldo: Unisinos, 2002. p.494-524, e SIEBENEICHLER, F. *Jürgen Habermas:* razão comunicativa e emancipação. Rio de Janeiro: Tempo Brasileiro, 1989. Ver ainda: HONNETH, Axel. Jürgen Habermas: percurso acadêmico e obra. In: *Jürgen Habermas:* 70 anos, e, nessa mesma publicação, o texto de Barbara Freitag: "Habermas: do intelectual ao cidadão do mundo".

46 Referindo-se a Habermas em *O discurso filosófico da modernidade,* o filósofo francês Vincent Descombes reclama – ao meu ver, com alguma razão – que "Habermas claramente ignora que, 'hegelianizando' tão decididamente, está privilegiando uma tradição nacional particular. Um sociólogo teria menos dificuldade em reconhecer que a consciência filosófica da situação moderna tem sido expressa de modo diferente em culturas nacionais diversas" (DESCOMBES, V. *The Barometer of Modern Reason.* Oxford: Oxford University Press, 1993. p.48). Descombes está sendo aqui um pouco malicioso, uma vez que Habermas *é* também sociólogo. Enquanto isso, Rorty se compraz em declarar-se "etnocentricamente" liberal, ocidental e norte-americano, e brinca com o etnocentrismo não assumido de outros filósofos. Veja-se, por exemplo, sua réplica a Habermas ("Para emancipar a nossa cultura") no primeiro diálogo deste livro.

mente "teórica". Uma posição que, como já sabemos, preza os valores do esclarecimento, as realizações democráticas da modernidade, e uma racionalidade de dimensão mais social, ligada à interação entre os indivíduos, em oposição à estreita racionalidade dominante, técnica, instrumental. Aqueles são aspectos que Habermas, portanto, mais que denunciar, quer aperfeiçoar, desenvolver e aprofundar – e nisso ele e Rorty praticamente coincidem. Ao mesmo tempo, Habermas – que, como eu disse, alinhara-se ao projeto da filosofia da práxis – começou cedo a mover-se na direção do pragmatismo norte--americano, do qual foi assimilando cada vez mais elementos e, como ele mesmo diz, o espírito (sem abrir mão, porém, de seus próprios compromissos universal-kantianos).[47] Segundo a opinião de Richard Bernstein (um dos pragmatistas norte--americanos mais envolvidos com a filosofia europeia), Habermas "foi-se aproximando cada vez mais dos temas centrais da tradição pragmatista americana". E estaria "profundamente certo em reconhecer que o juízo básico que ocupa o centro de sua visão é também central para a tradição pragmatista".[48]

---

47 É verdade, além disso, que Habermas sempre se empenhou na discussão com diversos outros filósofos de posições diferentes da sua – como Popper, Gadamer, Luhmann, Lyotard, Foucault e Derrida – e, caracteristicamente, nesse processo, sempre assimilou elementos alheios, ou, pelo menos, avançou no desenvolvimento do seu próprio pensamento. Sobre esse último ponto, merece registro uma observação de David L. Hall (*Richard Rorty:* Prophet and Poet of the New Pragmatism. New York: SUNY Press, 1994. p.152). Segundo ele, o "sisudo" ("não irônico") Habermas "tem possivelmente mostrado uma abertura maior à contingência de suas próprias opiniões do que o irônico Rorty".

48 BERNSTEIN, Richard. *The New Constelation:* The Ethical Political Horizons of Modernity/Postmodernity. Cambridge: MIT Press, 1992. p.48. O pragmatista Bernstein é autor de outros interessantes trabalhos sobre expressões da filosofia continental contemporânea, como *Praxis and Action* (Pennsylvania: University of Pennsylvania Press, 1999) e *Beyond Objectivism and Relativism:* Science, Hermeneutics and Praxis (Pennsylvania: University of Pennsylvania Press, 1983).

Nessa linha, Charles Peirce, considerado o iniciador do pragmatismo,[49] foi a primeira e mais forte influência pragmatista sobre Habermas, presente e explícita desde *Conhecimento e interesse* (1968) até *Verdade e justificação* (1999).[50] Em particular, a noção peirciana de "comunidade de investigação e interpretação", dotada de uma dimensão normativa, ética, deveria servir a uma recuperação/superação de Kant, em chave supostamente "destranscendentalizante" e certamente intersubjetiva. "Nós [Habermas refere-se a ele próprio e a Apel] vimos a abordagem pragmatista de Peirce como uma promessa de salvação para os *insights* de Kant, numa linha destranscendentalizada mas analítica."[51] Depois de Peirce, foi a vez da recepção da teoria da interação social do filósofo e sociólogo pragmatista norte-americano George Mead. Finalmente, mais tarde e para alegria de Rorty, John Dewey, que, Habermas admite, "poderia ter sido uma fonte importante para *A mudança estrutural da esfera pública*

---

49 É de Peirce o postulado básico e original do pragmatismo, de que nossas crenças (nossas verdades) são hábitos bem-sucedidos de ação. Mas, aparentemente, não é esse o elemento peirciano que vai interessar a Habermas. Em vez disso, é sua noção de uma "comunidade de investigação e interpretação" (como verdadeiro sujeito do conhecimento), orientada pelo/para o "ideal de um consenso não constrangido". Na sua definição de pragmatismo, Rorty também destaca, em oposição ao ideal "correspondentista", a noção de que o conhecimento tem a ver, antes de tudo, com a justificação de nossas crenças perante uma comunidade, em uma situação de comunicação desimpedida, com base nas evidências disponíveis e na discussão entre posições alternativas.

50 HABERMAS, J. *Conhecimento e interesse*. Rio de Janeiro: Zahar Editores, 1982. Sobre *Verdade e justificação*, ver nota 13.

51 HABERMAS, J. Postscript. In: ABOULAFIA, M. et al. (Eds.) *Habermas and Pragmatism*. London: Routledge, 2002. p.227. "Destranscendentalizar" Kant significaria abrir mão da ideia de que há princípios (exigências lógicas, critérios, categorias), *a priori*, invariáveis, presentes em todo ato de conhecer, que constituiriam a estrutura cognitiva do sujeito e garantiriam o alcance universal e incondicional do conhecimento. O mesmo alcance seria assim garantido, também, na esfera da "razão prática", no que se refere às normas de conduta, moral e política.

(1962)".[52] De um modo mais geral, o pragmatismo norte-americano impressionou-lhe pela "atitude antielitista, democrática e completamente igualitária, que penetra o trabalho de todos os pragmatistas".[53] Convenhamos que, vindo de alguém como Habermas, não é pouco reconhecimento.

Habermas é herdeiro, por igual, do hegelianismo (intersubjetividade, evolucionismo dialético, tendências de alcance normativo configuradas em desenvolvimentos históricos) e de Kant (universalidade, incondicionalidade, formalismo). Mas pode-se dizer que o elemento que nele resiste (e, talvez, o mais difícil de sustentar), contra o pragmatismo (e que dá conta, portanto, de sua divergência com Rorty), é justamente o kantiano: seu quase transcendentalismo.[54] Daí sua predileção por Peirce, que pretendeu retomar Kant (cuja obra conhecia até de cor), justamente "destranscendentalizando-o"; pondo, no lugar do sujeito transcendental conhecedor, "solipsista", uma comunidade de investigação/interpretação, voltada para um consenso não coagido, definitivo, como meta. Uma comunidade real, em que cada um deve agir como membro de uma comunidade ideal, ou como membro de sua comunidade idealizada. Peirce, com essa "mu-

---

52 HABERMAS, J. *Postscript.* In: HABERMAS, J. *Mudança estrutural da esfera pública.* Rio de Janeiro: Tempo Brasileiro, 1984. p.228.

53 Ibidem, p.228. É curioso que a relevante influência do pragmatismo em geral, e de Peirce em particular, reconhecida pelo próprio Habermas e tão visível em sua obra, *Conhecimento e interesse,* não receba nenhuma atenção, por exemplo, no livro de Flávio Beno Siebeneichler (*Jürgen Habermas:* razão comunicativa e emancipação. Rio de Janeiro: Tempo Brasileiro, 1989).

54 Mitchell Aboulafia, a propósito, narra, na introdução de *Habermas and Pragmatism* (London: Routledge, 2002. p.4), um diálogo muito significativo que teve com o filósofo alemão: "Certa vez perguntei a Habermas qual o aspecto de sua filosofia mais difícil de defender. Ele não hesitou em responder: seu quase-transcendentalismo. E quando perguntei por que ele pensava que deveria defendê-lo, sua resposta foi direta: o Holocausto. Isso, ele quis deixar claro, não devia ser interpretado como um motivo psicológico. É imperativo que tenhamos algum tipo de fundamento intelectual para fazer frente ao irracionalismo e à barbárie moral que segue na sua esteira".

dança de paradigma", trata de deixar para trás – tal como Habermas depois, apoiado nele – a filosofia da consciência, da representação, da razão centrada no sujeito.[55]

Ao fim e ao cabo, Habermas vai chamar sua própria posição de "pragmatismo kantiano" (para outros, um oximoro), ou kantismo destranscendentalizado – com a ajuda de Peirce, seu pragmatista preferido.[56] Enquanto a preferência pragmatista de Rorty vai mais para James e Dewey, para Habermas (que revela aqui sua dificuldade com a contingência),

> há uma corrente empirista subjacente, no pensamento de Dewey, e uma corrente emotivista subjacente, no pensamento de James; e ambas ameaçam a herança kantiana [idealista/universalista] que Peirce salva em uma tradução pragmatista.[57]

Sua preferência por Peirce, entretanto, não exclui que, na esteira de Karl-Otto Apel, tenha feito dele uma recepção equivo-

---

55 Para Habermas, bem como para Apel, tratava-se de promover uma correção transcendental do ponto de vista pragmatista, e uma correção pragmatista do ponto de vista transcendental. E isso já seria, em grande medida, a obra de Charles Sanders Peirce. Posteriormente, Apel veio a entender que Habermas distanciou-se, "não apenas da metafísica em geral" (como ele próprio), "mas também da filosofia transcendental, que ele não distingue da metafísica". Ver: APEL, K. O. Regarding the Relationship of Morality, Law and Democracy. In: ABOULAFIA, M. et al. (Eds.) *Habermas and Pragmatism*. London: Routledge, 2002. p.21.

56 Joseph Margolis, em seu artigo "Vicissitudes of Transcendental Reason" (ABOULAFIA, op. cit., p.43), insiste que "o pragmatismo não pode ser reconciliado com qualquer projeto mais ou menos kantiano, quer apriorístico (como em Apel) ou lebensweltlich (como em Habermas)".

57 HABERMAS, J. *Postscript*. In: HABERMAS, J. *Mudança estrutural da esfera pública*. Rio de Janeiro: Tempo Brasileiro, 1984. p.228. Para Habermas, apesar da inflexão falibilista e empirista que ele procura adotar, não bastam nossos hábitos e práticas como referência; é preciso um momento (kantiano) de idealização, de incondicionalidade e universalidade. Enquanto isso, Apel acha que Habermas já se afastou demais da fundamentação transcendental necessária à sustentação de uma ética universalista, desenvolvida com a ajuda de sua interpretação de Peirce. Ver texto de introdução a *Habermas and Pragmatism* (p.3).

cada, ainda demasiado kantiana... para o gosto pragmatista. É que Peirce pretendeu substituir supostas noções *a priori* por um fim último que é apenas uma *esperança* "transcendental", uma *esperança* "reguladora". Um fim "absoluto", "sublime", que não poderia ser reduzido a algo racionalmente "necessário", nem a um "mero formalismo".[58] Na verdade, Peirce "sustenta a objeção hegeliana geral contra o formalismo ético de Kant" e representaria antes o seu "eclipse pragmatista".[59] Apel e Habermas é que, equivocadamente, "kantianizaram" e "transcendentalizaram" Peirce.

Rorty é um pragmatista romântico que se quer herdeiro de Dewey. E Habermas, cada vez mais, aproxima-se do que se pode chamar de um pragmatismo kantianizado, isto é, um pragmatismo transformado, em maior ou menor medida, por um idealismo racionalista-universalista. A diferença entre eles pode ser bem resumida na fórmula de Rorbert Brandom:

> Rorty quer ver nas proposições empíricas nada mais que isso, e não alegações tácitas de validade universal; tampouco acha que temos sempre de estar dispostos, como quer Habermas, a justificar nossas afirmações, não apenas perante um público particular, mas perante todo e qualquer público.[60]

---

58 MARGOLIS, Joseph. Vicissitudes of Transcendental Reason. In: ABOULAFIA, M. et al. (Eds.) *Habermas and Pragmatism*. London: Routledge, 2002. p.38, 39, 42. Essa crítica vale também para Habermas, cujo contato com Peirce deu-se por intermédio de Apel e numa fase de colaboração estreita e harmônica entre os dois. Para Rorty, entretanto, como veremos na sua resposta a Habermas no primeiro diálogo, Habermas e Peirce, ressalvadas suas diferenças, estão igualmente equivocados na sua definição da verdade como "aceitação racional idealizada".

59 Peirce sustenta a objeção geral de Hegel ao formalismo moral kantiano: afirmativas inteiramente opostas, nesse campo, podem ser igualmente universalizadas (MARGOLIS, op. cit., p.42). Sobre a objeção hegeliana a Kant, ver meu "A crítica de hegel ao formalismo moral kantiano" [*Philosóphica* (São Cristóvão: UFS, Nephem), n.5, 2004].

60 BRANDOM, R. Introdução. *Rorty and His Critics*. Oxford: Blackwood Publishers, 2000. p.19. Na versão de um outro comentador: "A caracterização mais resumida da diferença entre Rorty e Habermas é que o pri-

Mesmo assim, é interessante observar que Habermas hoje se encontra na surpreendente posição de poder pretender ser mais fiel à perspectiva genuinamente pragmatista que Rorty. "Rorty não é suficientemente pragmatista", diz ele, em *Verdade e justificação*. Ao que Claude Piché, certamente com algum exagero, acrescenta: "O verdadeiro herdeiro do pragmatismo é o próprio Habermas...".[61]

Voltando ao cerne da questão: Habermas quer encontrar razões que justifiquem (por uma obrigação incondicional, objetiva, e por um decreto moral da razão) a conduta democrática – para além do caráter contingente de nossas meras preferências e das convenções partilhadas de uma determinada sociedade. "Enquanto Rorty parece satisfeito em apoiar-se nas crenças éticas reais de sociedades particulares", a abordagem de Habermas procura "uma base normativa para alimentar formas democráticas de comunidade, para além do acordo contingente".[62] Ele quer encontrar essa base nos pressupostos implícitos, mas universais, de toda interação comunicativa, os quais sustentariam ou balizariam uma moralidade política mínima (em última análise, democrática), com valor de obrigação. Não segundo essa ou aquela concepção de bem, mas no campo estritamente procedimental.[63] De modo que o agente não democrático te-

---

meiro tem uma teoria causal do significado, enquanto o segundo sustenta a crença numa realidade para além das aparências, que pode em princípio ser confirmada ou revelada por expressões dotadas de significação" (HALL, D. L. *Richard Rorty:* Prophet and Poet of the New Pragmatism. New York: SUNY Press, 1994. p. 152).

61 PICHÉ, C. A passagem do conceito epistêmico ao conceito pragmatista de verdade em Habermas. In: ARAÚJO, L. B. L. (Org.) *A filosofia prática e a modernidade*. Rio de Janeiro: UERJ, 2003. p.25.

62 FESTENSTEIN, M. *Pragmatism and Political Theory*. Chicago: University of Chicago Press, 1997. p.145.

63 Isso vale, talvez mais nitidamente, para o Habermas do texto "Facticidade e validade" (*Direito e democracia:* entre facticidade e validade. Rio de Janeiro: Tempo Brasileiro, 1997). Nessa introdução, nem sempre pude dar o devido reconhecimento às alterações na posição de Habermas ao longo

Filosofia, racionalidade, democracia

ria, *ipso facto*, que se ver como incorrendo, inevitavelmente, num "conflito pragmático consigo mesmo", como incorrendo no que se chama tecnicamente de autocontradição performativa.[64] Mesmo assim, Habermas recusa-se a recair no que seria uma posição fundacionista "forte", como, segundo ele, aquela a que Apel se apegou, que incorreria nos vícios dogmáticos e autoritários da filosofia anterior.[65] É a esse respeito que ele mais parece aproximar-se de Rorty: "Não precisamos aferrar-nos à pretensão de fundamentação última da ética"; nossas "intuições

---

do desenvolvimento da sua obra. Apel diz que, "quando Habermas e eu partilhávamos o programa da ética do discurso, estivemos sempre de acordo acerca do ponto: as normas materiais da moralidade não podem ser deduzidas – digamos, por filósofos – de princípios. A filosofia pode e deve fundar apenas o princípio procedimental dos discursos práticos reais" (Ver: APEL, K. O. Regarding the Relationship of Morality, Law and Democracy. In: ABOULAFIA, M. et al. (Eds.) *Habermas and Pragmatism.* London: Routledge, 2002. p.21).

64 Ibidem, p.146. Rorty vai dizer, nos seus diálogos com Habermas, que dificilmente em uma peleja argumentativa política real qualquer (em que está em jogo a democracia) alguém jamais se reconheceu em "contradição performativa" e *ipso facto* mudou de ideia. Portanto, para Rorty (e para qualquer outro pragmatista), a alegação de contradição performativa não funciona, por isso não é um bom argumento.

65 Para Habermas (nas palavras de Apel), "todas as proposições filosóficas são consideradas como empiricamente testáveis e, assim, falíveis...". Mesmo no caso dos "pressupostos da argumentação..., que são assim considerados como contingentes", isto é, como pertencendo "a formas sociais de vida" particulares, e não como sendo (como para Apel) "as condições de possibilidade de todo discurso sério". Para Apel, excluída essa, "nenhuma outra fundação seria possível" (APEL, op. cit., p.19-21, passim). Apesar disso, a posição "kantiana" (seja de Habermas ou de Apel) não seria a única que resta a quem teme o relativismo e a redução da ideia de verdade à de justificação (perante uma comunidade particular). Ainda em linha pragmatista, Wellmer diz-se "convencido de que as reflexões de Rorty nos conduzem na direção certa", uma vez que de fato não precisamos de ideias reguladoras "para explicitar um conceito de verdade com um conteúdo normativo" (WELLMER, artigo cit., p. 65). Além disso, para Wellmer, "a ideia [habermasiana] de um consenso último não faz sentido, pois se trataria do silenciamento da controvérsia, na qual a verdade tem sentido" (ibidem, p.69).

morais não precisam do esclarecimento do filósofo". A filosofia, nesse caso, tem função esclarecedora apenas "em face das confusões que ela própria provocou na consciência das pessoas". Como no caso do ceticismo filosófico (no campo dos valores) e do positivismo jurídico, que "penetraram na consciência cotidiana através do sistema educacional, neutralizando, com interpretações erradas, as intuições adquiridas de maneira natural no processo de socialização".[66]

Enfim, podemos dizer – e é o que me interessa assinalar – que os desenvolvimentos filosóficos de Rorty e Habermas convergem, ambos, a partir de pontos iniciais distantes, para um certo pragmatismo, renovado por uma "linguistificação" da razão e por um intercâmbio com a filosofia continental. Ao tempo que coincidem no afastamento (sempre maior) em relação ao modelo, até aqui dominante, da "filosofia do sujeito" ou "da consciência", e assumem cada vez mais o reconhecimento da dimensão prático-social do conhecimento, da realidade e de nossa presença no mundo. Devemos também reconhecer e destacar que ambos têm, a partir de certo momento, contribuído, cada vez mais, como no caso dos diálogos/debates que constituem este livro, para o cruzamento e a integração entre a tradição filosófica anglo-saxônica e analítica, de um lado, e a tradição continental, da filosofia, de outro. E que é o pragmatismo que se tem revelado como ponte privilegiada para essa aproxi-

---

66 HABERMAS, J. *Consciência moral e agir comunicativo*. Rio de Janeiro: Tempo Brasileiro, 1989. p.121. Mas como diria Oswaldo Porchat Pereira, esse não é o caso do ceticismo pirrônico, ele próprio esclarecedor (e terapêutico) em relação às confusões armadas pela filosofia tradicional (de sistema) e favorável às nossas "intuições naturalmente adquiridas". Quanto ao dilema de Habermas, David Hall opina que, "tentando encontrar um caminho entre o Cila do transcendentalismo de Apel e o Caribdes do antifundacionismo estrito de Rorty, ele pode ser visto por cada um desses oponentes como tendo naufragado redondamente" (HALL, D. L. *Richard Rorty*: Prophet and Poet of the New Pragmatism. New York: SUNY Press, 1994. p.152).

mação e esse intercâmbio internacionalizados – o que pode ser mesmo reconhecido como uma vocação sua.[67] Como diz Habermas, "hoje o pragmatismo, em suas diferentes versões, constitui a ponte transatlântica para um vivo intercâmbio filosófico, nas duas direções".[68]

Um *background* filosófico comum: pragmatismo, jovem hegelianismo e filosofia da práxis – A convergência política

O último aspecto, essa vocação do pragmatismo, pode ser referido ao fato – frequentemente despercebido, mas fartamente reconhecido por Habermas e Rorty – de que se trata de uma filosofia que nasce em contato com o pensamento europeu continental, e com a filosofia alemã em particular. O que oferece, aos debates do nosso livro, um *background* comum, previamente constituído (embora só agora recuperado), no qual as duas tradições já se apresentam entrelaçadas – e não apenas no caso de Peirce com Kant.[69] O pragmatismo, Habermas nos conta,

---

67 Vale registrar, a esse respeito, a influência da filosofia clássica alemã e de Hegel sobre a filosofia norte-americana mais recente, como nos casos de John Rawls, Charles Taylor, Robert Brandom e John McDowell.

68 HABERMAS, J. On Dewey's *The Quest for Certainty*. In: ABOULAFIA, M. et al. (Eds.) *Habermas and Pragmatism*. London: Routledge, 2002. p.230. Em português, sob o título: "John Dewey: *The Quest for Certainty*". In: HABERMAS, J. *Era das transições*. Rio de Janeiro: Tempo Brasileiro, 2003. p.178. É curioso que Habermas, acerca do "grande impulso" trazido à filosofia alemã "pela apropriação do pragmatismo", ache necessário acrescentar: "sem que isso tenha causado qualquer prejuízo à substância da tradição alemã" (HABERMAS, 2003, p.35).

69 Nada disso quer dizer que o pragmatismo tenha encontrado boa acolhida na Alemanha por muitas décadas – antes o contrário. Sobre isso, ver: JOAS, Hans. American Pragmatism and German Thought: A History of Misunderstandings. In: JOAS, Hans. *Pragmatism and Social Theory*. Chicago: University of Chicago Press, 1993. cap.4.

encontrou suas fontes originais "no idealismo alemão (incluindo Humbolt e Marx)", e no próprio Hegel. Foi o "resultado de um velho encontro anglo-saxônico-alemão, extraordinariamente produtivo".[70] Mais ainda, Habermas entende que cabe ver, no pragmatismo, "uma variante [ao lado de Marx] do jovem hegelianismo, e uma fonte de temas semelhantes"; a única daquelas variantes "que desenvolveu convincentemente o espírito liberal da democracia radical".[71] Em continuidade, portanto, com o mesmo empenho "humanizante" – em direção ao concreto, à prática, à superação das limitações, alienantes, da filosofia tradicional – do jovem hegelianismo.[72] Porém, a expressão "filosofia da práxis" deve compreender, ainda segundo Habermas, "não apenas as visões do marxismo ocidental, mas ainda as variantes democrático-radicais do pragmatismo americano (Mead e Dewey)".[73] Habermas concebe o jovem hegelianismo – do qual acha que "permanecemos até hoje contemporâneos"[74] – "como tendo libertado, do fardo do conceito hegeliano de razão, a ideia de uma crítica criadora da modernidade, que se nutre do próprio espírito dessa modernidade".[75] O que me parece uma caracterização bastante cabível para o pragmatismo – de modo especial, aquele de Dewey,[76] por quem

---

70 HABERMAS, J. Postscript, p.227.

71 Ibidem, p.230, 228.

72 Habermas: "O pragmatismo constitui, ao lado de Marx e de Kierkegaard, a terceira tradição jovem hegeliana, a única que desenvolve convincentemente o espírito liberal da democracia radical" (Postscript, p.229). Em relação a isso, ver a apresentação habermasiana do jovem-hegelianismo em: HABERMAS, J. *O discurso filosófico da modernidade*. São Paulo: Martins Fontes, 2000. cap.3.

73 HABERMAS, 2000, p.89, nota 14.

74 "Persistimos até hoje no estado de consciência que os jovens hegelianos introduziram, quando se distanciaram de Hegel e da filosofia em geral" (HABERMAS, 2000, p.76).

75 Ibidem, p.76.

76 James Kloppenberg compreende Dewey como uma via mediana entre o idealismo e o empirismo (apud RORTY, R. *Truth and Progress*. Cambridge: Cambridge University Press, 1998. p.290), o que se pode aplicar igual-

Filosofia, racionalidade, democracia

(ainda é Habermas quem diz) "Hegel foi apropriado de modo naturalista", tendo como resultado "um jovem hegelianismo animado pelo espírito da modernidade – pela democracia, pela ciência e pela técnica".[77]

Esse cruzamento, que, como vimos, Habermas atesta tão reiteradamente, preparara o terreno – favorável – para seus diálogos, ou debates convergentes, com Rorty. Quanto a este último, ele entende – no meu modo de ver, com razão – que o pragmatismo, em seu conjunto, é mais hegeliano que kantiano,

---

mente a Marx (vide sua primeira tese "*ad* Feuerbach"). Também William James – ao seu modo – propõe o pragmatismo como um caminho de "síntese" e de meio-termo entre o realismo empirista e o idealismo hegeliano (de modo semelhante a Marx, nas "Teses *ad* Feuerbach"), na conferência "O Dilema Atual da Filosofia", o primeiro capítulo de seu livro *Pragmatism* (New York: Dover, 1995). Edição brasileira: *Pragmatismo*. Coleção Os Pensadores. São Paulo: Abril Cultural, 1979.

77 HABERMAS, J. *Era das transições*. Rio de Janeiro: Tempo Brasileiro, 2003. p.185. Acho interessante comparar o debate Habermas-Rorty àquele entre os jovens hegelianos Karl Marx e Max Stirner, de 1845-1846, sem que Habermas tenha o "fundacionismo forte" de Marx (universalidade, necessidade, objetividade, o público), nem Rorty chegue ao "desconstrucionismo" de Stirner (particularidade, contingência, a diferença, o privado). E sem que o debate mais recente tenha nada da beligerância daquele do século XIX. Sobre este, de 1845-1846, o leitor pode consultar meu livro: *A questão da individualidade*: a crítica do humano e do social no debate Stirner-Marx. Campinas: Editora Unicamp, 1994. O cabimento da comparação parece encontrar respaldo, por exemplo, na distinção de David Hall: "Fica claro que, do mesmo modo que Habermas pode ser acusado de modelar qualquer esfera privada que ele estivesse disposto a reconhecer, segundo os critérios da vida pública definida pela comunicação não distorcida, o desejo de Rorty de uma cultura poetizada é essencialmente o desejo de modelar a esfera pública segundo as linhas da esfera privada. Nos dois casos, não há nenhum equilíbrio verdadeiro, mas, antes, em cada caso, o predomínio das preocupações de uma esfera sobre as da outra" (HALL, D. L. *Richard Rorty*: Prophet and Poet of the New Pragmatism. New York: SUNY Press, 1994. p.151). O mesmo pode ser dito sobre a polarização Stirner-Marx, embora a busca de um equilíbrio ou de uma coexistência entre aquelas duas "esferas" não fosse o caso para nenhum dos dois.

aproximando-se de Hegel por sua "fluidificação dos dualismos kantianos" (algo que Habermas também percebe). Além disso, o pragmatismo tomaria, de Hegel, "o sentido de história", que implica que "nada, incluindo conceitos a priori, está imune ao desenvolvimento cultural".[78] Em contraste com outras posições filosóficas, ele se aproxima do hegelianismo pela consideração central que dá a elementos como história, comunidade, cultura, moralidade (aqui no sentido de *Sittlichkeit*, eticidade, costumes, não no de "moralidade subjetiva"), como expressões de uma intersubjetividade encarnada, na qual a normatividade e a racionalidade encontrariam seu único "fundamento".[79] Apenas, como entendo, no caso do pragmatismo, tudo isso traz a marca da contingência e da particularidade, uma vez que ele não encontra razões para uma recuperação, nesse quadro, de noções como substância e essência, ou necessidade e universalidade – em sentido forte, com seu alcance tradicional, metafí-

---

78 Referindo-se a Peirce, Habermas menciona sua "fluidificação dos dualismo kantianos, [que] lembra ainda a metacrítica de Hegel" a Kant ("A filosofia como intérprete", p.25-6). Quanto a Rorty, ver o artigo "The World Well Lost" (In: RORTY, R. *Consequences of Pragmatism*. Minneapolis: University of Minnesota Press, 1982. p.16). Certamente, o "parentesco hegeliano" é maior ou menor segundo a vertente pragmatista que se leve em consideração. O pragmatismo de Dewey, em especial, pode ser tomado como uma "derivação" do hegelianismo, e o pragmatismo/humanismo de Ferdinand Schiller pode, mais ainda, ser tomado como um neo-hegelianismo "desinflado", mais uma das viradas humanistas pós-hegelianas.

79 RORTY, R. "The World Well Lost". In: RORTY, R. *Consequences of Pragmatism*. Minneapolis: University of Minnesota Press, 1982. p.16. Ver Luc Bégin, no artigo significativamente intitulado "Pensar no interior da moralidade: um ponto de vista americano". In: ARAÚJO, L. B. L. (Org.) *A filosofia prática e a modernidade*. Rio de Janeiro: UERJ, 2003. p.87-108. Bégin toma centralmente os exemplos de Rorty e Ronald Dworkin, e menciona ainda John Rawls ("seu apelo às convicções partilhadas no seio da coletividade") e Michael Walzer ("a crítica da existência começa a partir de princípios internos à própria existência").

sico, como no caso de Hegel.[80] [Porém, eu diria, *en passant*, que a intersubjetividade aparece como mais real e encarnada em Hegel (ainda que metafisicamente transfigurada) e em Marx (ainda que praticamente reduzida a uma objetividade material), que em Habermas, Rorty e outros filósofos intersubjetivistas ("linguísticos") de hoje.]

Enfim, Rorty (que, ele próprio, concluiu sua formação acadêmica em Yale, estudando Hegel) também vê no pragmatismo – tal qual Habermas vê – um hegelianismo "naturalizado" e "desabsolutizado"[81] (em linha semelhante à dos jovens hegelianos Strauss, Feuerbach, Ruge, Marx e Max Stirner): "Dewey, como Marx, quer Hegel sem o Espírito Absoluto". Ele "quer o homem e a história andando sobre seus próprios pés, e que a história do homem seja apenas isso".[82] Essa naturalização e desabsolutização (humanizantes) podem ser entendidas, em Dewey, como uma combinação do hegelianismo com um darwi-

---

80 Sem falar das noções tipicamente hegelianas de espírito absoluto, razão, ideia absoluta, história, já, de um modo ou de outro, "dissolvidas" em realidades mais prosaicas e finitas, pelos jovens hegelianos alemães do século XIX. Ver "dissolução" semelhante proposta pelo pragmatista William James em seu texto "Segunda conferência" (In: JAMES, W. *Pragmatismo*. Coleção Os Pensadores. São Paulo: Abril Cultural, 1979. p. 20 et seq).

81 HABERMAS, J. *Postscript*, p.229. HABERMAS, J. *Era das transições*. Rio de Janeiro: Tempo Brasileiro, 2003. p.177. Ver também textos de Rorty: "Dewey between Hegel and Darwin" (In: RORTY, R. *Truth and Progress*. Cambridge: Cambridge University Press, 1998. p.304 e 305), e "Dewey's Metaphysics" (In: RORTY, R. *Consequences of Pragmatism*. Minneapolis: University of Minnesota Press, 1982. p.81). Sobre a naturalização e desabsolutização de Hegel, em diferentes versões, pelos jovens hegelianos, ver meu livro *Ascensão e queda do sujeito no movimento jovem-hegeliano*. Salvador: UFBA, 1991.

82 Ver texto de Rorty: "Overcoming the Tradition: Heidegger and Dewey" (RORTY, 1982, p.47). A mim mesmo, Rorty pôde recentemente confirmar: "Concordo com você que o pragmatismo de Dewey pode ser lido melhor como uma variante democrática do jovem hegelianismo".

nismo "não reducionista", ambos compreendidos sob o rótulo de "pensamento evolucionista".[83] É uma combinação que também o marxismo pretendeu consumar, embora de maneira nitidamente diferente. (Resta saber qual dos dois alcança um hegelianismo verdadeiramente desabsolutizado – ou, como diríamos hoje, "desinflado" ou "deflacionado".)

O "instrumentalista" John Dewey, "mestre" e "herói" de Rorty, é possivelmente o campeão da "dissolução das distinções kantianas";[84] o exemplo mais destacado, no campo pragmatista clássico, da crítica aos dualismos cartesianos e kantianos, ao formalismo moral kantiano e ao critério kantiano da universalizabilidade (afinal, como mostra Hegel, qualquer máxima de comportamento pode ser universalizada sem contradição – inclusive máximas opostas).[85] Rorty gosta de lembrar (como Habermas) que Hegel foi a formação original do pragmatista Dewey, que cedo conheceu igualmente o pensamento de Kant. De fato, Dewey foi introduzido ao pensamento de Hegel ainda na Johns Hopkins University, onde começou seus estudos de pós-graduação, e onde defendeu tese de doutorado sobre Kant.[86] Segundo o filósofo marxista norte-americano George

---

83 Ver texto de Rorty: "Dewey between Hegel and Darwin" (In: RORTY, R. *Truth and Progress*. Cambridge: Cambridge University Press, 1998. p.304, 306 e 291). No começo do século XX, Dewey publicou *The Influence of Darwin on Philosophy, and Other Essays in Contemporary Thought*. New York: Holt, 1910.

84 RORTY, R. The World Well Lost. In: RORTY, R. *Consequences of Pragmatism*. Minneapolis: University of Minnesota Press, 1982. p.16.

85 Sobre essa crítica, querida de marxistas e pragmatistas, como já mencionei, ver meu texto "A crítica hegeliana ao formalismo moral kantiano" (*Philosophica*, n.5, 2004).

86 Dewey não apenas foi inicialmente um hegeliano entusiasmado como cedo aprendeu a ler filosofia em alemão. Em seu primeiro livro, *Psicologia*, dizia que as descobertas do seu tempo, nesse campo, confirmavam as concepções de Hegel. Seu segundo livro foi sobre Leibniz. Sobre essas e outras informações, ver: TALISSE, R. *On Dewey*. Belmont: Wadsworth, 2000. p.4-5.

Novack, "Dewey adaptou tudo o que achou de útil no hegelianismo às posições do pragmatismo".[87] Rorty gosta de ver o autor de *Reconstrução em filosofia* (1920) preferindo Hegel a Kant. John Dewey, diz ainda ele, participa da desabsolutização de Hegel, que é o traço comum dos jovens-hegelianos.[88] O próprio Dewey assume que "o conhecimento de Hegel deixou um depósito permanente no meu pensamento".[89] Ao que se soma a influência, sobre ele, do frequentemente esquecido idealismo britânico (kantiano-hegeliano) – em particular, a influência da crítica deste ao empirismo.[90]

É possível que Rorty e Habermas concordem ambos, pelo menos em parte, com a conclusão de Hans Joas, da Universidade Livre de Berlim, de que o pragmatismo permite "aceitar o que é razoável" na tradição filosófica alemã ("a hermenêutica, o historicismo, *a Lebensphilosophie* de Nietzsche, a antropologia filosófica e o marxismo"), sem pender para suas "implicações perigosas", isto é, "antidemocráticas". De acordo com Joas, o pragmatismo pode justamente "mostrar-se como a solução para os problemas, de outro modo insolúveis", daquela tradição. Ou

---

87 NOVACK, G. *Pragmatism and Marxism*. New York: Pathfinder, 1975.

88 RORTY, 1998, p.303-4, passim. Como observa Rorbert Talisse, o pensamento de Dewey é marcado por "uma firme resistência ao supernaturalismo e ao dualismo" (TALISSE, op. cit., p.3).

89 "Dewey's Metaphysics". In: RORTY, R. *Consequences of Pragmatism*. Minneapolis: University of Minnesota Press, 1982. p.89, nota 19. Ver também artigo "Do absolutismo ao experimentalismo", p.12, citado por BERNSTEIN, R. (Ed.) *John Dewey on Experience*: Nature and Freedom. New York: Library of Liberal Arts, 1960. O próprio Dewey o diz: "Se me fosse possível ser devoto de algum sistema, eu acreditaria que há maior riqueza e maior variedade em Hegel do que em qualquer outro sistema filosófico" ["From Absolutism to Experimentalism". *Contemporary American Philosophy* (New York: Macmillan), v.2, p.21, 1930].

90 Com destaque para o idealista britânico Thomas Green. Sobre isso, ver textos de Rorty: "Dewey's Metaphysics" (In: RORTY, R. *Consequences of Pragmatism*. Minneapolis: University of Minnesota Press, 1982. p.80), e "Dewey Between Hegel and Darwin" (ibidem, p.29).

seja, como solução para o que chama de "as aporias do pensamento alemão".[91]

Certamente, todas essas sugestões e referências (e muitas outras teríamos, na mesma linha) aparecem como "pinceladas", demasiado rápidas e soltas para desenvolver uma comparação mais séria ou firmar um verdadeiro "parentesco" filosófico. Mas, obviamente, não é o caso de explorá-las e aprofundá-las aqui no nível de uma elaboração conceitual. Ficam apenas como testemunhos (em sua maioria, dos próprios Habermas e Rorty) que podem contribuir para enquadrar os debates a seguir, como um intercâmbio e uma elaboração comum – mesmo segundo vertentes que não chegam a se confundir.[92] Por sobre o que permanece, ademais, como queremos destacar, uma considerável unidade, mais essencial, entre os dois, em termos do engajamento político, por um mundo melhor e mais solidário.[93]

Em 1999, quando completou 70 anos, Habermas foi celebrado como o mais importante e combativo intelectual da Alemanha, e premiado (com o *Theodor Heuss-Preis*) como "precursor e estimulador de uma sociedade civil democrática na Alemanha, na Europa e além fronteira". É verdade que ele já foi também criticado como conservador e até mesmo autoritário (desde

---

91 JOAS, H. "The Inspiration of Pragmatism: Some Personal Remarks". In: DIKENSTEIN, M. (Org.) *The Revival of Pragmatism*. London, Durham: Duke University Press, 1998. p.191-2. Joas é autor de *Pragmatism and Social Theory* (Chicago: University of Chicago Press, 1993), no qual, entre outras coisas, trata dos equívocos e do preconceito presentes na recepção inicial, alemã e europeia do pragmatismo – como no caso de Durkheim e dos representantes da primeira geração da Escola de Frankfurt.

92 "Por certo, a posição universalista de Habermas é fundamentalmente diferente daquela de Rorty" (APEL, K. O. Regarding the Relationship of Morality, Law and Democracy. In: ABOULAFIA, M. et al. (Eds.) *Habermas and Pragmatism*. London: Routledge, 2002. p.28).

93 No fim de contas, Rorty acha apenas que, na teoria, "Habermas comete um erro tático, quando tenta preservar a noção de incondicionalidade"; um detalhe que, na prática, não ajudaria no seu projeto político comum (ver segundo diálogo).

posições "pós-modernas"), e muitos marxistas tradicionais têm denunciado sua "transformação" do marxismo na direção de posições democrático-liberais. O fato, porém, é que Habermas tem um belo currículo de contribuições públicas positivamente políticas – independentemente das restrições que possam ser feitas a tal ou qual posição tomada por ele.

Com sua respeitável formação filosófica, Habermas ingressou, desde o começo de sua vida profissional, na chamada esfera pública, escrevendo para jornais e revistas de larga circulação. Nesse âmbito, suas intervenções começaram com um posicionamento a favor dos movimentos estudantis de 1967-1968, contra seus adversários de direita. Depois vieram as críticas ao conteúdo político da obra de Heidegger, e ao neoconservadorismo irracionalista e anti-iluminista na Alemanha. E, em torno de 1987, vieram suas posições contra os historiadores alemães que tentaram minimizar a barbárie nazista, e contra a Guerra do Golfo, em 1991. Habermas tem discutido sobre o futuro da Alemanha com o partido social-democrata alemão, e tem mais recentemente escrito sobre a globalização, sobre a União Europeia, a cidadania transnacional, os direitos humanos, o processo democrático etc. Disso tudo dão testemunho seus livros publicados na série "Pequenos Escritos", iniciada com um volume sobre o protesto estudantil e a reforma universitária, e da qual faz parte o recente *Era das transições*, já publicado no Brasil.[94]

Quanto a Rorty, há um famoso depoimento seu, "Trotsky e as Orquídeas Selvagens", retomado por Habermas no segundo debate deste que procura dar conta, no plano pessoal, da "pré-história" de suas atuais posições filosóficas e políticas.[95] En-

---

94 Sobre o perfil de intelectual público de Habermas, ver: FREITAG, B. "Habermas: do intelectual ao cidadão do mundo". In: *Jürgen Habermas: 70 anos*.

95 "Trotsky e as orquídeas selvagens". In: MAGRO, C., PEREIRA, A. C. (Orgs.) *Pragmatismo*: a filosofia da criação e da mudança. Belo Horizonte: UFMG, 2000.

quanto a experiência marcante de juventude de Habermas foi o nazismo e a ocupação norte-americana na Alemanha, Rorty cresceu tendo muito perto de si, no ambiente familiar, a influência da militância trotskista de seu pai, jornalista, de sua mãe, e de outros intelectuais e ativistas socialistas, como o filósofo marxista-deweyano Sidney Hook.[96] Esses intelectuais radicalizados, cujo ativismo se desenvolvia no apoio às lutas sindicais e operárias, e às campanhas de candidatos de esquerda à presidência dos Estados Unidos, foram gradualmente passando do antistalinismo trotskista a posições democráticas, reformistas e liberais, e do marxismo ao deweyismo.[97]

O principal pronunciamento político de Rorty, até aqui, é seu livro *Para realizar a América* (resenhado, favoravelmente, por Habermas),[98] no qual faz a crítica da nova "esquerda cultural" norte-americana, que se afastou do movimento social e da luta por mudanças legislativas para fechar-se, segundo ele, no desencanto (com os Estados Unidos), no elitismo e no academicismo.[99] Preocupado com bandeiras mais amplas, Rorty deseja retomar a tradição da velha esquerda norte-americana, reformista, de luta por justiça social. Retomada da qual podemos dizer que faz parte o seu retorno a Dewey e ao pragmatismo, bem como seu alinhamento à tradição de Thomas Jefferson e à

---

96 Vale notar que o trotskismo foi também a matriz de onde saíram vários filósofos e intelectuais franceses, muito originais, que vieram a se tornar "pós-modernos" ou liberais.

97 Na sua progressão, esse movimento empenhou-se em reformas educacionais, apoiou criticamente o New Deal de Franklin Roosevelt, engajou-se na luta dos negros pelos direitos civis, envolveu-se na oposição à Guerra do Vietnã e, em parte, por seu "antitotalitarismo", alinhou-se (ou foi alinhada) à política norte-americana da Guerra Fria.

98 HABERMAS, J. Richard Rorty: *Achieving our Country*. In: HABERMAS, J. *Era das transições*. Rio de Janeiro: Tempo Brasileiro, 2003. p.183-8.

99 RORTY, R. *Para realizar a América*: o pensamento de esquerda no século XX nos Estados Unidos. Rio de Janeiro: DP&A, 1999. A resenha de Habermas, "Richard Rorty: *Achieving Our Country*", foi publicada em: HABERMAS, op. cit., p.183-8.

"religião civil" do progressismo norte-americano, de Walt Whitman, Franklin Roosevelt e Martin Luther King Jr. Rorty não se recusa a emprestar a tudo isso uma aura de patriotismo (que não assusta Habermas), o que não lhe impede de especular (como no final do primeiro debate) que, "se tivesse de apostar qual o próximo país que se tornaria fascista, minha aposta poderia ser: os EUA".[100]

Rorty articula filosofia e política num outro pequeno livro, intitulado *Filosofia e esperança social*,[101] que aborda assuntos como educação, direito, cultura e política. O mote do livro é o empenho filosófico central de Rorty: "Tirar da busca do conhecimento o *status* de fim em si mesmo, para o de um meio a mais para a maior felicidade humana". Dito de outra maneira (por ele mesmo, no primeiro debate com Habermas): "Os pragmatistas querem colocar a esperança no lugar que o conhecimento tem tradicionalmente ocupado". Em vez de ocupar-se com um suposto conhecimento da realidade objetiva, o pragmatismo quer ser, antes de tudo, uma filosofia da esperança e da solidariedade.[102]

Ao fim e ao cabo, o horizonte ético e político de Rorty, como o de Habermas, "é trabalhar por um governo mundial democrático", ou coisa parecida. Ambos, portanto, convergem para algo próximo do ideal cosmopolita, kantiano, de uma federação mundial de nações, baseada numa solidariedade planetária. É sob essa óptica que podem ser mais frutiferamente acompanhados esses debates/diálogos entre eles, mesmo quando desenvolvem argumentações num nível aparentemente dissociado do de suas preocupações práticas e políticas mais sentidas.

---

100 Ver o final da resposta de Rorty a Habermas no primeiro diálogo.

101 RORTY, R. *Philosophy and Social Hope*. New York: Penguin Books, 1999.

102 Rorty opera uma passagem da epistemologia para a ética. Segundo ele, dizer que "p" é uma asserção garantida, é o mesmo que dizer que "sentimos solidariedade com uma comunidade que considera 'p' garantido" (RORTY, R. *Truth and Progress*. Cambridge: Cambridge University Press, 1998. p.53). Já por si, o conhecimento é, como também reconhece Habermas (no segundo diálogo), "uma questão de conversação e prática social, em vez de uma tentativa de espelhar a natureza".

Enfim, depois de tudo o que vimos, quem sabe o leitor, pelo menos aquele que tiver alguma familiaridade com a filosofia, possa sentir-se estimulado, por esses textos, não simplesmente a tomar partido por um lado ou por outro, mas a ensaiar, argumentativamente, seus questionamentos e seus pontos de vista a respeito, segundo as referências e o vocabulário filosóficos de que disponha. Eu ficaria muito feliz se o contato com esses textos e com a discussão neles contida pudesse incentivar uma orientação mais contemporânea, dialógica e democrática, que acredito começa a contagiar o trabalho de filosofia entre nós.

Primeiro diálogo
Lidando com contingências
(Filosofia, cultura e relativismo)

A volta ao historicismo
(Platonismo, relativismo e pragmatismo)

Jürgen Habermas

Uma maneira de tratar do "estado atual da filosofia" – um tópico bem pouco específico – é concentrar-se num aspecto óbvio dos debates contemporâneos: a inclinação contextualista, que prevalece atualmente na maioria dos debates, em filosofia política e moral, em filosofia da linguagem e em filosofia da ciência. Essa orientação me lembra o estilo do *Historismus*, que começou a dominar a filosofia alemã no final do século XIX. Somente após a Segunda Guerra Mundial, o historicismo[1] foi

---

1 *Historismus* é o rótulo, em alemão, para as noções de fundo, filosóficas e metodológicas, dos representantes da *Deutsche Historische Schule* (Escola Histórica Alemã). A palavra inglesa *"historicism"* (historicismo), que usarei no texto, é ambígua. Como no caso de K. R. Popper, frequentemente se relaciona a uma filosofia da história que supõe uma "lógica" – ou "leis" específicas – da história. Mas a *Deutsche Historische Schule* colocava-se em oposição direta a exatamente essa herança hegeliana.

suplantado por abordagens mais sistemáticas, principalmente fenomenológicas e analíticas. Começando pela *Lebensphilosophie* (filosofia da vida) de Dilthey, e chegando até o neopragmatismo de Rorty, vou comparar certos aspectos do tipo velho e do tipo novo de historicismo.[2]

Fiel ao espírito de Rorty, tentarei fazer isso em termos narrativos, em vez de em termos estritamente argumentativos.[3] Vou primeiro usar a questão-guia "Como lidar com contingências?" como um esquema geral de interpretação para a história da filosofia em geral, e desenvolver o padrão dialético do platonismo, do antiplatonismo e do anti-antiplatonismo. A abordagem de Wilhelm Dilthey servirá então como modelo, para uma análise do que Ernst Troeltsch chamou de *Das Problem des Historismus* – a questão do historicismo. A resposta de Martin Heidegger a tal impasse, em *Ser e tempo*, preparou o caminho para uma espécie de contextualismo, que conduziu, num outro nível de reflexão, à renovação do historicismo. Vou concluir minha introdução a esse debate com algumas observações a respeito do neopragmatismo de Richard Rorty, que considero a versão mais sofisticada do historicismo atual.

A dialética do antiplatonismo

Seguindo a "busca da certeza" de John Dewey, poder-se-ia ver a história do idealismo filosófico como uma sequência de tentativas para enfrentar tipos e categorias, sempre novos, de contingências percebidas, sejam elas poderes místicos, proces-

---

2 *Neohistorismus*, ou o novo tipo de historicismo, refere-se às abordagens contextualistas na filosofia contemporânea. A fim de prevenir outro engano, gostaria de deixar claro que não me ocuparei das tendências recentes, nos estudos literários, chamadas de novo historicismo.

3 Mantenho o formato de uma palestra, sem o arsenal costumeiro de notas de rodapé etc.

sos de natureza desmitologizada ou eventos de uma história objetivada. Segundo uma interpretação bastante convencional das origens da filosofia grega, a invenção do *Logos* e da *Theoria* serviu para superar as contingências de um mundo que era interpretado em termos de narrativas míticas. Assim vou esboçar o movimento em direção ao platonismo, explicar a natureza dúplice da resposta que tal movimento recebeu de seus críticos e aplicar esse padrão dialético ao debate atual.

Primeiro, observada pelo ângulo da psico-história, a transição "do mito ao Logos" aparece como um desenvolvimento paralelo ao das religiões mundiais emergentes, fundadas, aproximadamente ao mesmo tempo, por grandes figuras proféticas. Nessa perspectiva, Sócrates aparece lado a lado com Buda, Confúcio, Moisés e Jesus Cristo, seguidos mais tarde por Maomé.[4] O rompimento com as tradições míticas, que o budismo, o confucionismo, o hinduísmo e as religiões monoteístas realizaram na dimensão da razão existencial e moral, a filosofia realizou na dimensão cognitiva. Em ambos os lados, emergiram esquemas conceituais que permitiram à mente humana ocupar um ponto de vista transcendente, localizado quer sob o mundo quer além dele. Na nossa tradição, ainda falamos da "perspectiva do olho de Deus", e essa expressão apenas exemplifica um fenômeno mais geral: com suas perspectivas transcendentes, tanto crentes quanto filósofos adquiriram um distanciamento, sem precedentes, em relação ao mundo como um todo.

Sob o olhar abrangente de crentes e filósofos, "o" mundo adquire contornos diferentes do horizonte de "nosso" mundo vivido. O mundo agora pode ser objetivado, desde um ponto de vista quer teórico quer moral, como uma totalidade de entidades ou relações sociomorais. A filosofia e a religião aprenderam a distinguir o eterno e infinito do finito e transitório; elas

---

4 Essa ideia é partilhada por Karl Jaspers, *Die grossen Philosophen* (Munique, 1957).

"descobriram" substâncias e ideias imutáveis, que persistem no fluir das aparências. O regime das forças míticas arbitrárias foi desmantelado tão logo o mundo foi dividido em fenômenos de superfície e essências. Isso explica, no caso da metafísica, por que a emancipação idealista da teoria em relação à práxis foi considerada como tendo um efeito libertador. A construção platônica de um mundo eterno das ideias, por trás dos fenômenos, estava vinculada a uma atitude teórica e, ademais, a uma vida filosófica de contemplação, que era percebida, não menos que os modos de vida do monge ou eremita, como uma receita para catarse e salvação. Aqui, a razão e a teoria serviam com meio para libertar a mente humana das contingências de um mundo mítico. Naturalmente, só desde sua perspectiva é que as forças míticas puderam aparecer como forças irracionais.

O reverso dessa emancipação por meio da teoria foi a percepção de um novo tipo de dependência, acarretado pela própria racionalidade. O logos do discurso e do pensamento humanos aparecia agora como uma mera reflexão do – e como subordinado ao – logos eterno de uma ordem ideal das coisas. De um ponto de vista crítico, o regime das forças míticas arbitrárias fora apenas substituído por um regime dos universais necessários e atemporais. A razão devia, à própria abstração que atingira, sua capacidade de lidar com as contingências bizarras de um universo obsedado e enfeitiçado. Universais persistentes haviam sido extraídos de particulares evanescentes, o permanente fora extraído do temporal, as formas necessárias e semelhantes a leis foram extraídas dos acontecimentos acidentais. Para o olhar desconfiado dos críticos, o novo regime da razão sobressaía até como mais inexorável que o antigo, especialmente por contraste com aquelas promessas do esclarecimento que haviam acompanhado a razão filosofante desde o seu começo. A dissolução bem-sucedida das ilusões de um mundo mítico e a experiência gratificante de livrar-se de sua perturbadora arbitrariedade tornaram os filósofos mais sensíveis ao preço que tiveram de pagar em termos de uma outra dependência – a dependência dos constrangimentos racionais, de uma ordem ideal de essências. A substituição dialética das contingências do destino, pelas necessidades lógicas, foi sentida desde cedo como uma estranha ironia; esse desapontamento alimentou uma desconfiança antiplatônica em relação à autoridade dos universais abstratos, desconfiança que emergiu tão cedo quanto o próprio platonismo. A resposta crítica foi revelar o que o platonismo tinha escondido sob a coberta de suas falsas abstrações.

Segundo, os filósofos antiplatônicos desenterraram, com minúcia e com sarcasmo, os aspectos reprimidos, encobertos, marginalizados e esquecidos, do "não-idêntico", do particular e do transitório, que haviam sido absorvidos nos construtos dos universais abstratos. Os antiplatônicos denunciaram um idealismo que hipostasia suas próprias construções como algo "dado" ou "descoberto". Eles insistiram, com ironia, no efeito emancipador de libertar as contingências reprimidas das peias de um mundo ideal, que fora de início inventado com exatamente a mesma intenção emancipadora. No percurso do platonismo ao antiplatonismo, "o contingente" muda de lugar: enquanto antes se imaginava que o mundo eterno das ideias podia lidar com as contingências, agora a promessa de libertação devia ser cumprida pela consideração das contingências escondidas, uma vez tiradas de trás do véu das ideias ilusórias.

Mas a ironia vai chegar igualmente a esse segundo movimento. A destruição antiplatônica dos universais abstratos apenas levou a uma conceitualização do mundo, que dava reconhecimento às contingências de uma natureza profana e desessencializada. E, com a libertação desse novo tipo de contingência natural, o nominalismo estimulou novamente o próprio desejo que o idealismo tinha antes realizado – ou seja, o desejo não apenas de enfrentar criticamente as contingências recuperadas, mas também de lidar com elas. Para esse propósito, o crítico mais uma vez tinha de empregar a mesma razão que ele havia, antes, denunciado tão eficientemente por sua falsa abstração. Certamente, a razão havia entrementes perdido sua inocência metafísica. Os antiplatônicos estavam agora conscientes das contribuições da própria razão para a construção do que apenas aparecia como sendo a ordem das coisas. Um inquietante processo de auto-reflexão havia transformado a contemplação em uma crítica desconfiada de – e sensível a – suas próprias ilusões. Ao mesmo tempo, tornou-se cada vez mais óbvio que a autocrítica tem ela mesma dois lados. A prática de criticar os pseudo-objetos platônicos move-se no interior de um esquema conceitual e emprega meios conceituais que não podem, por sua vez, ser desconstruídos, sem privar o antiplatonismo de seu próprio gume crítico. A tentativa radical de eliminar toda abstração e idealização, ou todo conceito de verdade, de conhecimento e de realidade, que transcenda o *hic et nunc* local, incidiria em autocontradições performativas. Você não pode reduzir todos os universais a particulares, todos os tipos de transcendência à imanência, o incondicional ao condicional, e assim por diante, sem pressupor essas mesmas distinções – e sem tacitamente fazer uso delas.

Terceiro, uma leitura da história da filosofia, que focaliza os engraçados movimentos, de vaivém, do platonismo e do antiplatonismo, oferece uma boa razão para sair do jogo, e para encerrá-lo de uma vez por todas. A questão é se Richard Rorty pode fazê-lo, sem meramente dar início à rodada seguinte do mesmo jogo.

Aprendemos, com os ciclos repetitivos de uma duradoura dialética do esclarecimento, que o antiplatonismo de hoje tem uma herança tão impressionante quanto a do próprio platonismo. O espírito antiplatônico emerge, na Grécia clássica, de importantes correntes materialistas, sofistas e céticas. Essa atitude crítica chega a tomar o poder, com o nominalismo medieval tardio, e se estende pelo empirismo moderno inicial (que ainda prevalece no mundo anglo-saxônico), e por todo o século XIX, até Nietzsche, até o pragmatismo norte-americano e até o historicismo alemão. Esses movimentos compartilham uma atitude crítica em relação à metafísica e uma atitude liberal em relação à política. Cada um deles responde igualmente a uma nova onda de contingências percebidas. Quer as motivações antiplatônicas tenham emergido dos processos sociais mais amplos, de urbanização e de comercialização, de mobilização de recursos e força humana, ou de modernização em geral, o pano de fundo filosófico é sempre a percepção de fenômenos complexos, que transbordavam dos limites dos esquemas interpretativos estabelecidos. Essas irregularidades, de início canalizadas como meras anomalias, finalmente explodiram os padrões conceituais recebidos, condenando-os pela falácia idealista de generalização exagerada ou de falsa abstração. Como vimos, a crítica antiplatônica avança em dois passos. Primeiro, a desconstrução de hipostasias pretende fazer justiça às contingências anteriormente reprimidas; o próximo passo, menos visível, para um novo esquema de interpretação, pretende oferecer instrução sobre como lidar diferentemente com esse novo tipo de contingência.

As grandes mudanças de paradigma, da ontologia para o mentalismo, e, de novo, da filosofia centrada no sujeito para a filosofia linguística, decorrem desse tipo de resposta desconstrutiva e reconstrutiva. Entendidas em traços gerais, elas são inspiradas pelas pressuposições nominalistas do empirismo clássico e do historicismo/pragmatismo, respectivamente. Novos paradigmas filosóficos têm de lidar com contingências percebidas – não simplesmente com os novos tipos de contingências sentidas na vida cotidiana, mas com as contingências de uma natureza e de uma história objetivadas, que são percebidas pelas lentes dos novos tipos de ciências, como a física moderna no século XVII, e as *Geisteswissenschaften* (ciências do espírito) no século XIX. Em ambos os casos, a filosofia teve de reagir a novos tipos de contingências, postos em circulação e legitimados pela ciência e pela pesquisa. O empirismo tomou a forma de uma epistemologia das ciências naturais, e o historicismo a de uma metodologia das ciências humanas (as *Geisteswissenschaften*). Contudo, os representantes desses importantes antiplatonismos, geradores de paradigmas, logo se tornaram alvo de uma outra crítica. Seus opositores apontam inconsistências nos pressupostos ocultos da bem-sucedida crítica antiplatônica. A crítica transcendental de Kant à interpretação humeana da causalidade é o exemplo mais conhecido. Passarei imediatamente a um outro exemplo dessa estratégia anti-antiplatonista, ou seja, à crítica transcendental-ontológica da apresentação historicista que Dilthey faz da razão. Essas figuras completam o ciclo de uma crítica incansável, feita por meio da demonstração da oculta natureza reconstrutiva daquilo que aparecia como uma decidida desconstrução das abstrações idealistas.

Embora eu simpatize, no plano político, com os iconoclastas antiplatônicos, minha simpatia filosófica está com os guardiães da razão – naqueles períodos em que uma crítica justificada da razão perde a percepção das implicações de sua inevitável auto-referencialidade –, como é o caso de Aristóteles, Tomás de Aquino, Kant e (inclusive) o primeiro Heidegger (uma vez compreendido desse modo).

O problema do historicismo

A ascensão da consciência histórica, no final do século XVIII, reflete-se num conjunto de conceitos agregados em torno de "história", no singular. Como mostrou Reinhard Koselleck, "a" história, incluindo todos os aspectos da vida humana, assume o lugar das muitas histórias, no plural. Até o século XVIII, a história servia como um repositório para histórias exemplares, que supostamente podem nos dizer algo acerca de aspectos recorrentes das lides humanas, e assim abastecer a curiosidade antropológica por padrões de comportamento humano. Tão logo o foco da atenção muda, entretanto, do modelar para o individual, do típico para o singular, de ciclos recorrentes para futuros desconhecidos, de continuidades para rupturas e mudanças, de similaridades para diferenças, a história ganha um significado e uma relevância completamente diferentes. A história – em termos de uma extensão de tempo experimentada, em vez de uma fisicamente medida – introduziu-se no meio mais básico da individuação. As pessoas são individuadas por meio de sua história de vida, e as culturas e formas culturais de vida individuam-se por meio de períodos históricos ou épocas. Não surpreende que essa consciência histórica tenha dado origem a uma percepção, sempre mais intensa, de contingências que se difundem sempre mais amplamente. Isso explica a necessidade de lidar com um tipo de contingência que não mais emergia do núcleo da natureza interior ou exterior, mas que surgia da superfície dos fluidos negócios humanos, das relações interpessoais e das teias de relações sociais.

Desde Aristóteles, a história sempre fora concebida como a esfera paradigmática do contingente, do transitório e do particular. Mas exatamente por essa razão, ela permanecera para além do interesse filosófico, e fora da ciência propriamente dita, como um reino de interesse meramente empírico, fora dos limites da *episteme*. Só no final do século XVIII foi que a história também se tornou um domínio de interesse e de investigação teóricos. A ascensão das *Geisteswissenschaften* representou um desafio à divisão metafísica do trabalho, entre, de um lado, a *Theoria*, destinada ao conhecimento do necessário, do atemporal e do universal, e, de outro, o conhecimento empírico ou do senso comum. As humanidades decolaram de uma *Verwissen- schaftlichung der Menschenkenntnis* [cientificização do conhecimento humano] (K. Ott).

Entre os principais filósofos da época, Hegel foi o primeiro que sentiu vivamente a ameaça representada pela extensão, à grã-teoria, das contingências históricas. Ele percebeu que mesmo a própria verdade é arrastada para dentro do fluxo do tempo – *"die Wahrheit fällt in die Zeit"*. Na mesma linha, Theodor Adorno cunhou a expressão *"Zeitkern der Wahrheit"* [núcleo temporal da verdade]. Deixarei de lado as tentativas fracassadas de estender ao domínio da história o conceito forte de "teoria". Não há filosofia da história, com pretensões de descobrir padrões de razão nas mudanças da história, que não tenha sido logo desmantelada pela pesquisa histórica. A propósito, isso explica a hostilidade da Escola Histórica Alemã para com Hegel, em quem Ranke e todos os outros viram um *maître de penseur* autoritário. Ao final do século XIX, as humanidades tinham sido tão bem-sucedidas que a filosofia não apenas perdera sua soberania sobre o território delas, mas fora forçada a receber das humanidades suas próprias categorias básicas: signo, sentença, linguagem e comunicação ofereceram o esquema para a virada linguística; ação, interação simbólica, práxis e produção inspiraram o pragmatismo; o "corpo-em-que-se-vive", em seu hábitat natural, e o eu socializado tornaram-se sugestões para a antropologia filosófica; e uma *Lebensphilosophie* (filosofia da vida) historicista concentrou-se na cultura e nas formas culturais de vida, na história e no modo histórico de ser. Na verdade, todas essas novas abordagens tinham um tom historicista e provinham de um motivo semelhante. Aquela forma de historicismo, que completou o círculo somente com Rorty e Derrida, começou na verdade cem anos atrás.

Naquele tempo, as humanidades haviam acumulado uma avassaladora evidência da natureza contextual da razão, da verdade e do conhecimento, e também dos trabalhos da mente humana em geral. Apenas os meios dessa contextualização – a linguagem e a ação, a cultura e a história – foram deixados à escolha da análise filosófica das "infraestruturas". Os últimos resíduos platônicos podiam ser facilmente exorcizados sob a luz impiedosa das rupturas, peculiaridades e diferenças históricas. Se restaram quaisquer feições estruturais, estas seriam reveladas apenas no coração da vida da própria história. Nessa situação, Wilhelm Dilthey tomou um ponto de partida bastante convencional, com sua intenção de desenvolver uma metodologia das ciências humanas, ao modo mais ou menos kantiano de "uma crítica da razão histórica". Ao final, ele chegou, entretanto, a algo bem diferente: uma hermenêutica filosófica que deveria descobrir o núcleo estrutural da vida histórica.

Vou primeiro resumir o modelo expressivista de interpretação, de Dilthey, e então discutir a dificuldade que se tornou conhecida como o "problema do historicismo".

Primeiro, a percepção – das qualidades – de um objeto oferece o modelo clássico para uma análise epistemológica. Dilthey substituiu esse modelo por um novo: a leitura de um texto. A interpretação era de qualquer modo o método principal das humanidades. Historiadores, linguistas e cientistas sociais obtêm acesso a seus domínios de objetos (*object-domains*) culturais não pela observação, mas pela compreensão de significados simbólicos. A interpretação de uma fonte escrita é exemplar para a abordagem de objetos culturais de todos os tipos: de sentenças, ações e gestos (via pessoas e suas biografias) até mentalidades, estilos e tradições, e, finalmente, culturas e sociedades, incluindo suas instituições políticas, seus sistemas econômicos, e assim por diante. Para todos esses fenômenos, Dilthey cunhou o termo *Lebenszusammenhänge* – formas ou contextos de vida. Diferentemente de Husserl, que concebeu o "mundo-da-vida" como constituído por um sujeito transcendental, Dilthey apropriou-se, ao seu modo, da noção hegeliana de espírito objetivo, e concebeu as formas culturais, de qualquer tipo, como "objetivações". É por intermédio de "objetivações" simbólicas que os "sujeitos" "expressam" sua "experiência". Vou explicar como Dilthey entendeu esses termos.

As "objetivações" têm uma natureza "simbólica", como signos que oferecem o substrato material para um significado imaterial – seja um documento que apresenta a autoria de uma

Filosofia, racionalidade, democracia

importante decisão política, uma carta que revela um traço particular do caráter de uma pessoa, ou uma cadeira que exemplifica o estilo de um período cultural. Mais difícil é o termo "experiência" (*Erlebnis*), cujo conteúdo é objetivado. Dilthey apela para uma ideia expressivista: por exemplo, a manifestação de uma emoção de raiva ou de ansiedade, em reações miméticas, gestos ou outros sintomas somáticos. Embora a hermenêutica não esteja, de modo nenhum, restrita a esses fenômenos, a expressão de um estado ou episódio psicológico, na linguagem corporal, serve como uma analogia para o papel conferidor de significado de uma "experiência". O mais difícil de explicar é o "sujeito" a quem atribuímos tal experiência. De novo, o paradigma é a pessoa individual, que expressa seus estados mentais em expressões de todo tipo: no discurso ou na ação, nos hábitos ou nos produtos, ou ainda no trabalho de arte de uma história de vida (Foucault também é não apenas um crítico, mas, ao mesmo tempo, embora inconscientemente, um seguidor de Dilthey). O caso, paradigmático, do autor de uma biografia (o próprio Dilthey escreveu várias biografias famosas) é estendido a unidades e comunidades de qualquer tamanho: povos, sociedades, culturas, épocas, e assim por diante. É importante ter em mente que todos esses "sujeitos", sejam atores individuais sejam coletivos, participam da aventura conjunta de uma vida histórica que os abrange.

Os três termos – objetivação, experiência e sujeito – finalmente formam o contexto para uma definição implícita do termo, que é constitutivo do modelo expressivista: um sujeito "expressa" uma experiência em termos de uma objetivação. Com esse esquema conceitual, Dilthey desenvolve, a partir de uma análise da interpretação, um modelo estrutural da vida histórica. Seu pressuposto básico é que a interpretação, tanto no seu modo científico como no seu no modo *cotidiano*, é um aspecto essencial da vida histórica. O significado "objetivado" é o resultado de um ato de exteriorização, enquanto a "experiência" original, expressa como significado simbólico, é por sua vez transformada, por um ato de internalização, em uma espécie de experiência (*experience*) revivida (*reenacted*), ou *Verstehen*. A vida histórica é como se fosse um expirar e inspirar significados:

Externalização	Internalização
Leben: Erleben – Ausdruck	*Verstehen – Nacherleben*
(experiência) – (expressão)	(interpretação) – (re-experiência)

O ato de interpretar uma experiência objetivada é identificado como apenas um passo na sequência de um processo abrangente de vida histórica. A interpretação termina em compreensão, ou seja, na reexperienciação (*reenactment*) da experiência original, por meio da qual o intérprete expande o horizonte de sua própria experiência, e inicia um outro ciclo de externalização e internalização.

A natureza holística da vida histórica, na qual todos os seres humanos, vivos ou mortos, estão envolvidos, explica ademais o movimento circular da interpretação. Todo ato de interpretação é guiado por uma pré-compreensão intuitiva do todo compartilhado da vida, enquanto essa antecipação é por sua vez verificada e revisada pela compreensão (*understanding*) explícita do aspecto particular sob investigação. Esse "círculo hermenêutico" não reflete, entretanto, apenas a metodologia das ciências históricas, mas a ontologia da vida da história como tal. Não apenas explica o labor profissional do historiador, mas o modo histórico da existência dos seres humanos em geral. Os historiadores apenas elevam, ao nível de um conhecimento de especialistas, o que é constitutivo das realizações da vida cotidiana. Na nossa lida diária, não podemos deixar de nos mover no círculo vital da externalização e da internalização de significados.

Segundo, o problema com tal abordagem é, resumidamente, uma naturalização implícita da verdade e da razão. Enquanto enredados no sobe e desce dos ciclos de vida históricos, tanto em seu modo pré-teórico como em seu modo científico, os intérpretes perdem o próprio distanciamento de seu domínio de objetos, distanciamento que é necessário para distinguir entre interpretações verdadeiras e falsas, corretas e incorretas. Se o ato de interpretação é parte e parcela daquela vida histórica que, ao mesmo tempo, é transformada em um objeto de interpretação, qualquer padrão, para uma avaliação crítica, deve ser tomado de dentro de um contexto, que põe a interpretação no mesmo nível dos fenômenos interpretados.

A fim de evitar uma falácia naturalista, Dilthey ficou inicialmente inclinado a defender uma teoria objetivista da *Verstehen*. Ele tomou a interpretação como algo análogo da observação. Ambas parecem reproduzir algum "x": ou um objeto que causa uma percepção adequada por meio da estimulação sensível, ou uma experiência subjetiva que confere significado à (compreendida) expressão simbólica. Da mesma forma que a percepção apresenta uma imagem do objeto, a interpretação apresenta algo como a imagem de uma experiência original. Mas, de novo, essa interpretação realista da interpretação deixa de dar conta de uma desconfortável implicação da natureza holística do processo histórico, no qual os intérpretes se encontram "já sempre" envolvidos. Diferentemente de um observador, o intérprete é um participante, que, como um falante diante de uma audiência, tem de tomar uma atitude performativa em relação a segundas pessoas. O intérprete não pode mais assumir uma perspectiva objetivante, de terceira pessoa, que pretenda estar de algum modo fora do domínio de objetos, e ser claramente distinta dos fenômenos que precisam ser interpretados. Como Hans-Georg Gadamer explicou, o intérprete não compreenderia nada se não estivesse situado no interior de um processo, no qual tanto o intérprete como seu objeto estão, desde o começo, aninhados. Desde quando não existe, para o intérprete, saída desse contexto, sua interpretação não é menos uma manifestação da vida histórica do que aquilo que ele interpreta. Isso se aplica igualmente aos padrões pelos quais as interpretações podem ser criticamente avaliadas. Se existe um padrão qualquer, ele deve ser inerente à própria vida histórica.

No seu próprio trabalho, Dilthey emprega padrões estéticos que estão de acordo com seu modelo expressivista de interpretação. Um sujeito pode expressar sua experiência mais ou menos vividamente, profundamente, ricamente, sinceramente ou autenticamente; de modo semelhante, a interpretação pode ser melhor ou pior, dependendo da vitalidade, profundidade, riqueza ou autenticidade da reexperienciação da experiência original. As interpretações podem ser profundas ou superficiais, mas não verdadeiras ou falsas. As manifestações mostram as mesmas características gramaticais que os atos de fala expressivos – estão vinculadas a alegações (*claims*) de sinceridade, veracidade ou autenticidade, mas não a alegações de verdade.

Se a autenticidade for o único padrão disponível para a avaliação crítica, Dilthey tem de enfrentar uma consequência desconfortável; primeiro e principalmente, para o *status* epistêmico dos empreendimentos com pretensão de verdade (*truth-claiming*) – como as religiões ou as visões de mundo metafísicas, os sistemas de crenças morais, as filosofias e as teorias em geral. Concebidas como "manifestações" da vida histórica, podem ser julgadas apenas como expressões mais ou menos autênticas, de autores ou de mentalidades subjacentes, de estilos, culturas, formas de vida, e assim por diante. Mas a mesma coisa vale para interpretações históricas de tais fenômenos. Relatos humanos também aparecem como documentos, mais ou menos autênticos, da capacidade do intérprete de apropriar-se enfaticamente daquelas experiências originais corporificadas nas objetivações que investiga. Isso tem obviamente uma implicação autorreferencial para qualquer filosofia que, como a de Dilthey, alegar oferecer interpretações de ordem superior. A assimilação de todos os objetos significativos a manifestações de algo subjetivo envenena o *status* da própria filosofia de Dilthey.

Esse problema tornou-se óbvio quando Dilthey apresentou sua famosa tipologia das visões de mundo filosóficas. A classificação tripartite de naturalismo, idealismo subjetivo e idealismo objetivo é apresentada como um esquema que permite descrever qualquer filosofia como uma objetivação de uma das três orientações fundamentais ou existenciais, mas não permite indagações sobre a verdade ou a falsidade de quaisquer dessas abordagens. Se se supõe que essa tipologia é inclusiva, e que não há padrão para avaliar a verdade desses tipos conflitantes, uma indeterminação semelhante quanto à escolha de teoria aplicar-se-ia à própria tipologia de Dilthey – e à filosofia da qual a tipologia é parte. Dependendo do lugar que os intérpretes ocupam na vida histórica, deve haver (como de fato há) diferentes tipologias do mesmo tipo – *Weltanschauungstypologien*. Em geral, se não há alegações de validade para além da alegação, dependente de contexto, de autenticidade, o empreendimento da interpretação como um todo não pode valer como um candidato sério à promoção do conhecimento e da aprendizagem, muito menos da ciência (no sentido em que Dilthey ainda entendia as *Geisteswissenschaften*, incluindo a filosofia).

Um novo tipo de historicismo – e três respostas

O historicismo surgiu de uma autorreflexão metodológica no interior das *Geisteswissenschaften*. Em retrospecto, o historicismo de Dilthey não aparece como uma posição particularmente forte em suas premissas filosóficas. Mas na Alemanha, onde Kant nunca deixou de ter um impacto profundo, o desafio do historicismo provocou um movimento em direção ao que é atualmente chamado de "destranscendentalização". A crescente percepção de que as contingências da história haviam ganho relevância filosófica minou mais e mais o *status* extramundano de um sujeito transcendental a-histórico e desencarnado. Tudo o que tinha sido antes concebido como realizações de uma razão transcendental pura, Dilthey e seus estudantes descobriram estar "já sempre" situado e corporificado no interior de alguma forma cultural de vida. Eles, portanto, viam-se diante da tarefa de reconciliar a faculdade constituidora do mundo, do sujeito transcendental, com os aspectos intramundanos de uma razão simbolicamente localizada. A interpretação, a via régia das humanidades – não o discurso ou a ação, como no caso do pragmatismo norte-americano –, era a chave para resolver esse problema. As *Geisteswissenschaften* tinham conformado a cultura acadêmica alemã. Aqui, Hamann e Humbolt, Schleiermacher e a tradição hermenêutica em geral haviam desde cedo mostrado o caminho para a destranscendentalização. Heidegger foi além, nessa mesma direção, e atingiu um ponto, para além de Dilthey, onde suas conclusões inesperadamente convergiram com as do Wittgenstein tardio. A despeito de formações diferentes, e de estilos de pensar bastante opostos, a convergência das abordagens de Heidegger e de Wittgenstein tornou-se óbvia, ao menos para a geração seguinte, que estabeleceu o alcance do atual debate sobre racionalidade.

Sem qualquer ambição filológica, vou limitar minhas observações casuais, primeiro, à passagem crítica de Heidegger para além de Dilthey, e, segundo, às três reações contemporâneas, que são típicas de um novo tipo de historicismo.

Primeiro, lido como uma resposta a Dilthey, *Ser e tempo*, de Heidegger, que aponta uma solução para o beco sem saída do relativismo autorrefutador. O modelo expressivista estava ainda enraizado na filosofia do sujeito, que Heidegger supera pela introdução de uma concepção contextualista do "mundo" (que é semelhante ao conceito-mundo de Peirce e Dewey, embora focado na revelação [*disclosure*], em vez de na solução de problemas). Heidegger não mais concebe o mundo como a totalidade dos fatos e entidades, mas como o espaço social e o tempo histórico vividos, que formam os horizontes de nossas práticas cotidianas. O modelo expressivista ainda se batia com algum tipo de sujeito, individual ou coletivo, que manifesta sentimentos, desejos, crenças etc. Termos como "experiência subjetiva" e "objetivação", bem como o ritmo quase orgânico de "externalização" e "internalização" (de inspiração e expiração), ainda deixam transparecer o desenho epistemológico de relações sujeito-objeto. Heidegger, que detestava o termo *Erlebnis* e a abordagem expressivista como tal, substitui a subjetividade pelo *Dasein* – ser no mundo. Ele afasta o ser humano de toda conotação subjetivista, definindo o *Dasein* em termos puramente funcionais. O *Dasein* é explicado em termos da estrutura da qual ele é uma função. As *Lebenszusammenhänge* [contextos de vida], de Dilthey, são transformadas em redes de *Bewandtnis- und Bedeutungs-zusammenhänge* [contextos de situação e de significação]. Enquanto a revelação do mundo é soldada à espontaneidade, transcendental, do que tinha sido anteriormente concebido como "constituindo" o mundo dos objetos, o tecido semântico de um mundo vivido é agora "revelado" por uma linguagem dominante.

Essa virada linguística foi possível porque Heidegger recebeu e manteve um *insight* importante de Dilthey: para ele também, a interpretação não vale como um tipo especial de atividade, mas é antes constitutiva do modo mesmo como os seres humanos agem e conduzem suas vidas ("*Verstehen als Grundzug des Daseins*" [interpretação como traço básico do ser humano]). Como seres humanos, eles se encontram no interior de um mundo que é "pré-interpretado", no sentido de que ilumina e, ao mesmo tempo, estrutura uma compreensão, *a priori*, de tudo o que as pessoas podem encontrar e têm de enfrentar no seu mundo. Heidegger separa a interpretação da reexperienciação da experiência. Significados simbólicos não mais dependem da objetivação da experiência subjetiva. Estão, em vez disso, enraizados na linguagem, e erguidos sobre seus próprios pés gramaticais. Que os limites de nossa linguagem são os limites do nosso mundo é tão verdadeiro para Heidegger quanto o é para Wittgenstein. Uma linguagem é concebida como um repertório de condições que dão capacidade de interpretar tudo o que possa ocorrer aos membros de uma comunidade de fala, nos limites de seu mundo. Heidegger, assim, dirige nossa atenção para a pré-compreensão holística de um mundo articulado significativamente, cuja ontologia está inscrita na gramática de uma linguagem reveladora do mundo.

A passagem do modelo expressivo, de Dilthey, para a concepção transcendental de revelação do mundo permite a Heidegger tanto manter a interpretação e a compreensão no centro de uma ontologia da vida histórica, como dar a essa ontologia uma virada linguística (ainda que ele próprio só tenha percebido essa implicação mais tarde). Em resumo, uma linguagem compartilhada é constitutiva de um "mundo":

- que oferece um esquema de significados implícitos, formador de contexto,
- que estabelece, ao mesmo tempo, as relações possíveis, nas quais os usuários de linguagem se encontram aninhados,
- quando eles, em seus encontros práticos, vêm a se deparar com algum "x" no interior do mundo,
- com o qual só podem lidar pela interpretação e compreensão desse "x" enquanto ele se encaixa em algum tipo de descrição,
- enquanto recorrem ao estoque de sua (deles) pré-compreensão ontológica do mundo.

Por meio do relacionamento da interpretação com as estruturas gramaticais e, mais genericamente, simbólicas, em vez de com experiências subjetivas, Heidegger obtém os recursos necessários para resolver o problema do historicismo. Enquanto Dilthey tinha confinado a interpretação estritamente às manifestações de alguma subjetividade subjacente, Heidegger estende o alcance da interpretação para além das expressões de autorrepresentação e de autenticidade, ao conjunto inteiro dos conteúdos semânticos e de alegações de validade. Ele pode salvar o significado, a validade e os conceitos relacionados de razão, verdade e conhecimento, de serem naturalizados porque retêm a distinção transcendental de Husserl entre *constituens* e *constitutum*, em termos da diferença ontológica entre um mundo linguisticamente revelado e as entidades no mundo.

Heidegger, ademais, atribui à filosofia o papel extraordinário de administrar aquelas categorias ontológicas que regem a cultura e a sociedade em cada época. A compreensão pré-intuitiva de um mundo compartilhado por pessoas ordinárias é explicada pelas teorias metafísicas do tempo. A história da metafísica pode, assim, ganhar uma autoridade sublime, incomparável a qualquer outra coisa (exceto à poesia). A filosofia contemporânea, em todo caso, confronta a eminente tarefa de um exame autorreflexivo da história da metafísica. A desconstrução de um perpétuo platonismo, que, desde o passo original do mito ao Logos tomou conta do racionalismo ocidental, resultará agora numa meta-história dos esquemas ontológicos, incluindo o antiplatonismo confesso de Nietzsche. Transcender, a partir de dentro, os limites conceituais da metafísica, é um exercício preparatório para a reversão paradoxal do modo metafísico de pensar – *"vom verfügenden Denken zum Andeken des Seins"*.

Segundo, vou extrapolar (desde a minha leitura de Heidegger) aqueles dois pressupostos que, tanto quanto posso ver, marcam as linhas básicas do presente debate sobre a racionalidade:

- A desconstrução de uma herança platônica permite-nos descobrir uma pluralidade (se não uma sequência) de linguagens reveladoras do mundo, de ontologias, discursos, vocabulários, regimes de poder, tradições etc., cada um dos quais ocupa um lugar específico no espaço social e no tempo histórico.
- Esses regimes ontogramaticais são inclusivos, no sentido de que garantem uma rede semântica para a adequação, para descrições específicas de qualquer encontro possível com algo no mundo, e estabelecem padrões segundo os quais as possíveis interpretações ou intervenções poderiam ser avaliadas como verdadeiras ou bem-sucedidas.

A volta ao historicismo

Esse é um quadro muito simplificado, mas que cobre uma questão que tem provocado um debate prolongado. Vou mencionar três respostas típicas.

Em primeiro lugar, alguns dos que consideram estabelecida a natureza inclusiva das linguagens reveladoras do mundo defendem a tese descritiva de um pluralismo de visões de mundo mutuamente incomensuráveis. Eles entendem que cada regime ontogramatical define, no seu domínio, diferentes condições de verdade e eficiência, manifestando assim uma racionalidade própria, ao tempo em que todas essas racionalidades gozam de um mesmo *status*. Sem entrar em detalhes, é difícil ver como se pode sustentar tal posição e, ao mesmo tempo, evitar os problemas, bem analisados, de relativismo autorrefutador (Feyerabend) ou de "positivismo feliz" (Foucault).

Em segundo lugar, outros, entre os que compartilham o pressuposto da natureza inclusiva das linguagens reveladoras do mundo, aceitam a crítica de Gadamer ao objetivismo hermenêutico, ou a crítica de Davidson a um esquema conceitual, ou aceitam ambas as coisas. Abandonam a tese da incomensurabilidade (ao menos no sentido forte, de uma incomensurabilidade de validade e de significação). Dependendo de se permanecem fiéis ao método hermenêutico ou não, eles se separam em diferentes direções. O modelo hermenêutico exige, dos participantes de um diálogo, a recíproca pressuposição de relações simétricas entre "nós" e "eles". Mas tanto a desconstrução como o assimilacionismo enfrentam dificuldades específicas.

Os desconstrucionistas acompanham Heidegger na sua crença de que a filosofia (numa divisão de trabalho com a poesia) tem um lugar privilegiado, como guardiã (*custodian*) do ser. A história da metafísica deve exibir os traços inevitáveis dos subsequentes períodos de uma revelação do mundo platônica, isto é, distorcida. Em consonância com a premissa contextualista da hermenêutica, essa história da metafísica pode ser apreendida apenas desde o interior do horizonte da própria metafísica.

Não entenderíamos, entretanto, o destino do platonismo, a menos que possamos nos libertar, ainda que parcialmente, do feitiço gramatical e da seletividade específica dessa tradição. Embora começando de dentro do inescapável horizonte do platonismo, devemos, ao mesmo tempo, tentar transcendê-lo e voltar as ferramentas desse universo conceitual, criticamente, contra elas mesmas. Em consequência, a "superação da metafísica" permanece uma empresa confessadamente paradoxal.

Os assimilacionistas abandonam a máxima hermenêutica de que todo intérprete está preso a relações simétricas, entre as duas partes que se comunicam, ambas as quais se concedem, reciprocamente, a possibilidade de aprender uma com a outra. A interpretação não é mais entendida como uma realização de entendimento mútuo, mas como um empreendimento autorrelacionado, que, em vez de chegar a um acordo com os outros, promove, no máximo, a expansão do próprio horizonte, ou termina em rendição a uma tradição superior. Baseada nessa premissa, a comunicação, entre membros de tradições rivais e mutuamente exclusivas, pode atingir o ponto de uma "crise epistemológica", no qual a assimilação dos – ou a conversão aos – padrões do outro lado é a única escolha que resta (MacIntyre).

Em terceiro lugar, o "etnocentrismo" metodológico de Rorty é uma conclusão, um tanto diferente, do mesmo modelo assimilacionista de interpretação. Rorty se apropria, numa atitude deflacionista, da meta de Heidegger de "superação da metafísica". Ele participa da fé idealista na posição privilegiada – e no impacto histórico-mundial – da filosofia, apenas em retrospecto, ao tempo em que chega a uma conclusão muito mais sóbria para o presente. Rorty simplesmente recomenda que escolhamos sair do jogo inteiro do platonismo e do antiplatonismo. Ao lidar com seus riscos e contingências autogerados, as sociedades modernas passam melhor sem qualquer filosofia. Somos advertidos a nos livrar dos dualismos que devemos à nossa herança platônica, e a desistir de distinções meta-

A volta ao historicismo

físicas equivocadas, entre conhecimento e opinião, entre o que é real e legítimo e o que apenas parece como tal. Devemos emancipar nossa cultura do vocabulário filosófico acumulado ao redor das noções de razão, verdade e conhecimento. Comparado com o elitismo pós-moderno, essa demanda pragmática de substituição do vocabulário herdado – por um outro, novo, menos enganador e mais iluminador – promete uma versão mais radical e mais consistente do contextualismo, e dá a Rorty um lugar singular na discussão atual.

De acordo com a concepção de Rorty, a função reveladora do mundo tornou-se reflexiva. Estamos agora cientes de como nosso vocabulário serve à função criativa de nos deixar ver situações e problemas de um modo diferente, e esperamos, de um modo mais conveniente, útil e eficiente. Cabe a nós, animais usuários de linguagem, produzir novos e melhores vocabulários, mais ou menos como sempre produzimos ferramentas novas e melhores. Comparado com o tom elevado dos heideggerianos, a preocupação neopragmatista com a solução de problemas tem o efeito libertador de trazer de volta a iniciativa, do céu de um obscuro ser meta-histórico, para a terra das pessoas ordinárias, que devem lidar com os problemas de seu mundo.

Algumas observações críticas sobre o neopragmatismo

Será que Rorty consegue dar cabo do jogo de linguagem da filosofia? Enquanto pretendende a fazê-lo, ele apenas parece começar uma outra rodada do mesmo jogo. Se essa observação estiver correta, a pressuposição da natureza inclusiva das linguagens reveladoras do mundo, a premissa fundante do antifundacionismo, fica aberta a uma reconsideração.

Minhas breves observações críticas se voltarão para os aspectos paradoxais da versão naturalista de uma "superação da metafísica" que o neopragmatismo herda de sua contraparte idealista; para algumas bem conhecidas dificuldades de todas as redescrições naturalizantes da verdade e do conhecimento; e para uma substituição, não convincente, do conhecimento empírico e moral, por uma compreensão ética de si próprio.

Primeiro, concordo inteiramente com a declaração de Rorty, de que "vários dos que contemporaneamente contribuem com a tradição pragmatista não estão muito inclinados a insistir, seja na natureza especial da filosofia, seja no lugar proeminente da filosofia no interior da cultura como um todo".[5] Ao mesmo tempo que abandona o autoentendimento elitista da filosofia, Rorty retém a premissa desconstrucionista de que ainda vivemos sob o feitiço ontogramatical de uma onipresente linguagem metafísica. Rorty afasta-se de Heidegger e de Derrida em seu programa deflacionista. Não mais critica a tradição platônica desde o seu interior, mas quer dar cabo dela via o *fiat* de um novo vocabulário. Isso tem implicações interessantes.

No começo, Rorty traduz a natureza paradoxal da desconstrução, no desempenho franco de uma dupla conversa. Para pessoas como eu, que supostamente ainda sofrem de metafísica, Rorty pretende que sua conversa seja entendida de modo convencional, como um fluir de argumentos bons e convincentes; colegas devem ser vencidos com suas próprias armas. Aqueles outros, entretanto, que já foram convertidos ao neopragmatismo, não mais tomarão erroneamente as declarações de Rorty como veículos de verdades, ou como expressões de crenças verídicas; eles as reconhecerão como recursos retóricos para influenciar as crenças e atitudes das pessoas. Sob uma descrição que torna sem sentido as questões de verdade e de racionalidade, a "persuasão" simplesmente ajuda as pessoas a se socializarem

---

5 RORTY, Richard. "Relativism: Finding and Making". [In: NIZNIK, J., SANDERS, J. (Eds.) *Debating the State of Philosophy*. London: Praeger Publishers, 1996. p.36.]

numa nova linguagem. Até aqui tudo bem, mas Rorty só pode conseguir realizar tudo isso valendo-se do que acaba sendo um vocabulário novo e alternativo.

Desde quando Rorty dispensa o que há de paradoxal e intricado no jogo da desconstrução, a linguagem que ele introduz, de um modo aberto e direto, para fins de reeducação, não se pode beneficiar do valor excedente de uma autocrítica da metafísica. A nova linguagem não goza da legitimação peculiar de ser o resultado da desconstrução de uma linguagem velha e ilusória. Sua legitimidade não depende, senão, de sua eficiência (*expediency*). O novo vocabulário é supostamente mais apropriado às condições de vida atuais.

Se olharmos mais de perto, entretanto, a nova linguagem não parece nem nova nem particularmente funcional. A articulação conceitual que Rorty introduz para "lidar" e "resolver problemas" é bem conhecida desde o naturalismo do século XIX, quando pessoas como Spencer estenderam a concepção darwiniana de mutação, seleção e adaptação, do campo da biologia, para o das ciências sociais e culturais (aliás, sem muito sucesso). O jogo de linguagem da sobrevivência dos mais aptos pode, no máximo, valer como um entre vários outros vocabulários, mais ou menos estabelecidos, de modo que precisamos de razões para preferi-lo a outros. Mesmo que Rorty pudesse basear sua preferência no presumido sucesso científico da abordagem neodarwinista da evolução, permaneceria a necessidade de justificar, em geral, a autoridade exemplar da ciência. Esse tipo de cientificismo precisaria do apoio de algum argumento filosófico. Se a filosofia, a literatura, a ciência e a política não constituem gêneros diferentes, mas apenas oferecem várias ferramentas para lidar com ambientes cambiantes, como Rorty nos assegura, o sucesso científico apareceria, no entanto, como apenas um entre vários critérios para legitimar novos vocabulários.

Rorty pode alegar que um novo vocabulário não precisa de nenhum tipo de legitimação, além da adequação reprodutiva e do sucesso funcional. Mas tal critério pesaria contra o neo-pragmatismo. Rorty admite que as assim chamadas distinções metafísicas "tornaram-se parte do senso comum ocidental".[6] Sendo isso um indicador do funcionamento eficiente do vocabulário platônico, falta-nos uma boa razão para desistir dele. A adequação funcional do platonismo às circunstâncias atuais oferece legitimação suficiente para continuar com esse jogo de linguagem. Com tal premissa, não se pode entender por que o empreendimento rortyano, de superação da metafísica, deveria satisfazer qualquer necessidade (como Tom McCarthy já argumentou).

Segundo, mais interessante filosoficamente é a tentativa de Rorty de adaptar a prática da argumentação à descrição que se adequaria ao esquema darwinista. Ele despoja as alegações de verdade e validade de qualquer conotação idealizante – como a de romper fronteiras provincianas e transcender contextos locais – e redescreve a verdade como sendo a utilidade. Ao nivelar as distinções epistemológicas entre "fazer" e "encontrar", entre "construir" e "descobrir", "programar" e "convencer", entre o que aparece como verdade e o que é verdade, Rorty toma novamente o curso do deflacionismo. Concordo com sua crítica penetrante das concepções realistas da "verdade como correspondência", e também aceito a proposta deweyana de explicar "a verdade como afirmabilidade garantida". Mas o próprio Rorty aponta para uma dificuldade, que surge do que chama de "uso acautelatório" do predicado verdade ("p" está bem justificado, *mas* pode não ser verdadeiro).

Essa característica gramatical não é apenas um indicador de nosso falibilismo, mas nos lembra de que não devemos confundir o significado paroquial de "'p' [que] é racionalmente aceitável no contexto de justificação dado", com o significado descontextualizado de "'p' [que] é racionalmente aceitável" (o

---

6 Ibidem, p.34.

que quer dizer: "verdadeiro em geral, não apenas no contexto local e segundo nossos padrões atuais").

O problema com qualquer concepção epistêmica de verdade é como traçar e manter essa nítida diferença de significado sem recair em algum tipo de platonismo (ou realismo). Podemos fazer justiça ao inegável momento de incondicionalidade que nós, pela força sem força das regras gramaticais, vinculamos ao uso do predicado-verdade, sem recorrer a qualquer tipo de idealização? Se a "verdade" é explicada em termos de aceitabilidade racional, e se o uso acautelatório do predicado-verdade nos lembra do fato de que o que está "justificado", por nossos melhores padrões disponíveis, poderia ainda assim não ser "verdadeiro", não devemos assimilar verdade à aceitabilidade racional. Temos de inserir alguma reserva na noção de aceitabilidade racional, se quisermos superar tal separação, mas não podemos borrar a linha entre "é verdadeiro" e "é justificadamente tido como verdadeiro". Devemos esticar o referente da ideia de que uma proposição é racionalmente aceitável "para nós", para além dos limites e padrões de toda comunidade local. Devemos expandir o universo de "todos nós" para além das fronteiras sociais e intelectuais de uma porção acidental de pessoas que, por acaso, reúnem-se sob nosso céu. De outro modo, "verdadeiro" fundir-se-ia com "justificado no contexto presente".

Essa é a razão pela qual Rorty, na sua discussão com Hilary Putnam, foi forçado, passo a passo, a atribuir conotações cada vez mais fortes ao auditório crítico que autoriza a aceitabilidade racional de uma dada afirmação. A fim de evitar a confusão de verdade com justificabilidade, o processo de justificação deve preencher requisitos exigentes. Alguém declara "que p" deve estar preparado (ao menos implicitamente) para justificar "p" pelo recurso à concordância, racionalmente motivada, de outros públicos, não apenas do nosso, mas de um público de especialistas, um público sempre mais amplo de pessoas razoáveis, ou um público de pessoas que sejam "versões melhores de nós mesmos".

Rorty até especifica as condições, para o contexto requerido, de discussões livres e tolerantes. Ao tempo que oferece acesso igual a todas as pessoas relevantes, ao tempo que oferece informação e razões, esse contexto de comunicação deve excluir qualquer tipo de mecanismo discriminador e repressivo, bem como toda propaganda, toda lavagem cerebral, e assim por diante. Ao sublinhar as características abertas, inclusivas, não-repressivas, de uma comunicação no interior de um auditório cada vez mais idealizado, Rorty se aproxima, mesmo sem querer, da minha descrição de um "discurso racional", e da formulação de Putnam sobre a verdade como "aceitação racional sob condições idealizadas". Com esse tipo de "superacessibilidade", Rorty, sem querer, recai, entretanto, nos domínios do que ele chama de uma "cultura platônica".

Terceiro, resta ainda uma razão plausível, e uma motivação honesta, para a desconfiança em idealizações. A crença (supostamente equivocada) de que devemos nos aproximar, tanto no pensamento teórico como no prático, de um *focus imaginarius* (como um quadro verdadeiro da realidade ou um ponto de vista moral) seria algo que nos desviaria, é o que Rorty receia, do objetivo prático de simplesmente obter uma satisfação maior. Porém, a promoção do bem-estar exige-nos assimilar a verdade e a correção moral com a felicidade. Rorty, por isso, identifica as condições para tornar verdadeiras as crenças, e para tornar "corretas" as expectativas comportamentais, de acordo com aquelas condições que as tornam "conducentes à felicidade humana". Ele simplesmente estipula o que é que efetivamente interessa no raciocínio (*reasoning*). Um tipo ético de raciocínio – no sentido aristotélico de deliberação acerca do que é bom, para mim (ou para nós), no longo prazo – desloca todos os outros tipos. Mesmo que Rorty pudesse explicar por que deveríamos substituir (da perspectiva da primeira pessoa) o julgamento empírico e moral por um raciocínio ético, é difícil ver como a assimilação da verdade à felicidade poderia ser implementada, tanto em práticas científicas como em práticas cotidianas.

A passagem de um raciocínio na terceira e na segunda pessoas, para um outro na primeira pessoa, também explica a crítica neopragmatista do realismo em epistemologia, e do cognitivismo em teoria moral. No que diz respeito ao realismo (interno), Rorty critica a pressuposição de um mundo objetivo, que impõe certos constrangimentos às descrições do que acontece no mundo. Mencionarei que essa pressuposição, puramente formal, é tão compatível com uma noção epistêmica de verdade quanto com a indissolúvel interpenetração de linguagem e realidade – a mediação linguística de qualquer contato com esta. Longe de restaurar o "mito do dado", ela apenas mantém uma separação entre "objetividade" e "intersubjetividade", e salva a relação de referência (*about-relation*) das proposições (com alguma coisa no mundo objetivo) de se desmanchar nas relações interpessoais entre os que examinam a verdade de uma proposição (no horizonte de um mundo vivido compartilhado). De outro modo, teorias conflitantes não se ofereceriam mais a uma avaliação comparativa, em termos de serem "verdadeiras" ou "falsas", ou "melhores" ou "piores". Esse é o quadro convencional que Rorty deseja mudar.

Se teorias conflitantes estão bem confirmadas nos seus respectivos contextos, elas não deveriam ser tomadas como competidoras, mas apenas como diferentes. Elas não podem competir por coisa nenhuma, exceto a satisfação de necessidades dependentes de contexto. "Boas" teorias adequam-se às necessidades de certos tempos e lugares; se continuam adequando-se, elas se adaptarão a diferentes tempos e lugares. Em apoio a essa tese, Rorty oferece o seguinte exemplo:

> Quando dizemos que nossos ancestrais acreditavam, falsamente, que o sol girava em torno da Terra ... estamos dizendo que temos uma ferramenta melhor [para satisfazer nossas necessidades]... Nossos ancestrais poderiam responder que sua ferramenta lhes permitia acreditar na verdade literal das Escrituras Cristãs, enquanto a nossa não. Nossa réplica deveria ser ... que

os benefícios da astronomia moderna e das viagens espaciais ultrapassam as vantagens do fundamentalismo cristão.[7]

Penso que o exemplo funciona na direção oposta. Eu, pelo menos, poderia facilmente passar sem o homem na lua, e me imaginar preferindo, se pudesse escolher pelos padrões de William James, acreditar em Deus Salvador. O que depõe contra a assimilação da verdade à felicidade é simplesmente o fato de que não há essa escolha. O fato gramatical de que crer é diferente de escolher parece expressar uma característica da condição humana, mais que um traço superficial de uma convenção linguística, ou uma tradição que pudéssemos mudar à vontade.

Uma consideração semelhante vale para a assimilação, proposta, de "estou obrigado a..." com "é bom para mim...". Há tantos exemplos da dolorosa diferença entre "o que é justo" e "o que é aconselhável para mim (ou nós)", que não posso ver como alguém poderia fundir uma coisa na outra, e ainda explicar por que deveríamos seguir as próprias máximas que Rorty, corretamente, nos sugere; máximas como "diminuir o sofrimento humano e aumentar a igualdade entre os homens".[8] Segundo padrões pragmáticos, essas são, na verdade, exigências excessivas. Como poderíamos convencer as pessoas a implementar essas máximas, nas práticas gerais, se só pudéssemos apelar para a promoção da felicidade de cada um, em vez de descobrir, de um ponto de vista moral, a coisa certa a fazer? O ponto de vista moral exige que nós façamos uma outra idealização: aquela de imaginar você e eu como membros de uma comunidade inclusiva, e de buscar o papel de um juiz, falível mas imparcial, do que seria igualmente bom para todos.

Tentei assumir o papel kantiano de um anti-antiplatônico, que aceita seriamente a parte crítica de seus oponentes nomi-

---

7 Ibidem, p.40.
8 Ibidem, p.44.

nalistas, empiristas ou contextualistas, mas que ainda tenta convencê-los (da forma tradicional) de que eles não são suficientemente críticos dos elementos de idealização, remanescentes nos pressupostos tácitos de seus próprios e notáveis argumentos. Isso me leva a recomendar pôr de lado a ideia equivocada acerca da natureza inclusiva das linguagens reveladoras do mundo.

De acordo com essa ideia, um mundo linguisticamente revelado fixa *a priori* as regras que contam como verdadeiras ou falsas, racionais e irracionais, para "nós" – membros da correspondente comunidade de fala – que estamos presos àquele mundo pelo tempo que durar o regime ontogramatical da linguagem. Esse contextualismo radical baseia-se na proposição de que o significado determina a validade, mas não o contrário. Eu proporia, em vez disso, que a interação entre a revelação do mundo e os processos intramundanos de aprendizagem funciona de modo simétrico. O conhecimento linguístico e o conhecimento do mundo interpenetram-se. Enquanto um permite a aquisição do outro, o conhecimento do mundo pode, por sua vez, corrigir o conhecimento linguístico (como defende Putnam, convincentemente). Partes relevantes de uma linguagem reveladora do mundo, que primeiro capacita falantes e atores a olhar para, lidar com, e interpretar de uma maneira específica tudo que lhes possa acontecer, podem muito bem ser revistas à luz do que eles aprenderam com seus encontros intramundanos. Há um *feedback* entre esses resultados dos processos de aprendizagem e aquelas condições linguísticas que tornam possível essa aprendizagem. Essa repercussão é devida ao alcance transcendente de contexto, bem como à força rompedora de contexto, de alegações de validade, criticáveis, sobre o reconhecimento, intersubjetivo mas falível, de que nossas práticas comunicativas cotidianas dependem.

Para emancipar a nossa cultura
(Por um secularismo romântico)

Richard Rorty

Sou muito grato ao professor Niznik,* e aos seus colegas, pela oportunidade de discutir as semelhanças e diferenças entre minhas próprias posições e as do professor Habermas. Acho o texto, historicamente orientado, apresentado por Habermas, muito rico e estimulante. Ele me fez repensar não apenas a relação entre Dilthey e Heidegger, mas também a configuração do pensamento filosófico no século passado.

---

* Józef Niznik é o editor, ao lado de John Sanders, de *Debating the State of Philosophy* (London: Praeger Publishers, 1996), no qual aparecem os dois textos – de Habermas e Rorty, respectivamente – que compõem a primeira parte do presente volume ("O retorno do historicismo" e "Emancipando nossa cultura", respectivamente). As duas contribuições foram apresentadas no colóquio comemorativo do 40º aniversário do Instituto de Filosofia e Sociologia da Academia Polonesa de Ciências, do qual resultou o livro editado por Niznik e Sanders. (Nota do organizador)

Como vocês sabem, Napoleão disse que não se preocupava com quem escrevesse as leis de uma nação, contanto que ele próprio pudesse escrever suas canções. Parece-me que não é preciso preocupar-se com quem escreve os sistemas filosóficos, se se pode escrever a história desses sistemas. Narrativas da história da filosofia estão entre as ferramentas de persuasão mais poderosas que nós, filósofos, temos à nossa disposição. Entre todos os livros de Habermas, aquele que mais admiro é *O discurso filosófico da modernidade*,* pois me parece a renarração (*retelling*) mais completa e plausível, atualmente disponível, da história da filosofia recente. Sendo assim, vou tentar esboçar uma narrativa alternativa dos últimos séculos da filosofia, colocando ênfase em pontos diferentes daqueles levantados por Habermas.

Concordo inteiramente com sua sugestão de que a construção, pelos platônicos, de um mundo eterno das ideias, por trás do mundo aparente da vida diária, não foi menos um projeto de salvação e catarse que o plano de vida do monge ou eremita. Ao menos no Ocidente, a figura daquele que conhece, uma figura que foi inventada basicamente por Platão, tem sido a forma dominante de vida espiritual para os intelectuais. Para pôr fim ao platonismo, precisamos oferecer uma forma alternativa de heroísmo espiritual. Como vejo, a luta entre platônicos e antiplatônicos é uma luta entre a forma de perfeição espiritual que Platão descreveu e uma nova forma, romântica, secular e humanista.

Considero denominador comum, entre secularismo e romantismo, a alegação de Protágoras de que o homem é a medida de todas as coisas. Essa alegação foi reafirmada nos trabalhos dos românticos britânicos, particularmente na *Defesa da poesia*, de Shelley. Ele diz que a função do poeta é entrever as

---

* Edição brasileira da Martins Fontes (São Paulo, 2000), com tradução de Repa e Nascimento. (Nota do organizador)

sombras gigantescas que o futuro lança sobre o presente. Seu argumento é que, em vez de procurar a influência do eterno sobre o temporal, ou do incondicionado sobre o contingente, deveríamos simplesmente esquecer a relação entre a eternidade e o tempo. Deveríamos nos concentrar na relação entre o presente e o futuro humanos. Considero que Shelley confirma o argumento de Protágoras – ou o que pode ter sido o argumento de Protágoras –, de que não há nada, fora dos seres humanos, que lhes ofereça orientação. Considero que Protágoras sugeriu que os seres humanos só contam consigo mesmos.

Se se considera essa versão romântica do secularismo a alternativa ao platonismo, então ter-se-á uma narrativa para contar, acerca da história da filosofia, bastante diferente da de Habermas. Conto uma narrativa que é especificamente norte-americana e que é, talvez, um exemplo do nosso famoso imperialismo cultural. Segundo meu relato (apenas meio sério e altamente chauvinista), o fundador da filosofia recente foi Ralph Waldo Emerson, que reafirmou a tese protagoriana de que os seres humanos só contam consigo mesmos – de que sua própria imaginação terá de fazer o que tinham esperança de que os deuses, ou um conhecimento científico da natureza intrínseca da realidade, pudessem fazer.

Nietzsche levava os escritos de Emerson em sua mochila quando vagava pelos Alpes no verão. William James conheceu Emerson por ser amigo de sua família. Dewey chamava Emerson de "o filósofo da democracia". Emerson pode ser visto como tendo iniciado duas tradições do pensamento filosófico do século XX. Uma é europeia, começando com Nietzsche e prosseguindo por intermédio de Heidegger e Derrida. A outra é a tradição pragmatista norte-americana, que vai de James a Dewey, a Quine e a Davidson.

Posso ilustrar o espírito do que estou chamando deweysecularismo e romantismo contando uma história acerca do Emerson Hall, em Harvard. O Emerson Hall é o edifício onde funciona o departamento de filosofia. Quando foi construído, no final do século XIX, perguntou-se àquele departamento qual deveria ser a inscrição na sua fachada. William James persuadiu o departamento de que a inscrição deveria ser o mote de Protágoras: "O homem é a medida de todas as coisas". Depois, James e seus colegas foram passar o verão na Europa, satisfeitos com sua decisão. Mas quando voltaram, em setembro, descobriram que a inscrição tinha sido mudada para "O que é o homem para que presteis atenção nele?". Isso porque o presidente Eliot, de Harvard, não era nem um secularista, nem um romântico. Eliot não queria que os filósofos dessem publicidade ao seu protagorismo.

No relato histórico que eu ofereceria, a luta central, entre os quase platônicos do século XX e os seus opositores protagorianos/emersonianos, é a tentativa dos últimos de substituir a busca da validade universal pela esperança social utópica. Platão e o pensamento filosófico grego em geral consideravam nossa habilidade para *conhecer* e, mais especificamente, para conhecer uma realidade não humana a potencialidade humana crucial. Os pragmatistas querem colocar a esperança social no lugar que o conhecimento tem tradicionalmente ocupado.

Os pragmatistas norte-americanos não são os únicos emersonianos a fazerem essa tentativa. Consideremos o trabalho recente de Derrida. Ele atualmente põe uma grande ênfase no que chama de "a única noção indesconstrutível", isto é, a esperança messiânica por justiça. Se se pensa em Derrida como a culminação do emersonismo europeu, pensar-se-á nele dizendo algo como:

> Se pararmos de pensar na verdade como o nome da coisa que dá significado à vida humana, e pararmos de concordar com Platão em que a busca da verdade é a atividade humana central, então poderemos substituir a busca da verdade pela esperança messiânica de justiça.

Penso nessa iniciativa derridiana como combinando com a crítica naturalista, de Hume, do racionalismo epistemológico, e também com as críticas feitas por John Stuart Mill e William James à noção kantiana de obrigação moral incondicional. Essas duas linhas de crítica têm como alvo os dois grandes temas do pensamento platônico, as duas grandes formas de exigência de incondicionalidade – um tipo de incondicionalidade que só pode provir de algo eterno, não de algo humano, histórico e contingente. A primeira linha de crítica tem como alvo a ideia de uma demanda incondicional pela verdade absoluta, e a tentativa de atingir, fora da matemática, o caráter apodítico associado à verdade matemática (a tentativa na qual Husserl pensava que a filosofia deveria persistir, a fim de ser fiel a si mesma). A segunda se dirige contra a noção kantiana de uma lei moral incondicional. Vejo o naturalismo humeano e o pragmatismo, bem como certas tendências da filosofia europeia pós-nietzschiana, como posições que enfatizam o caráter contingente tanto das tentativas de conhecimento como daquelas de atingir responsabilidade moral.

Se você aceita essas críticas à demanda platônica de incondicionalidade, então pode concordar comigo que, se tiver uma política democrática, bem como liberdade artística e literária, você não precisa pensar muito em verdade, conhecimento e *Wissenschaft* (ciência). Em vez de pensar no centro da vida humana como sendo a adoração dos deuses, como era antes de Platão, ou como a busca da verdade, como foi por toda a tradição platônica, você pode pensar no centro da vida humana como sendo a política democrática e a arte – cada uma apoiando a outra, e impossível sem a outra.

Assim, quando Habermas diz que estou defendendo uma posição segundo a qual devemos emancipar nossa cultura de todo o vocabulário filosófico acumulado em torno de razão, verdade e conhecimento, isso me parece inteiramente correto. Não que haja nada de errado com razão, verdade e conhecimento. O que há de errado é a tentativa platônica de colocá-los no centro da cultura, no centro de nosso senso do que é ser um ser humano. Penso no naturalismo de Dewey e Davidson, de um lado, e no idealismo romântico de Derrida, de outro, como complementando-se mutuamente (como se esperaria de dois emersonianos) e nos oferecendo uma alternativa ao platonismo.

Para formular tudo isso em outros termos, gostaria de que separássemos a noção de racionalidade daquela de verdade. Quero definir racionalidade como o hábito de atingir nossos fins pela persuasão, em vez da força. Como entendo, a oposição entre racionalidade e irracionalidade é simplesmente a oposição entre palavras e socos. Analisar o que significa, para os seres humanos, serem racionais, é (e aqui tomo um tema familiar, do trabalho do próprio Habermas) entender de técnicas de persuasão, padrões de justificação e formas de comunicação. Existe, como me parece, uma considerável convergência entre, de um lado, a substituição habermasiana da razão centrada no sujeito pela razão comunicativa, e, de outro, o que estou chamando de tradição protagoriana/emersoniana.

A principal diferença entre Habermas e eu diz respeito à noção de validade universal. Penso que podemos passar sem essa noção e ainda assim ter uma noção suficientemente rica de racionalidade. Podemos manter tudo o que foi bom no platonismo, mesmo depois de abandonarmos a noção de validade universal. Habermas pensa que ainda precisamos mantê-la. Mas, comparada às semelhanças entre meu romantismo secularista emersoniano e a noção dele de racionalidade como busca de comunicação não distorcida (em vez de como uma tentativa de passar da aparência à realidade), aquela diferença pode não ser muito importante.

O professor Habermas mencionou seu espanto diante da capacidade de Whitman de ter como certa a possibilidade de progresso poético e espiritual na sociedade industrializada.*

---

* Aqui o professor Rorty refere-se a comentários feitos por Jürgen Habermas, que não foram incluídos no volume *Debating the State of Philosophy* (London: Praeger Publishers, 1996). Os comentários estão incluídos no videoteipe do evento que originou o volume. (Nota do organizador)

Esse tipo de otimismo acerca das sociedades industriais é frequentemente considerado peculiarmente norte-americano, de modo que pode haver aqui um interessante contraste entre América e Europa. Mas vale notar que, na mente de Derrida, o contraste não é América *versus* Europa, mas judeu *versus* grego. Para ele, a esperança messiânica de justiça é especialmente judaica, em oposição à busca grega pelo Logos, o ideal platônico de conhecimento.

Mas essa é apenas uma observação *en passant*. O que quero realmente afirmar, em resposta às observações do professor Habermas, diz respeito à questão de como replicar os fundamentalistas religiosos. Penso ser bem verdade que, no meu país, o fundamentalismo tem ganhado força, e atribuo isso à diminuição de oportunidades econômicas. Penso que a alternativa tradicional ao fundamentalismo religioso, na América, tem sido uma versão romântica do americanismo – um romance comum a Whitman, Franklin Roosevelt e Martin Luther King Jr. Quando precisamos de uma resposta para dar aos fundamentalistas religiosos, nós, norte-americanos, temos sido geralmente capazes de nos apoiar numa religião cívica patriótica, centrada no romance whitmanesco de uma visão democrática, em vez de na triplicidade kantiana das esferas da cultura. Essa estratégia tradicional, devo admitir, não está funcionando muito bem nestes dias.

O acordo jeffersoniano – a troca da garantia de liberdade religiosa pela disposição dos crentes religiosos de não introduzirem religião na discussão de questões políticas – tem sido uma parte muito importante da vida nacional norte-americana. Se esse acordo cessar de ser acatado, então, nós, secularistas românticos norte-americanos, poderemos muito bem, num futuro próximo, achar-nos à mercê dos fundamentalistas. Se o fascismo chegar à América, será em associação com o fundamentalismo.

Confesso que, se eu tivesse de apostar qual seria o próximo país a virar fascista, minha aposta poderia ser os Estados Unidos. Isso porque nós, norte-americanos, estamos sofrendo as consequências da globalização do mercado de trabalho, sem termos estabelecido um estado de bem-estar social. Sendo assim, estamos muito mais vulneráveis ao populismo de direita que a maior parte dos países europeus. Mas se se perguntar qual deve ser a resposta do intelectual a essa vulnerabilidade, eu ainda apostaria na religião romântica da nação – a religião da qual Whitman, Roosevelt e King são profetas.

Sobre a obrigação moral, a verdade e o senso comum*

Considero a distinção entre moralidade e interesse próprio uma distinção entre meu senso de mim mesmo como parte de um grupo unido por uma lealdade recíproca e meu senso de mim mesmo como um indivíduo isolado. Assim, vejo a resposta à questão "Como podemos convencer as pessoas a aceitar as demandas excessivas?" como sendo: "Por meio de uma ampliação de seu senso do que conta como 'um de nós', como membro de nossa comunidade de lealdade".

Todos nós, desde o começo, pensamo-nos membros de algum grupo, no mínimo de uma família. Ser esse membro dá origem a conflitos que nos levam a dizer algo como: "Seria bom para mim, mas seria desastroso para a minha família, assim, naturalmente, não posso fazê-lo". Nós, depois disso, se tivermos sorte, chegamos a ser capazes de ir além da família, da vila, da tribo, da nação, e assim por diante. Vejo o progresso

---

* Neste trecho, Rorty responde a argumentos do texto "Algumas observações críticas sobre o neopragmatismo", seção 4 do texto de abertura de Habermas, "O retorno do historicismo", e a algumas outras questões postas oralmente, por Habermas, no encontro de Varsóvia, que aparecem citadas na própria resposta de Rorty. (Nota do organizador)

moral como a habilidade imaginativa das pessoas para identificarem-se com pessoas com as quais seus ancestrais não foram capazes de se identificar – pessoas de religiões diferentes, pessoas no outro lado do mundo, pessoas que parecem de início perturbadoramente diferentes de "nós próprios".

A tradição kantiana diz que estamos incondicionalmente obrigados a ter um senso de comunidade moral com todos os outros agentes racionais. Acho que essa é uma formulação que não ajuda. Não estou certo de que sou capaz de identificar um agente racional se eu vir um, mas posso distinguir os seres que se parecem bastante comigo para me fazerem imaginar que posso usar a persuasão em vez da força no meu trato com eles. A apreensão dessa semelhança me ajuda a pensar neles como membros de uma comunidade moral possível.

Penso que Hume, mais do que Kant, mostra-nos como podemos fazer as pessoas formarem grupos maiores: isto é, por meio do apelo aos seus sentimentos, e, com isso, ao desenvolvimento de uma identificação imaginativa. Considere-se o exemplo da atração emocional entre pessoas de sexos e culturas diferentes. Se você quer quebrar a xenofobia, um modo prático de fazê-lo é estimular essa atração emocional, tornando o casamento interétnico algo fácil e legítimo. Se você não puder, de início, conseguir que aquelas pessoas próximas a você se casem com aqueles estranhos, você pode ao menos contar histórias a respeito destes, histórias em que a imaginação substitui as relações físicas reais.

Foi esse o papel de romances sociais reformistas como *A cabana do Pai Tomás*. Os norte-americanos brancos, em meados do século XIX, não queriam casar com norte-americanos negros. Mas estavam, por sentimentos humanitários, pelo menos inclinados a ler romances sobre eles. Depois de lerem o livro de Stowe, a sugestão de que "talvez os negros sejam bem parecidos conosco" tornou-se ligeiramente mais aceitável. Se você dissesse à maioria dos brancos norte-americanos, antes da Guerra Civil, que os negros eram agentes racionais no sentido kantiano, eles não lhe entenderiam. Eles insistiriam em que essas criaturas são *negros*, e que essa é uma boa razão para tratá-las de modo muito diferente. Romances, naquele tempo, e casamentos interétnicos, hoje, tornam mais difícil ver a cor da pele como uma razão para exclusão de nossa comunidade moral.

De modo que acho que Habermas põe as coisas do modo errado quando as coloca em termos de interesse próprio *versus* obrigação. Ele está seguindo o exemplo de Platão, que pôs as coisas do modo errado na *República*, ao dizer que tínhamos de escolher entre o egoísmo de Trasímaco e a reminiscência da Forma do Bem. Acho que Hume pôs as coisas do modo certo quando disse que o contraste interessante é aquele entre pessoas com quem você pode sentir-se à vontade e pessoas com quem você não pode sentir-se à vontade – ou entre pessoas que você poderia imaginar ser e pessoas que você simplesmente *não poderia* imaginar ser.

É por isso que penso na imaginação e nos sentimentos, mais que na razão (tomada como a capacidade de argumentar), como sendo as faculdades que mais contribuem para tornar possível o progresso moral. Não quero ser um neoaristotélico, quero ser um neo-humeano. Há uma grande diferença. A visão neo-humeana está bem apresentada num livro recente da filósofa norte-americana Annette Baier, *Preconceitos morais*. Baier cobra que substituamos a obrigação pela confiança justificada, como nossa categoria moral fundamental. Ela toma a distinção confiança-obrigação como sendo a epítome da distinção Hume-
-Kant. Hume considera a confiança o tipo de relação mantida entre os membros de uma família nuclear, o fenômeno moral fundamental. Kant considera a lei o fenômeno moral fundamental. Essa me parece uma diferença muito mais importante que aquela entre Aristóteles e Kant.

Isso é tudo que direi acerca da obrigação moral. Agora, passemos à verdade. Penso que Habermas está certo em achar que a diferença, entre a tentativa, comum a ele, Putnam e Peirce (a tentativa de idealizar a noção de aceitabilidade racional), e a minha tentativa de construir uma esperança social utópica, não é tão grande.

Minha tentativa significa pensar o contraste entre o meramente justificado e o verdadeiro não como o contraste entre o real e o ideal, mas simplesmente como o contraste entre justificação para nós, como somos aqui e agora, e justificação para uma versão superior de nós mesmos, a versão da qual esperamos que nossos descendentes sejam exemplos.

Considere-se o que chamo de "uso acautelatório da verdade", o uso de "verdadeiro" na expressão "injustificável para todos vocês, mas talvez ainda assim verdadeiro" (ou, como no caso de Lutero, "injustificável para vocês, mas, *certamente*, ainda assim, verdadeiro" [itálico de Rorty]). Penso no contraste que é traçado em tais expressões como sendo um contraste entre essa época do mundo e uma possível e melhor época futura do mundo – não como "o fim da investigação" ou "a situação cognitiva ideal", mas apenas como uma época melhor que a nossa.

Considero que Lutero estava dizendo algo como:

> Falo a vocês, aqui em Worms, não como alguém que tem muita esperança de persuadir vocês, não como alguém que propõe argumentos a partir de premissas compartilhadas. Em vez disso, coloco-me diante de vocês como o profeta de uma época que luta para nascer, de um mundo a ser ainda revelado.

De modo mais geral, penso que podemos sempre dizer, quando defendemos um argumento que não é aceito, que, no presente, há muito pouca justificação para aceitá-lo, mas pode surgir um mundo no qual ele pareça simples senso comum. Porém, podemos sempre dizer que, no presente, existe todo tipo de justificação para crer na opinião que estou rejeitando agora, mas pode surgir um mundo no qual essa proposição não seja nem mesmo candidata a justificação, na qual a questão inteira sobre a verdade dessa proposição nem seja levantada. É assim que concebo o uso acautelatório de "verdadeiro", o uso no qual algo se torna livre das práticas atuais de justificação, como a voz da profecia. Essa voz diz: "Algum dia o mundo mudará, e então essa proposição poderá revelar-se verdadeira". A esperança romântica de um outro mundo que ainda está por vir situa-se no centro da esperança antiplatônica de perfeição espiritual.

Sou tentado a seguir Derrida na sua ideia de que tal esperança é algo que marca uma diferença fundamental entre os judeus e os gregos. Considero o pensamento platônico e grego como dizendo, em geral: "O conjunto de candidatos à verdade já está dado, e todas as razões que podem ser oferecidas a favor ou contra sua verdade já estão também dadas; tudo o que resta é concluir a argumentação sobre o assunto". Penso na esperança romântica (ou, para Derrida, judaica) como dizendo:

> Algum dia todos esses candidatos à verdade, e todas essas noções do que vale como uma boa razão para acreditar neles, podem tornar-se obsoletos; pois um mundo muito melhor está por vir – um mundo no qual teremos maravilhosos candidatos novos à verdade.

Para quem sustenta a visão grega, é então razoável definir a verdade em termos de uma aceitação racional idealizada, ao modo de Habermas, Peirce e Putnam. Mas tal definição será inútil quando começarmos a pensar que as linguagens e os candidatos à verdade estão num processo de mudança constante.

Obviamente, há uma tensão entre essa esperança romântica e a luta real diária por um consenso democrático. O professor Habermas pensa principalmente na necessidade de consenso nesse mundo de agora, enquanto eu tenho uma obsessão pela possibilidade de revelação de novos mundos. Meu desejo profundo de que tudo seja maravilhosa e completamente mudado impede-me de dizer que a verdade é a aceitabilidade racional idealizada. Afinal, só pode idealizar o que você já tem. Mas talvez haja algo com o qual você nem possa ainda sonhar.

Penso que, se Lutero tivesse dito "Uma Dieta de Worms idealizada concordaria comigo", não teríamos como dar muito sentido a essa observação. Pois como seria uma Dieta de Worms idealizada? Em vez disso, imagino Lutero dizendo: "Algum dia vocês aqui em Worms não terão qualquer relevância".

Tal previsão estava bastante certa, como veio a ocorrer. Tais revelações de mundos novos têm de fato ocorrido no curso da história conhecida. Quando os gregos primeiro conceberam o governo democrático, quando os primeiros atomistas modernos levaram Demócrito a sério e se perguntaram se o mundo não era na verdade apenas átomos e vazio, quando os protodarwinistas sugeriram que a diferença entre nós e os animais era meramente a complexidade do comportamento, e quando Freud sugeriu a conexão entre a consciência e o sexo, eles diziam coisas que estavam muito próximas do absurdo, que quase não seriam nem mesmo candidatas à verdade. Mas essas alegações quase absurdas tornaram-se o senso comum dos tempos que vieram.

Esses novos mundos levam tempo para atingir sua plena glória. Embora Darwin esteja morto há um século, levará provavelmente tanto tempo para nos sentirmos à vontade com Darwin quanto levou para nos sentirmos à vontade com a física do século XVII. A autoimagem humana que Darwin torna possível é muito diferente das várias imagens pré-darwinianas possíveis. Quando Hobbes escreveu o *Leviatã*, a mudança que ele visava, no nosso sentido de quem somos, era uma tentativa tosca de adequar-se ao corpuscularismo de Galileu; mas antes de 1810, depois de Kant e de Fichte, tivemos modos muito mais sofisticados de nos adequar à nova ciência. Spencer está para Darwin como Hobbes está para Galileu. Spencer foi uma primeira tentativa, muito tosca, de adequar-se a Darwin. Dewey foi muito mais sofisticado que Spencer, do mesmo modo que Leibniz e Kant foram muito mais sofisticados que Hobbes, embora estivessem lidando com o mesmo problema. Acho que nem mesmo começamos ainda a assimilar Freud, que está morto há 50 anos, mas nós, intelectuais, mal começamos a nos adequar a Freud.

Talvez eu possa concluir com a tentativa de responder à questão do professor Habermas: "Por que mudar o senso comum?" Posso dar três respostas. Primeiro, temos presente na nossa consciência intelectual a necessidade de nos adequarmos a Darwin e Freud, e na realidade ainda não o fizemos. Segundo, ainda estamos fixados nos dualismos gregos, dualismos que se tornaram meros incômodos filosóficos. Terceiro, talvez Darwin tenha sido um vislumbre de um novo mundo moral a ser desvelado. Nunca descobriremos se é assim a não ser que tentemos. Acho que a esperança romântica de substituir o velho senso comum por um senso comum novo é uma razão para o ceticismo a respeito do primeiro. Tal esperança significa dizer que o mundo ainda é jovem. A evolução cultural de nossa espécie está apenas começando. Não temos ainda nenhuma ideia das possibilidades, mas precisamos tirar o máximo proveito de gente como Lutero, Copérnico, Galileu, Darwin e Freud, porque eles nos dão nossas chances. Eles são nossas chances de transformar os candidatos à verdade e, assim, de tornar obsoletos os padrões de justificação anteriores.

A noção de racionalidade*

A questão "O esclarecimento trouxe mais mal do que bem?" é algo que eu traduziria como "As boemias literárias e as universidades são melhores que as igrejas como sede de uma elite

---

* Neste breve trecho, Rorty enfrenta algumas questões postas pelos organizadores do encontro de Varsóvia, sempre tomando Habermas (e Apel) como sua referência principal. (Nota do organizador)

intelectual e cultural?". Ou seja, a passagem da casta sacerdotal da Europa, da igreja para a universidade e para a boemia artística e literária foi boa para a democracia? A resposta parece clara – sim, foi. Há todo tipo de razões históricas e sociológicas para pensar assim.

Sobre a segunda questão, "Uma cultura secular consegue produzir uma comunidade cívica suficiente para proteger a sociedade democrática de um colapso?", penso que a resposta é: só se houver dinheiro suficiente. Isto é, se houver expansão econômica e esperança de maior igualdade de oportunidade para os membros da sociedade, então acho que uma comunidade cívica não precisa de igrejas e pode passar bem com os poetas e os cientistas. Pelas mesmas razões de Habermas, desconfio que as igrejas vão ensaiar um retorno à medida que o dinheiro diminui. Lamentarei tanto a falta de dinheiro quanto o retorno das igrejas.

Sobre a terceira questão, "A noção de 'racionalidade' serve de algum modo para articular a natureza daquela cultura secular?", Habermas e eu discordamos. Penso que as noções de incondicionalidade e de validade universal levam a problemas quando você passa de um conjunto de candidatos a outro – isto é, quando você passa das proposições levadas a sério antes de uma revolução intelectual para aquelas levadas a sério depois dela. Penso que é difícil manter as noções de incondicionalidade e de validade universal na mudança de um vocabulário para outro.

Penso que a noção de "a força do melhor argumento", que Apel e Habermas usam frequentemente, precisaria ser complementada e ampliada por uma noção do tipo "a força do melhor vocabulário, a força da melhor linguagem". A fim de borrar a distinção entre os processos de aprendizagem e a revelação de mundos, acho útil evitar a noção de "o melhor" argumento e substituí-la pela de "o argumento que funciona melhor para uma dada audiência". Acho mais simples parar de usar a noção de validade universal e falar, em vez disso, em termos do que pode ser justificado para uma dada audiência; acho mais simples abandonar a ficção heurística de uma audiência universal ou de uma audiência ideal. Algumas audiências são, obviamente, moral e politicamente melhores que outras. Mas não acho que haja argumentos que sejam intrinsecamente melhores, ou piores, independentemente da qualidade das audiências às quais são dirigidos.

Assim, a noção de racionalidade que ainda acho útil não tem muito a ver com a verdade. Tem mais a ver com noções como curiosidade, persuasão e tolerância. Penso nessas virtudes morais como as virtudes de uma cultura rica e segura, uma cultura que se pode dar ao luxo de pensar em si mesma como estando engajada numa aventura – engajada num projeto cujo resultado ainda é imprevisível. Em particular, tal cultura pode empreender o projeto de mudar sua própria identidade moral. Uma sociedade pode ter a esperança de se tornar uma sociedade diferente. Em vez de confirmar sua própria identidade por processos sistemáticos de exclusão, pode encontrar sua identidade precisamente em sua disposição de ampliar sua imaginação e de fundir-se com outros grupos, outras possibilidades humanas, a fim de formar a sociedade cosmopolita, quase inimaginável, do futuro. Assim, quero usar o termo "racionalidade" de um modo que não o conecta com o conhecimento e com a verdade, mas com as virtudes políticas e morais de sociedades ricas e tolerantes, e com o tipo superior de audiência que se torna possível nessas sociedades.

Segundo diálogo
(Filosofia, racionalidade e política)

Verdade, universalidade e política democrática[1]
(Justificação, contexto, racionalidade e pragmatismo)

Richard Rorty

O tópico "verdade" é relevante para a política democrática?

A pergunta se há quaisquer crenças ou desejos comuns a todos os seres humanos é de pouco interesse se separada da visão de uma comunidade humana includente e utópica – uma que se orgulhe mais de acolher pessoas de tipos diferentes que da firmeza com que mantém estranhos do lado de fora. A maior

---

1 Este texto foi preparado para apresentação no colóquio ocorrido em Cerisy-la-Salle, em 1993, e uma versão revista foi lida na Universidade de Girona, em 1996. Uma versão resumida foi publicada em francês como "As asserções exprimem uma pretensão à validade universal?", em: GAILLARD,

parte das comunidades humanas mantêm-se excludentes; seu senso de identidade e a autoimagem de seus membros dependem do orgulho de não serem certos outros tipos de pessoas: pessoas que adoram o deus errado, comem comidas erradas, ou têm outras crenças e desejos perversos e repelentes. Os filósofos não se dariam ao trabalho de tentar mostrar que certas crenças e desejos são encontrados em qualquer sociedade, ou que estão implícitos em alguma prática humana ineliminável, se não tivessem a esperança de mostrar que a existência dessas crenças demonstra a possibilidade ou a obrigação de construir uma comunidade includente planetária. Neste trabalho, usarei "política democrática" como um nome para a tentativa de realizar tal comunidade.

Um dos desejos considerados universais pelos filósofos interessados numa política democrática é o desejo de verdade. No passado, tais filósofos conjugaram a alegação de que há um acordo humano universal, a respeito da suprema desejabilidade da verdade, com duas outras premissas: que a verdade é a correspondência com a realidade e que a realidade tem uma natureza intrínseca (que há, nos termos de Nelson Goodman, "um Modo como o Mundo É"). Dadas essas três premissas, eles tratam de defender que a verdade é uma, e que o interesse humano universal pela verdade oferece o motivo para criar uma comunidade includente. Quanto mais descobrirmos a respeito dessa verdade, tanto mais terreno comum partilharemos, e mais tolerantes e includentes nós, por isso, nos tornaremos. A as-

---

F., POULAIN, J., SHUSTERMAN, R. (Eds.) *La Modernité en Question:* de Richard Rorty à Jürgen Habermas. Paris: Éditions du Cerf, 1993. Uma outra versão, também abreviada, apareceu como "Sind Aussagen universelle Geltungsansprüche?", em: *Deutsche Zeitschrift für Philsophie*. Band 42: Heft 6, 1994, p.975-88. Essa é a primeira aparição do original inglês do trabalho com seu texto completo. [Rorty refere-se aqui à seguinte edição: BRANDON, R. (Ed.) *Rorty and His Critics*. Massachusets: Blackwell Publishers, 2000, de onde extraímos e traduzimos o texto, cujo título original é apenas "Universalidade e verdade" (Nota do Organizador)].

censão de sociedades relativamente democráticas e tolerantes, há alguns séculos, é atribuída à crescente racionalidade dos tempos modernos, em que "racionalidade" quer dizer o emprego de uma faculdade inata orientada para a verdade.

As três premissas que listei são às vezes consideradas "exigidas pela razão". Mas essa alegação é geralmente tautológica, pois os filósofos costumam explicar o uso que fazem da palavra "razão" listando essas mesmas três premissas como "constitutivas da própria ideia de racionalidade". Eles consideram os colegas que têm dúvidas acerca de uma ou outra dessas três premissas como "irracionalistas". Graus de irracionalidade são atribuídos, segundo quantas dessas premissas o filósofo suspeito nega, e também segundo o maior ou menor interesse que ele ou ela demonstra ter pela política democrática.[2]

Neste ensaio, vou considerar as perspectivas de defender a política democrática, ao mesmo tempo que negarei todas as três premissas que listei. Vou defender que aquilo que os filósofos têm descrito como o desejo universal de verdade fica mais bem descrito como o desejo universal de justificação.[3] A pre-

---

2 Nietzsche é o irracionalista paradigmático, porque não teve interesse nenhum na democracia, e porque resistiu corajosamente a todas as três premissas. James é considerado mais confuso que mau, porque, embora comprometido com a democracia, não estava disposto a afirmar duas daquelas premissas: ele admitia que todos os seres humanos desejam a verdade, mas achava ininteligível a alegação de que a verdade é a correspondência com a realidade, e flertava com a alegação de que, desde quando a realidade é maleável, a verdade é múltipla. Habermas opõe-se firmemente a essa última ideia, embora concorde com James que temos de desistir da teoria correspondentista da verdade. Assim, Habermas é condenado como irracionalista apenas pelos durões que alegam que dúvidas acerca da verdade como correspondência são dúvidas acerca da existência, ou ao menos dúvidas acerca da unidade, da verdade. Straussianos e filósofos analíticos, como Searle, alegam que você precisa de todas as três premissas: abandonar qualquer delas é pôr-se numa rampa escorregadia, é arriscar-se a acabar concordando com Nietzsche.

3 Leitores do meu texto, "Solidariedade ou objetividade", reconhecerão essa linha de argumentação como uma variante da minha alegação anterior, de que precisamos reformular nossas ambições intelectuais em termos

missa-base de meu argumento é que você não pode visar algo, não pode trabalhar para obtê-lo, a menos que possa reconhecê--lo quando o obtiver. Uma diferença entre a verdade e a justificação é aquela entre o irreconhecível e o reconhecível. Nunca vamos saber com certeza se uma dada crença é verdadeira, mas podemos ter certeza de que ninguém tem, atualmente, como invocar quaisquer objeções residuais contra ela, e que todos concordam que ela deve ser sustentada.

Há certamente aquilo que os lacanianos chamam de objetos de desejo impossíveis, indefiníveis, sublimes. Mas o desejo de tal objeto não se pode tornar relevante para a política democrática.[4] Para mim, a verdade é justamente um objeto desses. É demasiado sublime, digamos assim, para ser reconhecido ou visado. A justificação é apenas bela, mas é reconhecível, portanto, capaz de ser sistematicamente buscada. Algumas vezes, com sorte, a justificação é até mesmo alcançada. Mas esse resultado é, em geral, apenas temporário, pois, mais cedo ou mais tarde, novas objeções à crença temporariamente justificada serão desenvolvidas. Como vejo, o anseio de incondi-

---

de nossas relações com outros seres humanos, em vez de em termos de nossa relação com a realidade não humana. Como digo adiante, tal alegação é uma com que Apel e Habermas estão inclinados a concordar, embora achem que meu modo de realizar esse projeto vai longe demais.

4 A relevância do sublime para a política é, naturalmente, um ponto de disputa entre Lacanianos, como Zizek, e seus oponentes. Seria preciso mais que uma nota para tratar dos argumentos deles. Tentei oferecer algum apoio preliminar para minha alegação de irrelevância nas páginas de *Contingência, ironia e solidariedade*, no qual discuto a diferença entre a procura privada do sublime e a busca pública de uma bela reconciliação de interesses conflitantes. No presente contexto, talvez seja suficiente observar que concordo com Habermas quando diz que a exaltação, por Foucault, de uma espécie de liberdade "sublime", inexprimível e impossível – um tipo que era de algum modo *não* constituído pelo poder –, tornava impossível a ele reconhecer as realizações de reformadores liberais e assim engajar-se numa reflexão política séria sobre as possibilidades abertas às democracias dos estados de bem-estar social.

cionalidade – um anseio que leva os filósofos a insistir que precisamos evitar o "contextualismo" e o "relativismo" – é, na verdade, satisfeito pela noção de verdade. Mas esse anseio não é sadio, porque o preço da incondicionalidade é a irrelevância para a prática. Assim, penso que o tópico "verdade" não se pode tornar relevante para a política democrática, e que os filósofos dedicados a essa política deveriam prender-se ao tópico "justificação".

Habermas sobre a razão comunicativa

A fim de situar minha posição no interior do contexto das controvérsias filosóficas contemporâneas, começarei com alguns comentários sobre Habermas, que faz sua conhecida distinção entre razão centrada no sujeito e razão comunicativa, em conexão com sua tentativa de separar o que é útil do que é inútil, para a política democrática, na noção filosófica tradicional de racionalidade. Acho que ele comete um erro tático quando tenta preservar a noção de incondicionalidade, embora eu pense que Habermas tem toda razão quando diz que precisamos *socializar* e *linguistificar* a noção de "razão", tomando-a como comunicativa.[5] Acho, ainda, que devemos ir mais longe: precisamos naturalizar a razão, abandonando a alegação, de Habermas, de que "um momento de *incondicionalidade* está contido no *processo factual* de mútuo entendimento".[6]

---

5 Se você linguistifica a razão, dizendo, com Sellars e Davidson, que não há crenças e desejos não linguísticos, você automaticamente a socializa. Sellars e Davidson concordariam entusiasticamente com Habermas quando diz: "Não há uma razão pura que só depois venha a vestir uma roupagem linguística. A razão está, por sua própria natureza, encarnada em contextos de ação comunicativa e em estruturas do mundo da vida" (*Philosophical Discourse of Modernity*, p.322).

6 *Philosophical Discourse of Modernity*, p.322-3.

Habermas, como Putnam, crê que "a razão não pode ser naturalizada".[7] Os dois filósofos pensam que é importante insistir nesse ponto, a fim de evitar o "relativismo", que lhes parece deixar a política democrática em pé de igualdade com a política totalitária. Ambos acham importante dizer que o primeiro tipo de política é mais *racional* que o segundo. Não penso que deveríamos dizer isso, porque não penso que a noção de "racionalidade" possa ser estendida a esse ponto.

Deveríamos, em vez disso, admitir que não temos um terreno neutro onde nos colocar, quando defendemos tal política contra seus opositores. Se não admitirmos isso, penso que podemos ser corretamente acusados de tentar infiltrar nossas próprias práticas sociais na definição de algo universal e inelutável, porque pressuposto pelas práticas de todo e qualquer usuário de linguagem. Seria mais franco, e portanto melhor, dizer que a política democrática não pode apelar para essas pressuposições mais que a política antidemocrática, mas que ela não está absolutamente em maus lençóis por causa disso.

Habermas concorda com a crítica, que autores pós-nietzschianos têm feito, de "logocentrismo", especificamente com sua negação de que "a função linguística de representar estados de coisas é o único monopólio humano".[8] Eu também concordo,

---

7 Respondi à crítica de Putnam à minha posição (em seu ensaio de 1983, chamado de "Por que a razão não pode ser naturalizada?") em "Solidariedade e objetividade" (reimpresso em meu *Objectivity, Relativism and Truth*). Respondi a críticas ulteriores de Putnam a essa opinião (em seu *Realism with a Human Face*) em "Putnam e a ameaça relativista" (*Journal of Philosophy*, sept. 1993).

8 *Philosophical Discourse of Modernity*, p.311. Na p.312, Habermas alega que "a maior parte da filosofia da linguagem, fora da tradição de ato de fala" de Austin-Searle, e, em particular, da "*truth-condition semantics*" de Donald Davidson, encarna a "fixação da linguagem na função de espelhar fatos", tipicamente logocêntrica. Acho que há um ramo importante, na recente filosofia da linguagem, que não é culpada dessa acusação, e que o trabalho mais recente de Donald Davidson é um bom exemplo da libertação dessa fixação. Veja-se, por exemplo, sua doutrina da "triangulação" no

mas estenderia essa crítica da seguinte maneira: só uma atenção exagerada à declaração de fatos faria alguém pensar que há um objetivo para a investigação chamado "verdade", por acréscimo àquele chamado justificação. Mais genericamente, somente uma atenção exagerada à declaração de fatos faria alguém pensar que uma alegação de validade universal é importante para a política democrática. Ainda mais genericamente, o abandono da ideia logocêntrica de que o *conhecimento* é a capacidade distintivamente humana deixaria espaço para a ideia de que a *cidadania democrática* é mais adequada a tal papel. Esta última é aquilo de que os seres humanos deveriam mais se orgulhar, e que deveriam tornar central para nossa autoimagem.

Como vejo, a tentativa de Habermas de redefinir a "razão" depois de decidir que "o paradigma da filosofia da consciência se exauriu",[9] bem como sua tentativa de redescrever a razão como inteiramente "comunicativa", é insuficientemente radical. É um meio-termo entre pensar em termos de pretensões de validade e pensar em termos de práticas justificatórias. Fica a meio caminho entre a ideia grega de que os seres humanos são especiais porque podem *conhecer* (enquanto os animais podem meramente *lidar com*) e a ideia de Dewey de que somos especiais porque podemos assumir nossa própria evolução, conduzir-nos em direções que não têm precedente ou justificação quer na biologia, quer na história.[10]

---

seu "A estrutura e o conteúdo da verdade", uma doutrina que ajuda a explicar por que o declarar fatos e o comunicar não podem ser separados. Discuto essa doutrina adiante. (Na minha opinião, aceitar o argumento de Davidson torna desnecessário postular o que Habermas chama de "'mundos' análogos ao mundo dos fatos... para relações interpessoais legitimamente reguladas, e para experiências subjetivas atribuíveis" (ibidem, p.313). Mas essa discordância é uma questão lateral que não precisa ser mais explorada no presente contexto.)

9 *Philosophical Discourse of Modernity*, p.296.

10 Do modo como leio Dewey, ele simpatizaria com a ênfase de Castoriadis, na imaginação mais que na razão, como o motor do progresso moral.

Pode-se fazer com que esta última ideia apareça como desinteressante, apelidando-a de "nietzschiana", e desenvolvendo-a como a forma de uma cruel vontade de poder, que foi encarnada pelos nazistas. Eu gostaria de fazer com que ela apareça como atraente, apelidando-a de "americana", e desenvolvendo-a como a ideia comum a Emerson e Whitman, a ideia de uma comunidade nova e autocriadora, unida não pelo conhecimento das mesmas verdades, mas por compartilhar as mesmas esperanças democráticas, includentes e generosas. A ideia de uma autocriação comum (*communal*), da realização de um sonho que não tem sua justificação em alegações incondicionais de uma validade universal, soa suspeita para Habermas e Apel, porque eles naturalmente associam-na a Hitler. Soa melhor para norte-americanos, porque eles naturalmente associam-na a Jefferson, Whitman e Dewey.[11] A moral da estória, penso eu, é que a sugestão é neutra em relação a Hitler e Jefferson.

---

11 Considere-se a crítica de Habermas a Castoriadis: "não se pode ver como esse *demiúrgico pôr em ação* verdades históricas poderia ser transposto para um *projeto revolucionário*, apropriado à prática de indivíduos que agem conscientemente, que são autônomos, e que realizam a si mesmos" (*Philosophical Discourse of Modernity*, p.318). A história dos Estados Unidos mostra como essa transposição pode ser conseguida. Apel e Habermas tendem a pensar na Revolução Americana como firmemente embasada no tipo de princípios que alegam validade universal que eles aprovam, e que Jefferson explicitou na Declaração de Independência (ver APEL, K. O. "Zurück zur Normalität?". In: *Zerstörung des moralischen Selbstbewusstseins*, p.117). Eu deveria acrescentar que os "Pais Fundadores" eram exatamente o tipo de demiurgos que Castoriadis tinha em mente quando falava na "instituição do imaginário social". O que agora imaginamos como "o povo americano", uma comunidade de "indivíduos que agem conscientemente, que são autônomos e que se realizam a si mesmos", devotados àqueles princípios, foi lentamente passando a existir, no curso do processo (muito gradual, pergunte-se a qualquer afro-americano), de erguer-se ao nível da imaginação dos "Fundadores". Assim, quando Habermas trata de criticar Castoriadis por não reconhecer "qualquer razão para revolucionar uma sociedade reificada, exceto a decisão existencialista, 'Porque nós o queremos'", e quando pergunta "quem poderia ser esse 'nós' do querer radical", penso que seria justo responder que, em 1776, o 'nós' relevante não era o povo americano, mas Jefferson e alguns de seus amigos igualmente imaginosos.

Se o que se quer são princípios neutros, com base nos quais se possa decidir entre Hitler e Jefferson, deve-se encontrar um modo de substituir as referências ocasionais, de Jefferson, ao direito natural, bem como as verdades políticas autoevidentes, por uma versão mais atualizada do racionalismo do esclarecimento. É para esse papel que Apel e Habermas lançam sua "ética do discurso". Apenas quando se desiste da esperança de uma tal neutralidade é que a alternativa que sugeri parecerá atraente. Abandonar ou não essa esperança deveria ser decidido, penso, pelo menos em parte, pela avaliação do argumento de uma autocontradição performativa, que está no coração daquela ética.

Considero aquele argumento fraco e não convincente, mas não tenho um substituto para oferecer. Assim, tendo a rejeitar tanto a ética do discurso como a própria ideia de princípios neutros, e a me perguntar o que os filósofos poderiam fazer pela política democrática, além de tentar fundamentar essa política sobre princípios. Minha resposta é: eles podem começar a trabalhar substituindo conhecimento por esperança, propondo a ideia de que a capacidade de sermos cidadãos de uma democracia plena, que ainda se deve alcançar, em vez da capacidade de apreender a verdade, é o que importa para se ser humano. Isso não é uma questão de *Letztbegründung*, mas de redescrição da humanidade e da história, em termos que façam a democracia parecer desejável. Se fazer isso for considerado mera "retórica" em vez de "argumentação", eu deveria responder que não é mais retórico que a tentativa, de meus opositores, de descrever o discurso e a comunicação em termos que fazem a democracia parecer vinculada à natureza intrínseca da humanidade.

Verdade e justificação

Há muitos usos para a palavra "verdade", mas o único que não poderia ser eliminado de nossa prática linguística com relativa tranquilidade é o uso acautelatório (*cautionary*).[12] É o uso que fazemos dessa palavra quando contrastamos justificação e verdade, e dizemos que uma crença pode ser, ao mesmo tempo, justificada e não verdadeira. Fora da filosofia, recorremos a esse uso acautelatório para contrastar audiências menos informadas com audiências mais bem informadas, audiências passadas com audiências futuras. Em contextos não filosóficos, a razão para contrastar verdade e justificação é simplesmente lembrar-nos de que pode haver objeções (levantadas a partir da descoberta de novos dados, ou de hipóteses explicativas mais engenhosas, ou de uma mudança no vocabulário utilizado para descrever os objetos em discussão) que ainda não ocorreram a ninguém. Esse tipo de gesto, na direção de um futuro imprevisível, é feito, por exemplo, quando dizemos que nossas atuais crenças morais e científicas podem vir a parecer tão primitivas a nossos descendentes remotos quanto as dos antigos gregos nos parecem hoje.

Minha premissa de base, que você só pode trabalhar por aquilo que reconhece, é um corolário do princípio de James, de que uma diferença deve fazer uma diferença na prática para que possa ser digna de ser discutida. A única diferença entre verdade e justificação que faz uma diferença dessas é, tanto quanto posso ver, a diferença entre velhas audiências e audiências novas. É essa a atitude pragmatista que acho apropriada em relação à verdade: ter uma teoria filosófica sobre a natureza da verdade, ou sobre o significado da palavra "verdadeiro", não é mais necessário que ter uma teoria acerca da natureza do perigo, ou do significado da palavra "perigo". A razão principal para termos, na linguagem, uma palavra como "perigo", é acau-

---

12 Ver, sobre esse ponto, as páginas iniciais do meu "Pragmatismo, Davidson e a verdade", em *Objectivity, relativism and truth*. O que chamo ali de os usos "endossante" e "descitacional" (*disquotational*) de "verdadeiro" pode ser facilmente parafraseado em termos que não incluam "verdadeiro".

telar as pessoas: preveni-las de que podem não ter considerado todas as consequências da ação que propõem. Nós, pragmatistas, que pensamos que as crenças são hábitos de ação em vez de tentativas de corresponder à realidade, vemos que o uso acautelatório da palavra "verdadeiro" é sinalizar para um tipo especial de perigo. Nós a usamos para nos lembrar de que pessoas em circunstâncias diferentes – pessoas que enfrentem audiências futuras – podem não ser capazes de justificar a crença que nós justificamos triunfantemente para as audiências que até aqui encontramos.

Dada essa visão pragmatista da distinção verdade-justificação, como fica a alegação de que todos os seres humanos desejam a verdade? Essa alegação está situada, ambiguamente, entre a alegação de que todos eles desejam justificar suas crenças para alguns outros seres humanos (embora não necessariamente para todos) e a alegação de que todos eles querem que suas crenças sejam verdadeiras. A primeira alegação é passível de objeção; a segunda é dúbia. Pois a única outra interpretação que nós, pragmatistas, podemos dar à segunda alegação é que todos os seres humanos estão preocupados com o perigo de que, algum dia, haverá uma audiência diante da qual uma de suas crenças atualmente justificadas não poderá ser justificada.

Mas, em primeiro lugar, o que os filósofos – que esperam tornar a noção de verdade relevante para a política democrática – querem não é um mero falibilismo. Em segundo, tal falibilismo não é, de fato, uma característica de todos os seres humanos. Prevalece muito mais entre os habitantes de sociedades includentes, ricas, seguras e tolerantes do que fora delas. Essas pessoas são educadas para lembrar que podem estar erradas: que há pessoas, em outros lugares, que podem discordar delas, e cujas discordâncias precisam ser levadas em consideração. Se você é a favor da política democrática, você naturalmente vai querer encorajar o falibilismo. Mas há outros modos de fazê-lo, além de martelar a diferença entre o caráter condicional da justificação e o caráter incondicional da verdade. Pode-se, por exemplo, insistir no triste fato de que muitas comunidades anteriores traíram seus próprios interesses, por estarem demasiado seguras de si mesmas, e por, em decorrência disso, deixarem de prestar atenção a objeções levantadas por pessoas de fora delas.

Ademais, deveríamos distinguir entre o falibilismo e o ceticismo filosófico. O falibilismo não tem nada a ver, em particular, com a busca por universalidade e incondicionalidade. O ceticismo tem. Quem entra na filosofia geralmente é alguém que se impressionou com o tipo de ceticismo encontrado nas *Meditações* de Descartes, com o tipo de ceticismo que diz que a mera possibilidade de erro derrota as alegações de conhecimento. Não são muitas as pessoas que acham interessante esse tipo de ceticismo, mas as que acham perguntam-se: Há algum modo de nos garantirmos contra o risco de ter crenças que possam se mostrar injustificáveis perante alguma audiência futura? Há algum modo de garantir que temos crenças que sejam justificáveis perante toda e qualquer audiência?

A minúscula minoria que acha essa pergunta interessante consiste quase inteiramente de professores de filosofia e se divide em três grupos:

1. Céticos, como Stroud, dizem que o argumento de Descartes, que apela para a ideia de que podemos estar sonhando, é irrespondível; para os céticos há sempre uma audiência futura, o eu futuro que acordou de um sonho, que não se satisfará com nenhuma justificação oferecida por nosso eu atual, que pode estar sonhando.

2. Fundacionistas, como Chisholm, dizem que, mesmo que agora estejamos sonhando, não podemos estar errados a respeito de *certas* crenças.

3. Coerentistas, como Sellars, dizem que "todas as nossas crenças podem ser negadas, mas não todas ao mesmo tempo".

Nós, pragmatistas, que ficamos impressionados com as críticas de Peirce a Descartes, pensamos que tanto os céticos como os fundacionistas deixam-se desencaminhar pela imagem das crenças como tentativas de representar a realidade, e pela ideia, associada, de que a verdade é uma questão de correspondência com a realidade. Assim, nós nos tornamos coerentistas.[13] Mas nós, coerentistas, permanecemos divididos acerca do que precisa ser dito – se algo precisa ser dito – a respeito da verdade. Penso que, uma vez tendo explicado a distinção entre justificação e verdade, por meio daquela entre justificabilidade presente e futura, resta pouco a dizer. Meus colegas coerentistas – Apel, Habermas e Putnam – pensam, como Peirce também pensava, que há muito mais a ser dito, e que dizê-lo é importante para a política democrática.[14]

---

13 Ser um coerentista, nesse sentido, não significa necessariamente ter uma teoria coerentista da verdade. O repúdio de Davidson a este rótulo, para sua posição, um rótulo que antes aceitara, é um corolário de sua alegação de que não pode haver uma definição do termo "verdadeiro em L" para a variável L. A posição atual de Davidson, com a qual vim a concordar, é que "Nós não devemos dizer que a verdade é correspondência, coerência, afirmabilidade garantida, afirmabilidade idealmente justificada, o que é aceito na conversação das pessoas certas, o que a ciência acabará por manter, o que explica a convergência sobre teorias únicas em ciência, ou o sucesso de nossas crenças ordinárias. À medida que realismo e antirrealismo dependem de uma ou de outra dessas posições, deveríamos nos recusar a endossar qualquer uma delas". (Ver: DAVIDSON, D. A estrutura e o conteúdo da verdade. *Journal of Philosophy*, v.87, p.309, 1990.)

14 Também Davidson pensa que ainda há mais por dizer, mas o tipo de coisa que ele deseja dizer é, tanto quanto posso ver, irrelevante para a política. No que se segue, faço uso de Davidson, mas adio a discussão da alegação, na p.326 de "A estrutura e o conteúdo da verdade", de que "o suporte conceitual do entendimento é uma teoria da verdade", no sentido de que há uma teoria para cada linguagem. Essa alegação me parece diferente da alegação, que invoco adiante, de que "a fonte final tanto da objetividade como da comunicação" é o que Davidson chama de "triangulação". Não vejo por que, fora de um respeito à memória de Tarski, uma teoria que codifica os resultados dessa triangulação deveria ser descrita como uma teoria da *verdade*, em vez de uma teoria do comportamento de um certo grupo de seres humanos.

"Validade universal" e "transcendência com relação ao contexto"

Putnam, Apel e Habermas, todos tomam de Peirce a ideia que eu rejeito: a ideia da convergência para uma verdade única.[15] Em vez de defender isso, dizendo que a realidade é uma só, e que a verdade é a correspondência com essa realidade única, esses peirceanos defendem que a ideia de convergência está contida nos pressupostos do discurso. Todos eles concordam que o principal motivo pelo qual a razão não pode ser naturalizada é que a razão é normativa, e normas não podem ser naturalizadas. Mas eles dizem que nós podemos abrir espaço para o normativo sem retroceder para a ideia tradicional de uma obrigação de corresponder à natureza intrínseca da realidade única. Faremos isso atendendo ao caráter universalista dos pressupostos idealizantes do discurso. Essa estratégia tem a vantagem de pôr de lado as questões metaéticas sobre se há uma realidade moral à qual nossos juízos morais poderiam ter a espe-

---

15 Putnam recusou algumas vezes essa tese da convergência (ver "Realism with a Human Face", p.171, sobre Bernard Williams), mas (como eu argumento em "Putnam e a Ameaça Relativista") não acho que ele possa conciliar essa recusa com sua noção de "afirmabilidade ideal". Como vejo, o único sentido em que a verdade é só uma é que, se o processo de desenvolver novas teorias e novos vocabulários for encerrado, e houver acordo sobre os propósitos a serem preenchidos por uma crença – isto é, sobre as necessidades a serem preenchidas pelas ações ditadas por aquela crença –, então um consenso será desenvolvido acerca de qual verdade, de uma lista finita de candidatas, deve ser adotada. Essa generalização sociológica, que está sujeita a uma porção de ressalvas óbvias, não deveria ser confundida com um princípio metafísico. O problema com a ideia de convergência ao fim da investigação, como muitos críticos (notavelmente Michael Williams) têm apontado, é que é difícil imaginar um tempo no qual seria desejável parar de desenvolver novas teorias e novos vocabulários. Como Davidson observou, o argumento da "falácia naturalista", de Putnam, aplica-se tanto à sua teoria da verdade como "aceitabilidade ideal" quanto a qualquer outra teoria da verdade.

rança de corresponder, tal como nossa ciência supostamente física corresponde à realidade física.[16]

Habermas diz que toda alegação de validade tem "um momento transcendente de validade universal que rompe em pedaços toda provincialidade", por acréscimo ao seu papel estratégico em alguma discussão vinculada a um contexto. Como vejo, a única verdade nessa ideia é que muitas alegações de validade são feitas por pessoas que estariam dispostas a defender suas alegações perante audiências outras, além daquela a que estão no momento se dirigindo. (Nem todas as asserções, obviamente, são desse tipo; os advogados, por exemplo, sabem muito bem que recortam suas alegações para adequarem-se ao estranho contexto de uma jurisprudência eminentemente local.) Mas a disposição de enfrentar audiências novas e não familiares é uma coisa; romper em pedaços a provincialidade é outra bem diferente.

A doutrina de Habermas, de um "momento transcendente", parece-me juntar uma louvável disposição de tentar algo novo, com uma gabolice vazia. Dizer "vou tentar defender isso diante de quem vier" é frequentemente, dependendo das circunstâncias, uma atitude louvável. Mas dizer "posso defender isso com sucesso diante de qualquer um que venha" é uma tolice. Talvez você possa, mas você não está numa posição de alegar que pode, mais que o campeão de um vilarejo de alegar que pode vencer o campeão do mundo. O único tipo de situação em que você estaria em posição de dizer isso é aquele em que as regras do jogo argumentativo estivessem previamente acordadas – como no caso da matemática "normal" (em oposição à matemática "revolucionária"), por exemplo. Mas na maio-

---

16 "A razão comunicativa se estende pelo espectro inteiro das alegações de validade: "alegações de verdade proposicional, de sinceridade e de correção normativa" (HABERMAS, J. *Between Facts and Norms*. Cambridge: MIT Press, 1996. p.5).

Filosofia, racionalidade, democracia

ria dos casos, incluindo o das alegações morais e políticas nas quais Habermas está mais interessado, não existem tais regras. A noção de "dependência de contexto" tem um sentido claro, nos tipos de caso que acabo de mencionar – em cortes de justiça provinciais e em jogos de linguagem, tais como a matemática normal, que são regulados por convenções claras e explícitas. Para a maioria das asserções, no entanto, nem aquela noção nem a de "validade universal" têm tal sentido. No caso de asserções do tipo "Clinton é o melhor candidato", "Alexandre veio antes de César", "O ouro é insolúvel em ácido hidroclorídrico", é difícil ver por que eu deveria me perguntar "Minha alegação é dependente de contexto ou é universal?". Concluir a favor de qualquer uma das alternativas não faz nenhuma diferença para a prática.

Habermas propõe um análogo dessa distinção, entre o que é dependente de contexto e o que é univeral, que poderia parecer mais relevante para a prática. Tal análogo é o que ele chama de "tensão entre faticidade e validade". Ele considera essa tensão um problema filosófico central, e diz que ela é responsável por muitas das dificuldades encontradas para teorizar a política democrática.[17] Ele considera um aspecto distintivo e valioso, de sua teoria da ação comunicativa, que ela "já absorve, em seus conceitos fundamentais, a tensão entre faticidade e validade".[18] Ela faz isso distinguindo entre o uso "estratégico" do discurso e o "uso da linguagem orientado para alcançar o entendimento".[19] Essa distinção poderia ser a que estamos procurando: a que nos deixa interpretar a distinção entre dependência de contexto e universalidade de um modo que faça uma diferença na prática.

Como eu vejo, entretanto, a distinção entre o uso estratégico e o uso não estratégico da linguagem é apenas a distinção

---

17 Ibidem, p.6.
18 Ibidem, p.8.
19 Ibidem, p.8.

entre casos em que nos preocupamos em convencer os outros e casos em que esperamos aprender alguma coisa. Neste último conjunto de casos, estamos bastante desejosos de abandonar nossas opiniões atuais se ouvirmos uma coisa melhor. Esses casos são os dois extremos de um espectro, num dos quais usaremos qualquer truque sujo que pudermos (mentir, *omissio veri, suggestio falsi* etc.) para convencer. No outro extremo, falamos com os outros como falamos conosco mesmos, quando estamos mais à vontade, mais reflexivos e mais curiosos. A maior parte do tempo, estamos aí pelo meio entre esses dois extremos.

Meu problema é que não vejo que os dois extremos tenham nada, em particular, a ver com a distinção entre dependência de contexto e universalidade. "A pura busca da verdade" é um nome tradicional para o tipo de conversa que tem lugar num extremo do espectro. Mas não vejo como esse tipo de conversa tenha algo a ver com universalidade ou com incondicionalidade. Ela é "não estratégica", no sentido de que, em tais conversas, deixamos o vento soprar para onde quiser, mas é difícil ver como as asserções que fazemos, em tais conversas, pressupõem algo que não é pressuposto nas asserções que faço quando estou no outro extremo do espectro.

Habermas, entretanto, pensa que, a menos que reconheçamos que "as alegações de validade levantadas *hic et nunc*, e orientadas para o reconhecimento ou aceitação intersubjetivos, podem ao mesmo tempo ultrapassar padrões locais para o que merece um sim ou um não", não veremos que "somente esse momento transcendente distingue as práticas de justificação, orientadas para alegações de verdade, de outras práticas que estão reguladas meramente pela convenção social".[20] Essa passagem é um bom exemplo do que me parece ser o compromisso indesejável, de Habermas, com a distinção logocentrista entre opinião e conhecimento – uma distinção entre mera obediên-

---

20 Ibidem, p.15.

cia a *nomoi*, até mesmo o tipo de *nomoi* que seria encontrado numa sociedade democrática utópica, e o tipo de relação *phusei* com a realidade que é oferecida pela apreensão da verdade. Tanto a distinção opinião-conhecimento como a distinção *nomos-physis* parecem, a deweyanos como eu, remanescentes da obsessão de Platão com o tipo de certeza encontrado na matemática, e, mais genericamente, com a ideia de que o universal, sendo de algum modo eterno e incondicional, de algum modo oferece uma fuga do que é particular, temporal e condicional.

Nessa passagem, Habermas está – como entendo – usando a expressão "práticas de justificação orientadas para alegações de verdade" para referir-se ao extremo mais simpático do espectro que descrevi acima. Mas, do meu ponto de vista, a verdade não tem nada a ver com isso. Essas práticas não transcendem a convenção social. Em vez disso, elas são reguladas por certas convenções sociais *particulares*: convenções de uma sociedade ainda mais democrática, tolerante, tranquila, afluente e diversa que a nossa – uma na qual a includência seja parte integrante do sentido de identidade moral de cada um. Nessa sociedade, todos sempre acolhem opiniões estranhas sobre todo tipo de assunto. Essas são também as convenções de certas partes afortunadas da sociedade contemporânea: por exemplo, os seminários universitários, os encontros de intelectuais, e assim por diante.[21]

Talvez a diferença de maior alcance entre Habermas e eu é que pragmatistas como eu simpatizam com os pensadores "pós-modernos", antimetafísicos, que ele critica quando sugerem que a ideia de uma distinção entre a prática social e o que transcende essa prática é um resto indesejável de logocentrismo. Foucault e Dewey podem concordar que, quer a investigação seja sempre uma questão de poder, ou não, ela nunca transcende a prática social. Ambos diriam que a única coisa que pode transcen-

---

21 Por razões davidsonianas, eu deveria preferir "práticas" a "convenções", mas tratarei ambas como sinônimos aqui.

der uma prática social é uma outra prática social, do mesmo modo que a única coisa que pode transcender uma audiência atual é uma audiência futura. De modo semelhante, a única coisa que pode transcender uma estratégia discursiva é outra estratégia discursiva – uma que vise a objetivos outros e melhores. Mas como não sei como visar a isso, não acho que "verdade" seja o nome para tal objetivo. Sei como visar a uma maior honestidade, caridade, paciência, inclusividade etc. Eu vejo a política democrática servindo a esses objetivos concretos, desejáveis. Mas não vejo que ajude a acrescentar "verdade", ou "universalidade", ou "incondicionalidade" à nossa lista de objetivos, pois não vejo o que faríamos de diferente se tais acréscimos fossem feitos.

A esta altura, pode parecer que a diferença entre Habermas e eu é uma que não tem diferença na prática: ambos temos em mente as mesmas utopias, e ambos nos engajamos na mesma política democrática. Assim, por que discutir se chamaremos as práticas utópicas de comunicação de "orientadas para a verdade", ou não? A resposta é que Habermas pensa que faz realmente uma diferença na prática, porque ele pode fazer uma jogada argumentativa que não me é dada: ele pode acusar seus opositores de autocontradição performativa. Habermas pensa que "o discurso universal de uma comunidade ilimitada de interpretação" é "assumido inevitavelmente" por qualquer um (inclusive eu) que entre numa discussão. Ele diz que:

> Mesmo que esses pressupostos tenham um conteúdo *ideal*, que pode ser apenas aproximadamente realizado, todos os participantes devem, *de facto*, aceitá-los [os pressupostos da comunicação], sempre que afirmem ou neguem, de alguma maneira, a verdade de uma declaração, e queiram entrar numa discussão que vise justificar essa alegação de validade.[22]

---

22 HABERMAS, J. *Between Facts and Norms.* Cambridge: MIT Press, 1996. p.16.

Filosofia, racionalidade, democracia

Mas e no caso de alguém que fica ultrajado (como muitos dos curadores de universidades norte-americanos ficam) pelas convenções sociais das melhores partes das melhores universidades – lugares onde mesmo as alegações mais paradoxais e extremas são discutidas seriamente, e nos quais as feministas, os ateístas, os homossexuais, os negros etc. são levados a sério como moralmente iguais e parceiros de discussão? Imagino que, na visão de Habermas, tal pessoa estará ultrajada, *contradizendo-se* a si mesma se oferecer *argumentos* com vistas a substituir essas convenções por outras, mais excludentes. Em contraste com isso, eu não poderei dizer, a esse curador de mente estreita, que ele está se contradizendo. Posso apenas tentar persuadi-lo a ter uma maior tolerância, pelos métodos indiretos usuais: dando exemplos de obviedades atuais que já foram consideradas paradoxos, das contribuições à cultura feitas por ateístas, lésbicas, negras, e assim por diante.[23]

A grande questão é se alguém já foi um dia convencido pela acusação de autocontradição performativa. Acho que não há muitos exemplos claros de essa acusação ter sido levada a sério. Se você disser a um indivíduo preconceituoso, do tipo que descrevi, que está na obrigação de fazer alegações de validade que ultrapassem o contexto, de visar à verdade, ele provavelmente concordará que isso é exatamente o que está fazendo. Se você lhe disser que ele não pode fazer tais alegações e ainda assim rejeitar os paradoxos ou as pessoas que ele rejeita, ele provavelmente não vai entender o argumento. Ele dirá que as pessoas que propõem esses paradoxos são doidas demais para se discutir com elas, que as mulheres têm uma visão distorcida da realidade, e coisas assim. Ele achará irracional ou imoral, ou as duas coisas, levar a sério tais paradoxos e pessoas.[24]

---

23 Não tenho certeza se, quando faço isso, Apel e Habermas ainda me veriam como *argumentando*, ou como tendo abandonado a argumentação e recaído no treinamento estratégico de sensibilidade.

24 Duelistas costumavam dizer que algumas pessoas não eram *satisfaktionfähig*, *no caso de pessoas das quais não se teria de aceitar um desafio*. Precisamos de

Não consigo ver muita diferença entre a reação do preconceituoso a mim e a Habermas e as reações minha e de Habermas a ele. Não consigo ver que algo como uma "razão comunicativa" favoreça nossas reações em vez das dele. E isso porque não vejo como o termo "razão" esteja menos à disposição para todo tipo de uso que o termo "liberdade acadêmica", ou "moralidade", ou "pervertido"; nem como o coerentismo antifundacionista que Habermas e eu partilhamos tenha espaço em um "bloqueador de discussão" não recontextualizável e não relativizável chamado "autocontradição performativa". O que o preconceituoso e eu fazemos, e que eu penso, devemos fazer, quando nos disserem que violamos um pressuposto da comunicação, é barganhar a respeito dos significados dos termos usados para expressar o assim chamado pressuposto – termos como "verdadeiro", "argumento", "razão", "comunicação", "dominação" etc.[25]

Essa barganha poderá tornar-se, mais cedo ou mais tarde, uma conversa mutuamente vantajosa, acerca de nossas respec-

---

uma noção análoga – para descrever *pessoas cujas solicitações de justificação temos o direito de rejeitar*. O tipo de preconceituoso exclusivista que tenho em mente não vê que sua alegação requeira justificação perante o tipo errado de gente. Mas o indivíduo preconceituoso não é a única pessoa que precisa invocar alguma noção de *Rechtfertigungsempfänglichkeit*. Nenhum de nós leva a sério todas as audiências; nós todos rejeitamos, como perda de tempo, os pedidos de justificação de algumas audiências. (Pensemos no cirurgião que se recusa a justificar seus procedimentos a uma seita religiosa como a dos chamados "Christian Scientists", ou a médicos chineses que sugerem recorrer à acupuntura ou à *"mexibustion"*.) A grande diferença entre nós e o indivíduo preconceituoso, como digo adiante, é que ele pensa que assuntos não discursivos, como descendência racial, importam nesse contexto, enquanto nós pensamos que só crenças e desejos interessam.

25 O indivíduo preconceituoso pode não saber como fazer isso, mas, então, as convenções locais, que Habermas e eu compartilhamos, sugerem que nós, filósofos, deveríamos ajudá-lo – ajudá-lo a elaborar significados para esses termos que integrarão sua visão excludente, do mesmo modo que a visão includente, minha e de Habermas, está intrínseca ao nosso uso daqueles termos.

tivas utopias – nossas respectivas ideias acerca de como seria uma sociedade ideal, que desse poder a uma audiência idealmente competente. Mas essa conversa não terminará com a relutante admissão, pelo indivíduo preconceituoso, de que ele se emaranhou numa contradição. Mesmo que, *mirabile dictu*, tivéssemos sucesso em convencê-lo do valor de nossa utopia, sua reação seria lamentar sua própria falta anterior de curiosidade e imaginação, em vez de lamentar seu fracasso em perceber seus próprios pressupostos.

Independência de contexto sem convergência: a visão de Albrecht Wellmer

Concordo com Apel e Habermas quando afirmaram que Peirce estava certo em nos dizer para falar em discurso em vez de consciência, mas acho que o *único* ideal pressuposto pelo discurso é o de ele ser capaz de justificar nossas crenças diante de uma audiência *competente*. Como um coerentista, penso que se você puder obter concordância de outros membros de tal audiência acerca do que se deve fazer, então você não precisa se preocupar com sua relação com a realidade. Mas tudo depende do que constitui uma audiência competente. Diferentemente de Apel e Habermas, a moral que tiro de Peirce é que nós, filósofos que nos preocupamos com uma política democrática, devíamos deixar a verdade em paz, como um tópico sublimemente indiscutível, e, em vez disso, passar à questão de como persuadir as pessoas a ampliar o tamanho da audiência que consideram competente, como aumentar o tamanho da comunidade relevante de justificação. Esse projeto não é relevante apenas para a política democrática, ele *é*, em larga medida, a própria política democrática.

Apel e Habermas pensam que a exigência de maximizar o tamanho dessa comunidade já é, digamos, intrínseca à ação comunicativa. Esse é o valor de face de sua alegação de que toda asserção pretende ter uma validade universal.[26] Albrecht Wellmer, que, como eu, rejeita o convergentismo que Habermas e Apel partilham com Putnam, não obstante aceita sua pretensão de que nossas alegações "transcendem o contexto – local ou cultural – no qual são feitas".[27] Ele opõe essa pretensão ao meu próprio etnocentrismo, e interpreta este último como se negasse algumas coisas que ele acha importante afirmar: em particular, que "os argumentos para sustentar e desenvolver criticamente princípios e instituições liberais-democráticos" são "bons argumentos",[28] mesmo que não convençam ninguém.

Meu problema com Wellmer, Apel e Habermas é que não vejo qual a força pragmática de dizer que um argumento que, como a maior parte dos outros argumentos, convence certas pessoas e não outras, é um "bom argumento". Isso seria como dizer que uma ferramenta que, como todas as ferramentas, é útil para certos propósitos mas não para outros é uma boa ferramenta. Imagine-se o cirurgião dizendo, depois de tentar, sem sucesso, cavar com seu bisturi um túnel para fora da cela onde está preso: "No entanto, é uma boa ferramenta". Então, imagine ele dizendo, depois de tentar, sem sucesso, convencer os guardas a lhe deixarem escapar para retomar sua posição de líder da resistência: "No entanto, eram bons argumentos".

---

26 A razão para falar de validade universal, em vez de verdade, me parece ser evitar a seguinte questão: se julgamentos éticos e estéticos têm um valor de verdade. Uma dúvida que surge apenas entre representacionistas, pessoas que pensam que deve haver um objeto para "tornar" verdadeiros os argumentos verdadeiros. Não representacionistas, como Davidson e eu, e mesmo quase representacionistas como Putnam, estamos perfeitamente satisfeitos em pensar que "O amor é melhor do que o ódio" é um bom candidato a ter valor de verdade, um candidato tão bom quanto "Energia é sempre igual à massa vezes o quadrado da velocidade da luz".

27 WELLMER, A. *Endgames:* The Irreconcilable Nature of Modernity. Cambridge: MIT Press, 1998. p.150.

28 Ibidem, p.151.

Meu problema se acentua quando me pergunto se minhas alegações de verdade "transcendem meu contexto cultural". Não tenho nenhuma ideia clara se elas o fazem ou não, porque não consigo ver o que "transcendência" quer dizer aqui. Não posso sequer ver o que seria tomar minha asserção como "envolvendo uma alegação de verdade". Quando creio que *p*, e expresso essa crença afirmando-a no curso de uma conversa, estou fazendo uma *alegação*? Que força há em dizer que estou? O que isso acrescenta a dizer que estou (para falar como Peirce) informando meu interlocutor sobre meus hábitos de ação, dando-lhe dicas sobre como predizer e controlar meu futuro comportamento, conversacional e não conversacional? Dependendo da situação em jogo, também posso estar convidando-o a discordar de mim, também posso estar falando de seus hábitos de ação diferentes, estar sugerindo que estou preparado para oferecer razões para minha crença, tentando causar-lhe uma boa impressão, e mil outras coisas. Todas essas coisas, juntas, compõem o dar e receber que ocorre entre mim e meu interlocutor. Esse dar e receber é basicamente uma questão de ajuste recíproco do nosso comportamento, a coordenação estratégica desse comportamento, de um modo que possa mostrar-se mutuamente vantajoso.

Naturalmente, se alguém me indagar, depois que eu afirmar *p*, se creio que *p* é verdadeiro, direi que "sim". Mas poderei me perguntar, como Wittgenstein, qual o sentido de tal? Ele está questionando minha sinceridade? Está expressando incredulidade acerca de minha habilidade para oferecer razões a favor da minha crença? Posso tentar pôr as coisas no devido lugar, pedindo-lhe para explicitar por que faz aquela indagação. Mas se ele retrucasse: "Eu só queria ter certeza de que você estava fazendo uma alegação-de-verdade transcendente-de-
-contexto", eu ficaria confuso. O que ele quer exatamente que lhe seja assegurado? Como seria eu fazer uma asserção *dependente* de contexto? Naturalmente, no sentido trivial de que uma asserção pode não ser sempre pertinente, todas as asserções são sempre dependentes de contexto. Mas o que significaria a

proposição afirmada ser dependente de contexto, em oposição ao ato de fala ser dependente de contexto?

Não tenho certeza de como pessoas como Habermas e Wellmer, que desistiram de teorias correspondentistas da verdade e, consequentemente, não podem distinguir entre uma alegação de relatar um hábito de ação e uma alegação de representar a realidade, podem fazer tal distinção entre dependência de contexto e independência de contexto. Minha melhor aposta é que eles acreditam que, nas palavras de Wellmer:

> Sempre que fazemos uma alegação de verdade, com base no que consideramos serem bons argumentos ou evidência premente, tomamos as condições epistêmicas, prevalentes aqui e agora, como sendo ideais, no sentido de que pressupomos que nenhum argumento ou evidência, que coloque em dúvida nossa alegação de verdade, aparecerá no futuro.

Ou, como também diz Wellmer, "apoiar-se em razões ou evidências, enquanto prementes, significa excluir a possibilidade de sermos refutados no passar do tempo".[29]

Se isso é o que se requer para fazer uma alegação de verdade transcendente de contexto, então nunca fiz uma. Eu não saberia como excluir a possibilidade que Wellmer descreve. Tampouco saberia como pressupor que nenhum argumento ou evidência surgirá, no futuro, que lance dúvida sobre minha crença. Apoiando-me, mais uma vez, no princípio pragmatista, fundamental, de que toda diferença tem de fazer uma diferença na prática, quero saber se esse "excluir" e esse "pressupor" são coisas que posso decidir fazer ou não fazer. Se são, quero saber mais acerca de como conseguir fazê-las. Se não são, elas me parecem vazias.

Posso argumentar de outra maneira, perguntando: Qual é a diferença entre, de um lado, um metafísico, comprometido com uma teoria correspondentista da verdade, me dizer que, quer

---

29 Ibidem, p.142.

eu saiba quer não, minhas asserções significam, automaticamente, querendo ou não, uma alegação de representar a realidade com exatidão, e, de outro lado, meus colegas peircianos me dizerem que eles, automaticamente, querendo ou não, significam uma exclusão de possibilidades, ou uma pressuposição acerca do que o futuro nos reserva? Em ambos os casos, estão me dizendo que pressuponho algo que, mesmo depois de muita reflexão, não creio que pressuponho. Mas a noção de "pressuposição", quando é estendida a crenças que o alegado pressupositor nega enfaticamente, torna-se difícil distinguir da noção de "redescrição da pessoa A, nos termos da pessoa B". Se A pode explicar o que está fazendo e por que o está fazendo, em seus próprios termos, que direito tem B de continuar dizendo "Não, o que A está *realmente* fazendo é..."? No caso em pauta, nós, deweyanos, achamos que temos uma maneira perfeitamente boa de descrever nosso próprio comportamento – um comportamento que Habermas aprova – segundo modos que evitam termos como "universal", "incondicional" e "transcendência".

Parece-me ser do espírito da crítica de Peirce, à "dúvida faz de conta" de Descartes, levantar a questão se não estamos lidando, aqui, com uma "transcendência faz de conta" – um tipo de resposta faz de conta a uma dúvida igualmente irreal. Uma dúvida real, Peirce disse, ocorre quando alguma dificuldade concreta é percebida ao agirmos de acordo com o hábito que é a crença. (Tal dificuldade poderia ser, por exemplo, ter de parar de acreditar em alguma proposição relevante mas conflitante.) Uma transcendência real, eu diria, ocorre quando digo:

> Estou preparado para justificar essa crença, não apenas para pessoas que partilham comigo as seguintes premissas, mas para muitas outras pessoas que não partilham essas premissas, mas com quem partilho outras.[30]

---

30 Imaginemos um advogado dizendo para seus clientes, os funcionários de uma empresa multinacional: "Meu argumento se apoia, receio, num

Verdade, universalidade e política democrática

A questão se estou assim tão preparado é uma questão prática concreta, cuja resposta determino, por exemplo, antecipando, imaginativamente, as respostas de várias outras audiências à minha asserção de *p*, e antecipando também meu comportamento subsequente.

Mas tais experimentos de imaginação obviamente têm limites. Não posso imaginar-me defendendo minha asserção perante *qualquer* audiência *possível*. Em primeiro lugar, posso em geral pensar em audiências para as quais seria despropositado tentar justificar minha crença. (Tente defender crenças acerca de justiça perante Átila, ou acerca de geometria perante crianças de três anos de idade.) Os pragmatistas não sabem como imaginar ou descobrir os limites do possível. Na verdade, não podemos imaginar qual poderia ser o objetivo de tentar esses feitos. Sob que condições concretas seria importante considerar a diferença entre "todos os Xs que posso imaginar" e "todos os Xs possíveis"?[31] Como essa diferença poderia fazer alguma diferença na prática?

---

detalhezinho do Código de Napoleão. Assim, embora tenhamos claramente uma ação vencedora na França, na Costa do Marfim e na Luisiana, não posso prometer quanto às cortes de justiça de, por exemplo, Inglaterra, Alemanha, Gana ou Massachusetts". Seus clientes consultariam, então, um outro advogado, melhor, que diria: "Posso transcender *isso*; tenho um argumento que funcionará nas cortes de justiça de qualquer país, menos Japão e Brunei".

31 Essa pergunta retórica poderia ser respondida dizendo-se: é importante na matemática. Aí dizemos não apenas que todos os triângulos euclidianos, traçados até aqui, têm ângulos interiores que somam 180 graus, mas que é esse o caso para todos os triângulos possíveis. Como Wittgenstein nos lembra, porém, em *Remarks on the Foundations of Mathematics*, o valor de prático dessa alegação, de ter coberto todo o reino do possível, é apenas que não se tentará justificar certas alegações para certas pessoas: você não discute geometria euclideana com pessoas que continuam tentando obter a quadratura do círculo e o dobro do quadrado. Uma vez que tenhamos, com Quine e o último Wittgenstein, abandonado a distinção analítico--sintético e a linguagem-fato, não podemos mais ficar à vontade com a distinção entre "todos os Xs possíveis" e "todos os Xs até agora concebidos" – como antes ficávamos.

Concluo que a maneira de Wellmer de distinguir entre alegações dependentes de contexto e alegações independentes de contexto não se pode tornar plausível, ao menos para pragmatistas. Desde quando não consigo pensar em uma maneira melhor que a dele, penso que deveríamos perguntar por que Wellmer, Apel e Habermas pensam que essa seja uma distinção que valha a pena fazer. A resposta óbvia é que eles querem evitar o "relativismo" que o contextualismo supostamente acarreta. Assim, passo agora ao que Wellmer chama de "antinomia da verdade"[32] – o embate entre intuições relativistas e absolutistas.

Os pragmatistas têm de ser relativistas?

No começo de seu "Verdade, contingência e modernidade", Wellmer escreve o seguinte:

> Se houver um desacordo irresolvível acerca da possibilidade de justificar alegações de verdade, acerca de padrões de argumentação ou de suporte evidencial – por exemplo, entre os membros de diferentes comunidades linguísticas, científicas ou culturais –, posso, ainda, supor que há, em algum lugar, os padrões corretos, os critérios certos, em resumo, que há uma verdade de fato objetiva? Ou eu deveria, em vez disso, pensar que a verdade é "relativa" a culturas, línguas, comunidades ou mesmo pessoas? Enquanto o relativismo (a segunda alternativa) parece ser inconsistente, o absolutismo (a primeira alternativa) parece implicar pressupostos metafísicos. Eu chamaria isso de a antinomia da verdade. Muito trabalho filosófico importante foi feito, em décadas recentes, para resolver essa antinomia da verdade; seja tentando mostrar que o absolutismo não precisa ser metafísico, seja tentando mostrar que a crítica ao absolutismo não precisa levar ao relativismo.[33]

---

32 WELLMER, A. *Endgames:* The Irreconcilable Nature of Modernity. Cambridge: MIT Press, 1998. p.138.

33 Ibidem, p.137-8.

Meu problema com a antinomia de Wellmer é que não acho que negar que há "os padrões *corretos*" deveria levar alguém a dizer que a *verdade* (em oposição à justificação) é "relativa" a alguma coisa. Tanto quanto posso ver, ninguém pensaria que a crítica ao absolutismo conduz ao relativismo, a menos que pensasse que a única razão para justificar nossas crenças, uns aos outros, é que tal justificação torna mais provável que nossas crenças sejam verdadeiras.

Já argumentei, em outra oportunidade, que não há razão para pensar que tal justificação torne isso mais provável.[34] Mas não acho que isso seja um motivo para preocupação, porque não penso que nossa prática, de justificar nossas crenças, precise de justificação. Se estou correto em pensar que a única função indispensável da palavra "verdadeiro" (ou de qualquer outro termo normativo indefinível, como "bom" ou "certo") é nos acautelar, prevenir contra o perigo, apontando para situações imprevisíveis (audiências futuras, dilemas morais futuros etc.), então não faz muito sentido perguntar se a justificação conduz ou não à verdade. A justificação, perante mais e mais audiências, conduz a perigos sempre menores de refutação, portanto, a menos e menos necessidade de cautela. ("Se convenci *eles*", frequentemente nos dizemos, "serei capaz de convencer *qualquer um*".) Mas alguém só dirá que a justificação conduz à verdade se puder de alguma maneira extrapolar – do condicionado ao incondicionado – de todas as audiências imagináveis a todas as audiências possíveis.

Essa extrapolação faz sentido, se se crê em convergência. Pois essa crença concebe o espaço de razões como sendo finito e estruturado, de modo que, à medida que mais e mais audiências ficam satisfeitas, mais e mais integrantes de um conjunto

---

34 Ver "A verdade é o objetivo da investigação?", em "Donald Davidson *versus* Crispin Wright", reimpresso em meu *Truth and Progress* (Cambridge: Cambridge University Press, 1998).

finito de objeções possíveis são eliminados. Seremos encorajados a ver dessa maneira o espaço de razões se formos representacionistas, porque veremos a realidade (ou, ao menos, o seu pedaço espaço-temporal mais relevante para a maioria dos interesses humanos) como finita, e como constantemente nos empurrando, para fora do erro, em direção à verdade. Desencorajando representações imprecisas de si mesma e, assim, produzindo representações cada vez mais precisas.[35] Mas se não tomarmos o conhecimento como uma representação precisa da realidade, nem a verdade como correspondência com a realidade, então fica mais difícil ser um convergentista, e mais difícil pensar o espaço de razões como sendo finito e estruturado.

Wellmer, parece-me, quer passar do condicionado (nossas variadas experiências de sucesso, na justificação de nossas crenças) ao incondicionado (a verdade). A grande diferença entre mim e Wellmer é que penso que a resposta à sua questão "Nossos princípios liberais e democráticos definem apenas um jogo de linguagem política possível, entre outros?" é um "sim" qualificado. Wellmer, entretanto, diz que "um 'não' qualificado pode ser justificado, e por justificação quero agora dizer: não justificação *para nós*, mas justificação, *ponto*".[36]

Como entendo, a própria ideia de *"justificação, ponto"* compromete Wellmer com a tese de que o espaço lógico de apresentação de razões é finito e estruturado. Portanto, eu deveria insistir com ele para abandonar essa última tese, pelas mesmas razões que ele abandonou o convergentismo de Apel e Haber-

---

35 Essa metáfora de ser empurrado na direção de verdades, pelos objetos, soa menos plausível em ética e em estética que em física. É por isso que os representacionistas são frequentemente "antirrealistas" em relação às primeiras, e frequentemente reservam a noção de fazer-verdade (*truth-making*) para partículas elementares, que parecem "empurradores" mais plausíveis que os valores morais ou estéticos.

36 WELLMER, A. *Endgames:* The Irreconcilable Nature of Modernity. Cambridge: MIT Press, 1998. p.148.

Verdade, universalidade e política democrática

mas. Mas curiosamente, essas razões são basicamente as razões que ele oferece para dar o seu "'não' qualificado". Seu argumento central em defesa de sua resposta é um que aceito com entusiasmo: que a própria ideia de jogos de linguagem incompatíveis, e talvez reciprocamente ininteligíveis, é uma ficção sem sentido, e que, em casos reais, os representantes de culturas e tradições diferentes sempre podem encontrar um modo de discutir suas diferenças.[37] Concordo inteiramente com Wellmer que "a racionalidade – em qualquer sentido relevante da palavra – não pode terminar no limite de jogos de linguagem fechados (pois não existe tal coisa)".[38]

Nosso desacordo começa quando, depois de um ponto e vírgula, Wellmer conclui sua frase com

> mas então a contextualidade etnocêntrica de toda argumentação é bastante compatível com a apresentação de alegações de verdade que transcendem o contexto – o contexto local ou cultural – *no* qual elas são apresentadas, e no qual podem ser justificadas.

Eu concluiria a mesma frase dizendo: "mas então a contextualidade etnocêntrica de toda argumentação é bastante compatível com a alegação de que uma sociedade democrática e liberal pode reunir, incluir, todo tipo de *ethnoi* diversos". Não vejo como passar, da premissa de que não há coisas tais como padrões mutuamente ininteligíveis de argumentação, para a conclusão de que as pretensões das sociedades democráticas são "transcendentes de contexto".

Eis aqui uma maneira de sumariar a diferença entre Wellmer e eu: concordamos que uma razão para preferir as democracias é que elas nos permitem construir contextos de discussão sempre maiores e melhores. Mas eu paro aí, e Wellmer segue adian-

---

37 Esse é o argumento de Davidson em "The Very Idea of a Conceptual Scheme".
38 WELLMER, A. *Endgames:* The Irreconcilable Nature of Modernity. Cambridge: MIT Press, 1998. p.150.

te. Ele acrescenta que essa razão não é apenas uma justificação da democracia *para nós*, mas "uma justificação, *ponto*". Ele pensa que "os princípios liberais e democráticos da modernidade" deveriam, "*pace* Rorty", ser "entendidos num sentido universalista".[39]

Meu problema, naturalmente, é que não tenho a opção de entendê-los desse modo. Pragmatistas, como eu, não podem imaginar como saber se estão entendendo uma justificação apenas como uma "justificação para 'nós' ou como uma "justificação, *ponto*". Isso me bate como tentar dizer se meu bisturi ou meu computador é "uma boa ferramenta para essa tarefa", ou "uma boa ferramenta, *ponto*".

A essa altura, entretanto, poderíamos imaginar Wellmer acrescentando: "Então, tanto pior para o pragmatismo. Qualquer visão que torna você incapaz de entender uma distinção, que todas as outras pessoas entendem, deve ter algo errado com ela". Eu retrucaria: você só tem direito àquela distinção enquanto puder sustentá-la com uma distinção entre o que parecem ser boas razões para nós e o que parecem ser boas razões para algo como um anistórico tribunal kantiano da razão. Mas você privou-se *dessa* possibilidade quando desistiu do convergentismo e, assim, desistiu do substituto não metafísico para tal tribunal, isto é, da idealização chamada "situação de comunicação não distorcida".

Concordo com Wellmer em considerar "as instituições democráticas e liberais como as únicas em que o reconhecimento da contingência pode coexistir com a reprodução de sua própria legitimidade",[40] ao menos se tomarmos "reproduzir sua própria legitimação" como significando algo como "fazer com que sua visão da situação dos seres humanos seja congruente com sua prática política". Mas não acho que o reconhecimento da contin-

---

39 Ibidem, p.152.
40 Ibidem, p.152.

gência sirva como uma "justificação, *ponto*" para a política democrática, porque não acho que faça o que Wellmer diz: ou seja, "destruir a base intelectual do dogmatismo, do fundacionismo, do autoritarismo e da desigualdade moral e legal".[41]

Isso porque não acho que o dogmatismo ou a desigualdade moral *tenha* "base intelectual". Se sou um defensor preconceituoso da desigualdade dos negros, mulheres e homossexuais, diante de homens heterossexuais, não preciso necessariamente apelar para a negação da contingência, recorrendo a uma teoria metafísica acerca da verdadeira natureza dos seres humanos. Eu poderia, mas poderia também, em termos de filosofia, ser um pragmatista. Um indivíduo preconceituoso e eu podemos dizer a mesma coisa foucaultiana/nietzschiana; que a única questão real é aquela do poder, a questão sobre que comunidade herdará a Terra: a minha ou a do meu oponente. A escolha de uma comunidade para tal papel está vinculada à opinião que se tenha sobre aquilo que vale como uma audiência competente.[42]

O fato de que não existam jogos de linguagem mutuamente ininteligíveis não contribui muito, por si só, para mostrar que as disputas entre racistas e antirracistas, democratas e fascistas podem ser decididas sem o recurso da força. Ambos os lados podem concordar que, embora entendam perfeitamente bem o que o outro diz, e partilhem opiniões entre si sobre a maioria dos assuntos (inclusive, talvez, o reconhecimento da contingência), não parece haver perspectiva de alcançar um acordo sobre a questão particular em pauta. Assim, ambos os lados concluem, enquanto tratam de sacar suas armas, que parece que vão ter de decidir isso na briga.

---

41 Ibidem, p. 152.

42 Desenvolvo um tanto esse ponto em "Putnam and the Relativist Menace" (*Journal of Philosophy*, v.90, sept. 1993). Aí eu argumento que tanto Putnam quanto eu temos a mesma ideia sobre o que vale como um bom argumento – isto é, um que satisfaça uma audiência de liberais molengas como nós mesmos –, e que minha concepção, mesmo sendo diferente da dele (por ser explicitamente etnocêntrica), não é mais "relativista" que a sua.

Minha resposta à questão de Wellmer acerca de se nossos "princípios democráticos e liberais definem apenas *um* jogo de linguagem política possível entre tantos" é "sim, se a força da questão é perguntar se há algo, na natureza do discurso, que destaque tal jogo como singular". Não consigo ver que outra força essa questão poderia ter, e penso que devemos nos contentar em dizer que nenhuma tese filosófica, seja sobre contingência, seja sobre verdade, faz algo de *decisivo* para a política democrática.

Por "decisivo" quero dizer fazer o que Apel e Habermas querem fazer: condenar o antidemocrata por autocontradição performativa. O máximo que uma insistência sobre a contingência pode fazer pela democracia é oferecer mais um ponto de discussão ao lado democrático da argumentação, do mesmo modo que a insistência em que (por exemplo) apenas a raça ariana está em sintonia com a natureza intrínseca e necessária das coisas oferece mais um ponto de discussão para o outro lado. Não consigo levar a sério esse último ponto, mas não acho que haja nada de contraditório na recusa nazista em me levar a sério. Talvez ambos tenhamos de sacar nossas armas.

A razão está unificada por pressupostos universalistas?

Diferentemente de Habermas, não acho que disciplinas como Filosofia, Linguística e Psicologia do desenvolvimento podem fazer muito pela política democrática. Vejo o desenvolvimento das convenções sociais nas quais tanto Habermas como eu nos comprazemos como um acidente da sorte. Contudo, eu ficaria feliz em pensar que estava errado acerca disso. Talvez o desenvolvimento gradual dessas convenções ilustre mesmo, como Habermas pensa, um padrão universal de desenvolvimento filo ou ontogenético, um padrão apreendido pela reconstrução de competências oferecida por várias ciências humanas, e ilustrada pela transição de sociedades "tradicionais" para sociedades modernas, "racionalizadas".[43]

Mas, diferentemente de Habermas, eu ficaria imperturbável se as ofertas atualmente feitas pelas ciências humanas fossem retiradas: se as ideias universalistas de Chomsky acerca da competência comunicativa fossem repudiadas por uma revolução conexionista na inteligência artificial,[44] se os resultados empíricos de Piaget e de Kohlberg se mostrassem irreproduzíveis, e assim por diante. Não vejo em que interesse se temos ou não, aqui, um padrão universal. Não me preocupo muito se a política democrática é a expressão de algo mais profundo, ou se ela expressa apenas algumas esperanças que saltaram, de lugar algum, para os cérebros de algumas pessoas notáveis (Sócrates, Cristo, Jefferson etc.), e que, por razões desconhecidas, tornaram-se populares.

---

43 Tendo a concordar com Vincent Descombes, no capítulo final de *The Barometer of Modern Reason* (Oxford: Oxford University Press, 1993), que a distinção de Weber é um uso maldoso, para benefício próprio, do termo "racional". Mas devo admitir que, se Chomsky, Kohlberg e os outros sobreviverem à crítica atual, suas alegações sugeririam que Weber tinha alguma razão.

44 Talvez valha a pena observar que um dos pressupostos da comunicação, que Habermas menciona – a atribuição de significados idênticos a certas expressões –, é posto em risco pelo argumento de Donald Davidson em "A Nice Derangement of Epitaphs", de que se pode ter competência linguística sem tal atribuição, e de que estratégias holísticas de interpretação, ditadas pelo princípio da caridade, tornam essas atribuições desnecessárias. O argumento de Davidson, de que não existe algo como uma maestria de linguagem, no sentido da internalização de um conjunto de convenções acerca do que significa o quê, combina com as críticas recentes, "conexionistas", do cognitivismo do MIT e, desse modo, do universalismo de Chomsky. Talvez o que Habermas quer dizer, com "atribuição de significados idênticos", seja simplesmente o que Davidson quer dizer com "ser caritativo", mas, se é esse o caso, então, uma vez que a caridade não é opcional, tampouco o é aquela atribuição. Ela é automática e ninguém poderia ser culpado por falhar em segui-la. Assim, ela não pode ser a base para uma acusação de autocontradição performativa.

Habermas e Apel pensam que um modo de ajudar a criar uma comunidade cosmopolita é estudar a natureza de algo chamado "racionalidade", de que todos os seres humanos partilham, algo já presente dentro deles, mas insuficientemente reconhecido. É por isso que os dois ficariam deprimidos se o apoio ao universalismo, aparentemente oferecido por estudos empíricos como os de Chomsky e Kohlberg, fosse, ao longo do tempo, retirado. Mas suponha-se que se diga que tudo que a racionalidade significa – tudo o que separa os seres humanos de outras espécies animais – é a habilidade de usar a linguagem e assim ter crenças e desejos. Parece plausível acrescentar que não há mais razão para esperar que todos os organismos, que partilham dessa habilidade, formem uma única comunidade de justificação, do que para esperar que todos os organismos capazes de andar longas distâncias, ou de permanecer monógamos, ou de digerir verduras, formem tal comunidade. Não se espera que uma comunidade única de justificação seja criada pela habilidade para comunicar-se. Pois a habilidade para usar a linguagem é, do mesmo modo que o polegar preênsil, apenas mais um recurso que os organismos desenvolveram para aumentar suas chances de sobrevivência.

Se combinarmos esse ponto de vista darwiniano com a atitude holista diante da intencionalidade e do uso da linguagem encontrados em Wittgenstein e Davidson, podemos dizer que não há nenhum uso de lingagem sem justificação, nenhuma habilidade para crer sem uma habilidade para argumentar sobre que crenças ter. Mas isso não é dizer que a habilidade para usar a linguagem, para ter crenças e desejos, envolve um desejo de justificar as nossas crenças perante todo organismo usuário de linguagem que encontremos. Não é qualquer usuário de linguagem que apareça no caminho que será tratado como membro de uma audiência competente. Ao contrário, os seres humanos geralmente dividem-se em comunidades de justificação mutuamente suspeitas, umas em relação às outras (*não*

Verdade, universalidade e política democrática

mutuamente ininteligíveis) – grupos mutuamente excludentes –, a depender da presença ou ausência de suficiente coincidência no que diz respeito a crenças e desejos. Isso é assim porque a principal fonte de conflito entre comunidades humanas é a crença de que não tenho nenhuma razão para justificar minhas crenças para você, e nenhuma para descobrir que crenças alternativas você pode ter, porque você é (por exemplo) um infiel, um estrangeiro, uma mulher, uma criança, um escravo, um pervertido, ou um intocável. Em resumo, você não é "um de nós", um dos seres humanos *de verdade*, o *paradigma* dos seres humanos, aqueles cujas pessoas e opiniões devam ser tratadas com respeito.

A tradição filosófica tem tentado costurar comunidades excludentes umas às outras, dizendo: há mais coincidências entre infiéis e crentes verdadeiros, senhores e escravos, homens e mulheres, que se poderia pensar. Pois, como disse Aristóteles, todos os seres humanos, por natureza, desejam conhecer. Esse desejo os reúne numa comunidade universal de justificação. Para um pragmatista, no entanto, esse dito aristotélico parece completamente enganoso. Ele reúne três coisas diferentes: a necessidade de tornar nossas crenças coerentes, a necessidade do respeito de nossos semelhantes (*peers*) e a curiosidade. Nós, pragmatistas, achamos que a razão para as pessoas tentarem tornar suas crenças coerentes não é que elas amam a verdade, é que elas não podem deixar de fazê-lo. Nossas mentes não suportam mais a incoerência do que nossos cérebros podem suportar qualquer desequilíbrio neuroquímico que seja o correlato fisiológico de tal incoerência. Do mesmo modo que nossas redes neurais são, presumivelmente, tanto constrangidas como em parte construídas por algo como os algoritmos usados no processamento distribuído e paralelo de informações, por programadores de computador, também nossas mentes são forçadas (e em parte construídas) pela necessidade de amarrar nossas crenças e desejos num todo razoavelmente compreen

Filosofia, racionalidade, democracia

sível.[45] É por isso que não podemos "desejar crer" – crer no que quisermos –, independentemente do resto em que acreditamos. É por isso, por exemplo, que nós temos tanta dificuldade em manter nossas crenças religiosas num compartimento, separadas das científicas, bem como em separar nosso respeito pelas instituições democráticas de nosso desprezo por tantos (mesmo a maioria) de nossos co-eleitores.

A necessidade de tornar nossas crenças coerentes é, por razões familiares a Hegel, Mead e Davidson, inseparável da necessidade do respeito de nossos semelhantes. Temos tanta dificuldade de tolerar o pensamento de que todos, menos nós, estão errados, quanto de tolerar o pensamento de que cremos que p e que não-p. Necessitamos do respeito de nossos semelhantes porque não podemos confiar nas nossas próprias crenças, nem manter nosso respeito por nós mesmos, a menos que estejamos bastante certos de que nossos interlocutores concordam entre si sobre proposições como "Ele não é louco", "Ele é um de nós", "Ele pode ter crenças estranhas, sobre certos tópicos, mas ele é basicamente são", e assim por diante.

Essa interpenetração da necessidade de tornar nossas crenças coerentes entre si, e da necessidade de tornar nossas próprias crenças coerentes com a de nossos semelhantes, resulta do fato de que, como disse Wittgenstein, para imaginar uma forma de vida humana, temos de imaginar concordância de

---

45 A noção do MIT, associada a Chomsky e a Fodor, de "competência comunicativa", tem sido gradualmente deslocada, no interior do campo da inteligência artificial, pela concepção "conexionista", preferida por aqueles que veem o cérebro como não contendo nenhum fluxograma duro, do tipo elaborado pelos "cognitivistas". Os conexionistas insistem que as únicas estruturas biologicamente universais, a serem encontradas no cérebro, são as que não podem ser descritas em termos de fluxogramas rotulados com os nomes de "espécies naturais" de coisas e palavras. Assim, a noção de "competência comunicativa", como algo comum a todas as comunidades linguísticas humanas, é abandonada, em benefício da noção de "conexões neurais suficientes para permitir ao organismo tornar-se um usuário de linguagem".

Verdade, universalidade e política democrática

juízos tanto quanto de significados. Davidson oferece as considerações que sustentam o dito de Wittgenstein quando diz: "A fonte última, tanto da objetividade como da comunicação, é o triângulo que, pondo em relação o falante, o intérprete e o mundo, determina os conteúdos do pensamento e da fala".[46] Você não saberia em que crê, nem teria nenhuma crença, a menos que sua crença tivesse um lugar numa rede de crenças e desejos. Mas tal rede não existiria se você e outros não pudessem casar aspectos do seu ambiente não humano com o assentimento às coisas que você diz (*utterances*) por parte de outros usuários de linguagem, coisas que você diz causadas por aqueles mencionados aspectos.

A diferença entre o uso que Davidson gostaria de fazer (e eu também) da compreensão, de Hegel e Mead, de que nossos eus são completamente dialógicos – que não há um núcleo privado sobre o qual ele se construa –, e o uso que Apel e Habermas fazem dessa mesma compreensão, pode ser exposta olhando-se para as sentenças que vêm imediatamente depois da que acabei de citar de Davidson: "Dada essa fonte", diz Davidson, "não há espaço para um conceito relativizado de verdade".

O argumento de Davidson é que o único tipo de filósofo que tomaria seriamente a ideia de que a verdade é relativa ao contexto e, particularmente, a uma escolha entre comunidades humanas, é o filósofo que pensa que pode contrastar "estar em contato com uma comunidade humana" com "estar em contato com a realidade". Mas o argumento de Davidson, acerca de não haver linguagem sem triangulação significa que você não pode ter nenhuma linguagem, nem crenças, sem estar em contato tanto com uma comunidade humana como com a realidade não humana. Não há possibilidade de concordância sem verdade, nem de verdade sem concordância.

---

46 DAVIDSON, Donald. The Structure and Content of Truth. *Journal of Philosophy*, v.87, p.325, 1990.

Filosofia, racionalidade, democracia

A maior parte de nossas crenças deve ser verdadeira, diz Davidson, porque a atribuição, a uma pessoa, de crenças predominantemente falsas significaria que traduzimos erradamente os sinais e ruídos da pessoa, ou que ela não tinha de fato crença nenhuma, não estava de fato falando uma linguagem. A maior parte de nossas crenças deve ser justificada, aos olhos de nossos semelhantes, por uma razão similar: se elas não fossem justificadas – se nossos semelhantes não nos pudessem atribuir uma rede amplamente coerente de crenças e desejos –, eles teriam de concluir que nos entenderam erroneamente, ou que nós não falamos a língua deles. Coerência, verdade e comunidade andam juntas não porque a verdade deve ser definida em termos de coerência em vez de correspondência, em termos de prática social em vez de trato com as forças não humanas. Andam juntas simplesmente porque atribuir uma crença é automaticamente atribuir-lhe um lugar num conjunto amplamente coerente de crenças predominantemente verdadeiras.

Mas dizer que não há contato com a realidade, via crença e desejo, a menos que haja uma comunidade de falantes, não é ainda dizer nada acerca do tipo de comunidade que está em questão. Uma comunidade radicalmente excludente – composta somente por sacerdotes, nobres, pelo gênero masculino ou pelos brancos – é tão boa quanto qualquer outro tipo de comunidade, para os propósitos davidsonianos. Essa é a diferença entre o que Davidson pensa que você pode tirar da reflexão sobre a natureza do discurso, e o que Apel e Habermas pensam do projeto includente – um argumento que diz que as pessoas que resistem a esse projeto estão se envolvendo em autocontradição performativa.

Por contraste, Davidson pensa que qualquer comunidade de justificação servirá para fazer de você um usuário de linguagem e alguém que tem crenças, não importando quão "distorcida" Apel e Habermas possam julgar ser a comunicação no interior dela. Do ponto de vista de Davidson, a filosofia da linguagem se esgota antes de alcançarmos os imperativos morais que constituem a "ética do discurso" de Apel e Habermas.

Apel e Habermas reúnem a necessidade de coerência e de justificação que é requerida para se fazer qualquer uso da linguagem, e o compromisso com o que eles chamam de "validade universal", um compromisso que só pode ser seguido, consistentemente, se se visa ao tipo de comunicação livre de dominação, que é impossível enquanto existirem comunidades humanas que permaneçam excludentes. Davidson e eu não temos nenhum uso para a alegação de que qualquer ação comunicativa contém uma alegação de validade universal, porque esse assim chamado pressuposto parece-nos não ter nenhum papel na explicação do comportamento linguístico.

Tem, certamente, um papel na explicação do comportamento linguístico – e não só – de uma pequena minoria de seres humanos: os que pertencem à tradição liberal, universalista, includente, do esclarecimento europeu. Mas essa tradição, à qual Davidson e eu estamos tão ligados quanto Apel e Habermas, não obtém nenhum respaldo da reflexão sobre o discurso como tal. Nós, usuários de linguagem, que pertencemos a essa tradição minoritária, somos moralmente superiores aos que não pertencem a ela, mas esses que não pertencem não são menos coerentes em seu uso da linguagem.

Apel e Habermas invocam a pressuposição de uma validade universal para passar, de um compromisso com justificação, para a disposição de submeter nossas crenças à inspeção de todo e qualquer usuário de linguagem – mesmo um escravo, um negro ou uma mulher. Eles veem o desejo de verdade representado como desejo de alegar validade universal, como desejo de justificação universal. Mas, como entendo, eles estão inferindo, incorretamente, de "Você não pode usar a linguagem sem invocar um consenso no interior de uma comunidade de outros usuários de linguagem" e de "Você não pode usar a linguagem, consistentemente, sem ampliar aquela comunidade, para incluir todos os usuários de linguagem".

Filosofia, racionalidade, democracia

Como considero inválida essa inferência, penso que a única coisa que pode ter o papel atribuído, por Aristóteles, Peirce, Apel e Habermas, ao desejo de conhecimento (e assim ao desejo de verdade) é a *curiosidade*. Uso esse termo para significar o anseio de expandir nossos horizontes de investigação – em todas as áreas, tanto da ética quanto da lógica e da física –, de modo que abranja novos dados, novas hipóteses, novas terminologias etc. Esse anseio leva, na sua esteira, o cosmopolitismo e a política democrática. Quanto mais curiosidade você tem, tanto mais interesse você terá em falar com estrangeiros, infiéis e qualquer um que alegue conhecer algo que você não conhece, ter ideias que você ainda não teve.

Comunicar ou educar?

Se alguém vê tanto o desejo quanto a posse da verdade e da justificação como inseparáveis do uso da linguagem, e ainda resiste ao pensamento de que esse desejo pode ser usado para condenar, por autocontradição performativa, os membros de comunidades humanas excludentes, então esse alguém verá as comunidades includentes como estando baseadas em desenvolvimentos humanos contingentes, tais como a curiosidade inquieta (do tipo de gente excêntrica a que chamamos de "intelectuais"); o desejo de casamentos para além das fronteiras, tribais ou de casta, produzido por obsessão erótica; a necessidade de comércio além de tais fronteiras, decorrente da falta de (por exemplo) sal ou ouro no próprio território; a posse de suficiente riqueza, segurança, educação e independência, de modo que seu autorrespeito não dependa mais de pertencer a uma comunidade excludente (de você *não* ser um infiel, um escravo ou uma mulher) etc. A crescente comunicação entre comunidades anteriormente excludentes, produzida por tais desenvolvimentos humanos, contingentes, pode gradualmente *criar* a

Verdade, universalidade e política democrática

universalidade, mas não consigo ver nenhum sentido em reconhecer uma universalidade como previamente existente.

Filósofos como Habermas preocupam-se com o tom anti-iluminista das concepções que chamam de "contextualistas". Eles reconhecem que a justificação é uma noção obviamente relativa ao contexto – justificamos algo perante uma dada audiência, e a mesma justificação não funcionará para todas as audiências. Eles, então, inferem que pôr a verdade de lado, em favor da justificação, colocará em perigo o ideal da fraternidade humana. Habermas considera o contextualismo "apenas o avesso do logocentrismo".[47] Ele vê os contextualistas como metafísicos negativos, entusiasmados com a diversidade, e diz que "A prioridade metafísica da unidade sobre a pluralidade, e a prioridade contextualista, da pluralidade, com relação à unidade, são cúmplices secretos".[48]

Concordo com Habermas que é tão sem sentido premiar a diversidade quanto premiar a unidade, mas discordo de sua alegação de que podemos usar a pragmática da comunicação para fazer o trabalho que os metafísicos tinham esperança de realizar apelando para o uno plotiniano, ou para a estrutura transcendental da autoconsciência. Minhas razões para esse desacordo são as oferecidas por Walzer, MacCarthy, Ben-Habib, Wellmer e outros – razões muito bem sumarizadas num artigo de Michael Kelly.[49] Habermas argumenta a favor da tese de que

a unidade da razão permanece perceptível apenas na pluralidade de suas vozes, como a possibilidade, em princípio, de passar de uma linguagem a outra, uma passagem que, não importa quão rara, é ainda compreensível. Essa possibilidade de entendimento

---

47 HABERMAS, J. *Postmetaphysical Thinking*, p.50.
48 Ibidem, p.116-7.
49 "MacIntyre, Habermas and Philosophical Ethics". In: KELLY, M. (Ed.) *Hermeneutics and Critical Theory in Ethics and Politics*. Cambridge: MIT Press, 1990.

mútuo, que está agora garantida apenas procedimentalmente, e está realizada apenas transitoriamente, forma o pano de fundo para a diversidade existente daqueles que encontram uns aos outros – mesmo quando não conseguem entender uns aos outros.[50]

Concordo com Habermas – contra Lyotard, Foucault e outros – quando diz que não há linguagens incomensuráveis, que qualquer linguagem pode ser aprendida por quem é capaz de aprender uma outra linguagem qualquer, e que Davidson está certo em denunciar a própria ideia de um esquema conceitual. Mas discordo dele acerca da relevância desse argumento para a utilidade das ideias de "validade universal" e "verdade objetiva".

Habermas diz que "o que o falante, aqui e agora, num dado contexto, afirma como válido, transcende, de *acordo com o sentido de sua alegação*, todos os padrões de validade dependentes de contexto e meramente locais.[51] Como disse acima, não consigo ver o que "transcende" significa aqui. Se significa que ele está alegando dizer algo verdadeiro, então a questão é se faz qualquer diferença você dizer que a sentença S é verdadeira, ou simplesmente oferecer uma justificação para ela dizendo "aqui estão minhas razões para acreditar em S". Habermas pensa que há uma diferença porque acha que, quando você afirma S, alega uma verdade, você alega representar o real, e essa realidade transcende o contexto. "Com o conceito de realidade, ao qual toda representação necessariamente se refere, pressupomos algo transcendente."[52]

Habermas tende a assumir que alegações de verdade são alegações de representar com exatidão, e tende a suspeitar de todos os que, como Davidson e eu próprio, desistem da noção de representação linguística. Ele acompanha Sellars em ser coerentista, em vez de cético ou fundacionista, mas é ambíguo

---

50 HABERMAS, J. *Postmetaphysical Thinking*, p.117.
51 Ibidem, p.47.
52 Ibidem, p.103.

acerca do passo, que quero dar, do coerentismo ao antirrepresentacionismo. Ele elogia Peirce e Saussure, porque Peirce examina as "expressões, do ponto de vista de sua possível verdade *e*, ao mesmo tempo, do ponto de vista de sua comunicabilidade". Ele prossegue dizendo que,

> da perspectiva de sua capacidade para ser verdadeira, uma sentença assertórica está numa relação epistêmica com algo no mundo – ela representa um estado de coisas. Ao mesmo tempo, da perspectiva de seu emprego num ato comunicativo, ela é adequada à transmissão de informação.[53]

Minha própria opinião, que tomo de Davidson, é que você pode desistir da noção de uma "relação epistêmica com algo no mundo", e contar simplesmente com as relações causais ordinárias, que vinculam expressões (*utterances*) aos ambientes dos que se expressam. A ideia de representação, nessa visão, não acrescenta nada à noção de "participar da prática discursiva de justificar suas próprias asserções".

Habermas acha que Putnam, como ele próprio, defende uma terceira posição, contra a metafísica da unidade, de um lado, e contra os entusiastas da incomensurabilidade, de outro. Ele define essa terceira posição como "o humanismo daqueles que continuam a tradição kantiana, pela busca de usar a filosofia da linguagem para salvar um conceito de razão, que é cético e pós-metafísico".[54] Putnam e Habermas ofereceram críticas semelhantes da minha tentativa de abandonar um conceito especificamente epistêmico de razão – o conceito segundo o qual só se é racional se se tenta representar a realidade com exatidão –, e de substituí-lo pelo ideal puramente moral da solidariedade. Minha discordância central com Habermas e Putnam tem a ver com a questão de se as ideias reguladoras, de "comunicação

---

53 Ibidem, p.89-90.
54 Ibidem, p.116.

não distorcida" ou "representação acurada da realidade", podem fazer mais pelos ideais da Revolução Francesa que a noção de "justificação", simples e dependente de contexto.

Algumas pessoas preocupam-se em defender suas asserções para apenas umas poucas pessoas, e algumas se preocupam, ou dizem que se preocupam, em defender suas asserções diante de todo mundo. Não estou pensando aqui na distinção entre o discurso especializado e técnico e o discurso não técnico. Em vez disso, a distinção que quero é aquela entre pessoas que ficariam alegres em tentar defender suas opiniões perante todas que têm certos atributos – por exemplo, devoção aos ideais da Revolução Francesa, ou pertencimento à raça ariana –, e aqueles que dizem que querem justificar o que pensam perante todo usuário de linguagem existente e possível.

Há certamente pessoas que dizem que essa última posição é a que querem, mas não estou certo de que estão realmente falando sério. Querem justificar seus pontos de vista diante de usuários de linguagem que tenham quatro anos de idade? Bem, talvez elas queiram, no sentido de que gostariam de educar essas crianças até elas poderem apreciar os argumentos pró e contra os pontos de vista em questão. Elas querem justificá-las diante de nazistas inteligentes, mas já convencidos, pessoas que creem que a primeira coisa a descobrir é se a visão em discussão está tingida pela ancestralidade judia de seus inventores ou proponentes. Bem, talvez elas o queiram no sentido de que gostariam de converter esses nazistas em pessoas que têm dúvidas sobre a conveniência de uma Europa sem judeus, e sobre a infalibilidade de Hitler, portanto, têm uma certa disposição para ouvir argumentos em favor de posições associadas a pensadores judeus. Mas, em ambos os casos, o que elas querem me parece poder ser mais bem descrito não como querer justificar suas opiniões perante todo mundo, mas como querer criar uma audiência diante da qual teriam uma justa oportunidade de justificar sua posição.

Permitam-me usar a distinção entre *argumentar* com as pessoas e *educar* as pessoas, a fim de formular a distinção que acabei

Verdade, universalidade e política democrática

de fazer acima: a distinção entre agir segundo o suposto de que as pessoas seguirão seus argumentos, e saber que elas não podem fazer isso, mas tendo a esperança de modificá-las para que possam. Se toda educação fosse uma questão de argumentação, essa distinção não se sustentaria. Mas, a menos que ampliemos o termo "argumento" a ponto de ele se tornar irreconhecível, uma grande parte da educação não o é. Em particular, uma grande parte dela apela simplesmente ao sentimento. A distinção entre esse apelo e a argumentação é confusa, mas entendo que ninguém diria que fazer um nazista não regenerado assistir a filmes sobre a abertura de campos de concentração, ou fazê-lo ler *O diário de Anne Frank*, vale como argumentar com ela.

Pessoas como Habermas e eu próprio prezam tanto o ideal da fraternidade humana quanto a meta do acesso universal à educação. Quando nos perguntam que tipo de educação temos em mente, frequentemente dizemos que é uma educação para pensar criticamente, para a habilidade de discutir os prós e contras de qualquer posição. Opomos o pensar criticamente à ideologia, e dizemos que somos contra uma educação ideológica, do tipo que os nazistas impuseram à juventude alemã. Mas com isso ficamos à mercê da sugestão depreciativa de Nietzsche, de que estamos simplesmente inculcando nossa própria ideologia, a ideologia do que ele chamou de "socratismo". A pendência, entre mim e Habermas, resume-se a uma discordância acerca do que dizer a Nietzsche nesse ponto.

Eu responderia a Nietzsche que não existe um modo não local, não contextual, de traçar a distinção entre educação ideológica e educação não ideológica, porque não há nada, no meu uso da palavra "razão", que não possa ser substituído por "o modo como nós, liberais moles, ocidentais, herdeiros de Sócrates e da Revolução Francesa, nos conduzimos". Concordo com MacIntyre e Michael Kelly que todo raciocinar (*reasonning*), tanto em física como em ética, está vinculado a uma tradição.

Habermas pensa que essa é uma concessão desnecessária e, mais genericamente, que meu alegre etnocentrismo pode ser evitado por uma compreensão exata do que chama de "a estrutura simétrica das perspectivas implícitas em toda situação de fala".[55] Assim, a pendência entre mim e Habermas chega a um ápice, quando ele enfrenta minha sugestão de que abandonemos as noções de racionalidade e de objetividade e, em vez disso, discutamos apenas o tipo de comunidade que queremos criar. Ele parafraseia essa sugestão, dizendo que quero tratar "a aspiração à objetividade" como "simplesmente o desejo de tanta concordância intersubjetiva quanto seja possível, ou seja, o desejo de expandir o referente 'para nós', na extensão maior possível". Ele então parafraseia uma das objeções de Putnam a mim, perguntando:

> Podemos explicar a possibilidade da crítica e da autocrítica, de práticas de justificação estabelecidas, se não tomamos seriamente a ideia da expansão de nosso horizonte interpretado *como uma ideia*, e se não conectarmos essa ideia com a intersubjetividade de uma concordância, que permite precisamente a distinção entre o que é corrente "para nós" e o que é corrente "para eles"?[56]

Habermas amplia seu argumento dizendo:

> A fusão de horizontes interpretativos ... não significa uma assimilação a "nós". Em vez disso, deve significar uma convergência, movida pelo aprendizado, de "nossa" perspectiva com a "deles" – não importando se "eles" ou "nós" ou ambos tivermos de reformular práticas estabelecidas de justificação, numa medida maior ou menor. Pois o próprio aprendizado não pertence a nós nem a eles; ambos os lados são envolvidos da mesma maneira. Mesmo nos mais difíceis processos para alcançar entendimento, todas as partes apelam para o ponto de referência comum de um consenso possível, mesmo se esse ponto de referência é projetado de dentro de seus próprios contextos. Pois, embora possam ser

---

55 Ibidem, p.117.
56 Ibidem, p.138.

interpretados de várias maneiras, e aplicados segundo critérios diferentes, conceitos como verdade, racionalidade ou justificação têm o *mesmo* papel gramatical em *cada* comunidade linguística.[57]

O cerne da discussão entre mim e Habermas, nesse campo, é uma discordância acerca de quanta ajuda a uma política democrática pode ser obtida do que Habermas aqui denomina de "gramática". Como disse antes, penso que tudo o que pode ser obtido da gramática de "verdadeiro" e de "racional" é o que podemos obter da gramática de uma ideia bastante tênue de "justificação". Essa ideia tênue significa pouco mais que usar meios não violentos para mudar a mente das pessoas.

Diferentemente de Foucault e de alguns outros, penso que é tão possível, quanto importante, preservar intacta a distinção, do senso comum, entre meios violentos e meios não violentos. Não acho que seja de alguma ajuda estender o termo "violência" tanto quanto Foucault estendeu. O que quer que estejamos fazendo quando fazemos os nazistas olharem imagens de sobreviventes de campos de concentração não é violência, não mais do que foi violência educar a Juventude Hitlerista para acreditar que os judeus eram vermes desprezíveis.

A inevitável imprecisão, na linha entre persuasão e violência, cria problemas, porém, quando chegamos à questão da educação, ficamos relutantes em dizer que os nazistas usaram de *persuasão* com a Juventude Hitlerista, desde quando temos dois critérios de persuasão. Um é simplesmente usar palavras, em vez de socos ou outras formas de pressão física. Podemos imaginar, com um pouco de distorção histórica, que, nesse sentido, apenas persuasão foi usada com a Juventude Hitlerista. O segundo critério de persuasão inclui abster-se de palavras como "Pare de fazer perguntas estúpidas sobre se não há alguns judeus bons, perguntas que me fazem duvidar de sua consciência

---

57 Ibidem, p.138.

e ascendência arianas, ou o Reich achará uma outra destinação para você!", e inclui não impor *Der Stürmer* para seus alunos.

Métodos não socráticos, deste último tipo, são os que Habermas diria que não respeitam as relações simétricas dos participantes no discurso. Habermas claramente acha que há alguma coisa, na gramática de "conceitos como verdade, racionalidade e justificação", que nos diz para não usarmos métodos desse tipo. Ele presumivelmente concederia que o uso daquelas palavras é uso de linguagem. Mas ele então acrescentaria que, simplesmente refletindo sobre o uso da linguagem, pode-se ver que se trata de um uso indevido, simplesmente refletindo sobre o que é a linguagem. É basicamente isso que ele faz. Imediatamente depois da passagem que citei acerca da gramática, ele diz:

> Todas as linguagens oferecem a possibilidade de distinguir entre o que é verdadeiro e o que dizemos que é verdadeiro. A suposição de um mundo objetivo comum faz parte da pragmática de todo uso linguístico particular. E os papéis de diálogo, em toda situação de fala, reforça a simetria nas perspectivas participantes.

Um pouco mais adiante, ele diz:

> A partir da possibilidade de alcançar linguisticamente o entendimento, podemos extrair um conceito de razão situada, que tem voz nas alegações de validade que são tanto dependentes de contexto quanto transcendentes.

Ele então cita Putnam com aprovação:

> A razão é, nesse sentido, tanto imanente (não sendo encontrada fora de jogos de linguagem e instituições concretos) e transcendente (uma ideia reguladora), que usamos para criticar a conduta de todas as atividades e instituições.[58]

---

58 Estas três últimas citações são do *Postmetaphysical Thinking*, p.138-9. A passagem de Putnam é da p.228 de seu *Reason, Truth and History*.

Verdade, universalidade e política democrática

Parece-me que a ideia reguladora que nós – liberais moles; nós, herdeiros do esclarecimento; nós, socráticos – mais frequentemente usamos para criticar a conduta de vários parceiros de conversação é a de que "é preciso educação, a fim de deixar para trás medos, ódios e superstições primitivos". Esse é o conceito que os exércitos aliados vitoriosos usaram, quando trataram de reeducar os cidadãos da Alemanha e do Japão ocupados. É também aquele que foi utilizado pelos professores norte-americanos, que tinham lido Dewey e estavam interessados em pôr seus alunos para pensar, "cientificamente" e "racionalmente", acerca de assuntos como a origem das espécies e o comportamento sexual (ou seja, fazê-los ler Darwin e Freud, sem nojo nem incredulidade). Trata-se um conceito que eu e a maioria dos norte-americanos que ensinam humanidades ou ciências sociais em faculdades e universidades invocamos quando temos de arrumar as coisas de modo que os estudantes, que chegam preconceituosos, homofóbicos e religiosos fundamentalistas, saiam da faculdade com posições mais parecidas com as nossas.

Qual é a relação dessa ideia com a ideia reguladora de "razão", que Putnam acredita ser transcendente e que Habermas acredita ser possível descobrir dentro da gramática de conceitos inelimináveis de nossa descrição do fazer asserções? A resposta a essa questão depende de quanto a reeducação de nazistas e fundamentalistas tem a ver com a fusão de horizontes interpretativos, e quanto tem a ver com a substituição de tais horizontes. Os pais fundamentalistas de nossos estudantes fundamentalistas pensam que o *Establishment* liberal americano" inteiro está engajado numa conspiração. Tivessem lido Habermas, essas pessoas diriam que a típica situação de comunicação nas salas de aula universitárias norte-americanas não é mais *herrschaftsfrei* [livre de dominação] que aquela nos acampamentos da juventude de Hitler.

Esses pais têm alguma razão. Essa razão é que nós, professores liberais, não nos sentimos mais em uma situação de comunicação simétrica, quando falamos com indivíduos precon-

153

ceituosos, que professores de jardim de infância quando falam com seus alunos. Tanto nas aulas de faculdade quanto nos jardins de infância, é igualmente difícil, para os professores, sentir que o que está ocorrendo é o que Habermas chama de

> convergência, posta em movimento pela aprendizagem, de 'nossa' perspectiva com a 'deles' – não importando se 'eles', ou 'nós'', ou ambos, temos de reformular práticas estabelecidas de justificação, em maior ou menor medida.[59]

Quando nós, professores norte-americanos, encontramos fundamentalistas religiosos, não encaramos a possibilidade de reformular nossas próprias práticas de justificação, de modo que dê mais peso, por exemplo, à autoridade das escrituras cristãs. Em vez disso, esforçamo-nos o mais possível para convencer esses estudantes dos benefícios da secularização. Nós passamos aos estudantes homofóbicos a tarefa de redigir relatos do que é crescer sendo um homossexual, pelas mesmas razões que professores alemães, no pós-guerra, passavam aos seus estudantes a tarefa de ler *O diário de Anne Frank*.

Putnam e Habermas podem acrescentar que nós, professores, nos esforçamos para ser socráticos, para fazer nosso trabalho de reeducação, secularização e liberalização por meio do diálogo. Isso é verdade até certo ponto, mas que dizer de passar livros como *Black boy, O diário de Anne Frank* e *Becoming a man*? Pais racistas ou fundamentalistas dizem que, numa sociedade verdadeiramente democrática, os estudantes não deveriam ser forçados a ler livros dessas pessoas – pessoas negras, pessoas judias, pessoas homossexuais. Reclamarão que tais livros estão sendo empurrados goela abaixo de seus filhos. Não vejo como responder a essa acusação sem dizer algo do tipo:

> Há credenciais que são exigidas para admissão à nossa sociedade democrática, credenciais que nós, liberais, temos tratado de tornar mais estritas, esforçando-nos para excomungar racistas,

---

59 *Postmetaphysical Thinking*, p. 138.

machos chauvinistas, indivíduos homófobos, e outros do tipo. Você tem de ser educado a fim de ser um cidadão de nossa sociedade, um participante de nossa *conversação*, alguém com quem podemos pretender fundir nossos horizontes. Assim, vamos continuar tentando desacreditar você aos olhos de seus filhos, tentando despir de dignidade sua comunidade religiosa fundamentalista, tentando fazer suas posições parecerem tolas, em vez de discutíveis. Nós não somos tão inclusivistas a ponto de tolerar seu tipo de intolerância.

Não tenho nenhuma dificuldade em oferecer essa réplica, desde que não pretendo fazer uma distinção entre educação e conversação com base em coisa alguma, exceto minha lealdade a uma comunidade particular, uma comunidade cujos interesses exigiram a reeducação da Juventude Hitlerista em 1945, e exigiram a reeducação dos estudantes preconceituosos, do estado da Virgínia, em 1993. Não vejo nada de *herrschaftsfrei* no meu modo de lidar com estudantes fundamentalistas. Em vez disso, penso que esses estudantes têm sorte de estar sob a *Herrschaft* [dominação] benevolente de gente como eu, e de terem escapado do domínio de seus aterrorizantes, perversos e perigosos pais. Mas penso que lidar com esses estudantes é um problema para Putnam e Habermas. Parece-me que sou tão provinciano e contextualista quanto os professores nazistas que faziam seus alunos lerem *Der Stürmer*. A única diferença é que sirvo a uma causa melhor. Venho de uma província melhor.

Naturalmente, reconheço que a comunicação livre de dominação é apenas um ideal regulador, nunca alcançado na prática. Mas a menos que um ideal regulador faça uma diferença para a prática, ele não vale muita coisa. Assim, pergunto: Há uma ética do discurso que me permita passar os livros que quero, mas não faz nenhuma referência às considerações locais e etnocêntricas que eu deveria citar, para justificar minhas práticas pedagógicas? Você pode obter essa ética a partir das noções de "razão, verdade e justificação", ou deve tratar de puxar a brasa para a sua sardinha? Posso invocar noções universalistas, na defesa de minha ação, tanto quanto noções locais?

Filosofia, racionalidade, democracia

Como MacIntyre, Ben-Habib, Kelly e outros, penso que você tem de contrabandear alguma "provincianidade" para dentro de seus universais antes que estes lhe possam trazer algum bem. Pensamos nisso pelo mesmo tipo de razões que Hegel pensava que você teria de infiltrar alguma "provincianidade" – alguma substância ética – antes de poder encontrar qualquer utilidade para a noção kantiana de "obrigação moral incondicional". Em particular, você tem de infiltrar uma regra do tipo "nenhuma contribuição possível, para uma conversação, pode ser rejeitada, simplesmente porque vem de alguém que tem algum atributo que pode variar independentemente de suas opiniões – um atributo como ser judeu, ou preto ou homossexual". Chamo essa regra de "provinciana" porque ela viola as intuições de muita gente de fora da província em que nós, herdeiros do esclarecimento, conduzimos as nossas instituições educacionais.[60] Viola o que eles descreveriam com suas intuições *morais*. Sou relutante em admitir que essas são intuições morais, e preferiria chamá-las de preconceitos revoltantes. Mas não acho que nada, na gramática dos termos "intuição moral" e "preconceito", nos ajude a alcançar uma concordância sobre esse ponto. Tampouco uma teoria da racionalidade o faria.

Precisamos de uma teoria da racionalidade?

Como observei, anteriormente, Habermas pensa que "o paradigma da filosofia da consciência exauriu-se", e também

---

60 Poder-se-ia tentar justificar essa regra derivando-a da regra de que só a razão deveria ter força. Se isso quer dizer que "só o argumento deveria ter força", então dever-se-ia encontrar algum sentido segundo o qual os argumentos baseados nas escrituras cristãs não seriam realmente argumentos. Mas será que a gramática de conceitos como "razão" realmente diz que a razão é distorcida quando se invoca a autoridade da Bíblia? Se é assim, ela também é distorcida por um *Bildungsroman*, que acende a piedade e a simpatia do leitor, contando-lhe o que significa descobrir, horrorizado, que você só pode amar membros do seu próprio sexo.

que "os sintomas de exaustão deveriam dissolver-se, com a transição ao paradigma do entendimento mútuo".[61] Minha posição é que a fecundidade dos tópicos que Max Weber sugeriu – modernidade e racionalidade – também se exauriu. Penso que os sintomas dessa exaustão se poderiam dissolver se parássemos de falar da transição da tradição para a racionalidade, se parássemos de nos preocupar com um retrocesso em relação à racionalidade, tornando-nos, em vez disso, relativistas ou etnocêntricos, e se parássemos de contrastar o que é dependente de contexto com o que é universal.

Isso significaria abandonar explicitamente a esperança de que a filosofia possa situar-se acima da política, bem como abandonar a pergunta inútil: "Como a filosofia pode encontrar premissas politicamente neutras, premissas que possam ser justificadas ante qualquer um, das quais possamos inferir uma obrigação de seguir uma política democrática?". Deixar de lado essa questão nos permitiria admitir que, na fórmula de Wellmer, "princípios liberais e democráticos definem apenas *uma* linguagem possível entre outras". Uma tal admissão estaria de acordo com a ideia, darwiniana, de que o projeto includente não está mais enraizado em algo mais amplo do que ele próprio, mais do que está, digamos, o projeto de substituir a escrita ideográfica pela alfabética, ou de representar três dimensões espaciais numa superfície bidimensional. Todas essas ideias foram boas, imensamente fecundas, mas nenhuma delas precisaria de uma sustentação universalista. Elas podem se sustentar sobre seus próprios pés.[62]

---

61 *The Philosophical Discourse of Modernity*, p.296.

62 Considere-se Vasari, sobre o movimento artístico que começou com Giotto, como algo análogo a Hegel sobre os movimentos includentes que se iniciaram quando a filosofia grega juntou-se com o igualitarismo cristão. A arte moderna nos treinou a ver o primeiro movimento como opcional, mas não como algo que teríamos qualquer razão para abandonar, agora que o temos. Considero que a filosofia pós-nietzschiana ajudou-nos a ver

Se abandonássemos a ideia de que a filosofia pode ser tanto politicamente neutra como politicamente relevante poderíamos começar por perguntar: "Dado que queremos ser sempre mais includentes, como deveria ser a retórica pública de nossa sociedade? Quão diferente ela deveria ser, com relação à retórica pública de sociedades anteriores?". A resposta implícita de Habermas a essa pergunta é que deveríamos nos agarrar a uma boa parte das ideias kantianas acerca da conexão entre universalidade e obrigação moral. Dewey, entretanto, se dispunha a afastar-se muito mais de Kant. Embora concordasse entusiasticamente com Habermas que o vocabulário político de Aristóteles era incapaz de apreender o espírito da política democrática, Dewey não gostava da distinção entre moralidade e prudência que Habermas acha essencial, e sobre esse ponto ele teria achado Aristóteles preferível.[63] Dewey achava que a noção kantiana de "obrigação incondicional", como a própria noção de incondicionalidade (e de universalidade, na medida em que essa ideia está implicitamente acompanhada pela ideia de necessidade incondicional),[64] não poderia sobreviver a Darwin.

---

que o segundo movimento foi opcional, embora sem ser algo que tenhamos qualquer razão para abandonar. "Opcional" aqui contrasta com "destinado", num sentido amplo de "destinado", que cobre a noção habermasiana acerca da tendência universalista do desenvolvimento filogenético.

63 Ver HABERMAS, J. *Moral Consciousness and Communicative Action*, p.206: "Em contraste com a posição neo-aristotélica, a ética do discurso opõe-se enfaticamente ao retorno a um estágio do pensamento filosófico anterior a Kant". O contexto torna claro que Habermas quer dizer que deveria ser errado desistir da distinção moralidade-prudência, que Kant fez e Aristóteles não.

64 Dewey poderia, naturalmente, ter aceito a distinção, de Goodman, entre necessidade nomológica e generalizações universais que são meramente acidentais, mas isso é porque Goodman faz da nomologicidade não um elemento do universo, mas da coerência do nosso vocabulário descritivo. (Ver a esse respeito o comentário de Davidson sobre Goodman: "Emeroses by Other Names".) A necessidade nomológica vale para coisas sob descrição, e não como em Kripke e Aristóteles, para as coisas *kath'auto*.

Verdade, universalidade e política democrática

Enquanto Habermas pensa que precisamos das "ciências reconstrutivas, destinadas a apreender competências universais", a fim de romper "o círculo hermenêutico em que as *Geisteswissenschaften* e as ciências sociais interpretativas estão aprisionadas",[65] Dewey não se sentia nada aprisionado. Isso porque não via necessidade de resolver a tensão entre faticidade e validade. Ele via essa tensão como uma ficção de filósofo, resultado de separar duas partes de uma situação por uma razão não boa (ou seja, não prática), e depois queixar-se de que não consegue reuni-las de novo. Para Dewey, todas as obrigações eram situacionais e condicionais.

Essa recusa em ser incondicional levou Dewey a ser acusado de "relativismo". Se "relativismo" significa apenas fracasso em encontrar um uso para a noção de "validade independente de contexto", então essa acusação estava inteiramente justificada. Mas nenhum caminho leva esse fracasso a uma incapacidade para engajar-se na política democrática, a menos que se pense que essa política nos exige negar que "princípios democráticos e liberais definem apenas um jogo de linguagem possível entre outros". A questão acerca da universalidade é, para Dewey, apenas a questão de se a política democrática pode partir de uma afirmação em vez de uma negação daquela alegação.

Não acho que possamos, falando de modernidade ou de razão, ir muito mais longe no debate dessa questão. A questão se Hegel deveria ter desenvolvido uma teoria da razão comunicativa, ou se deveria, em vez disso, ter abandonado inteiramente o tópico da razão, no interesse de uma variedade mais completa de historicismo, não vai ser resolvida por um exame, mais de perto, da gramática de palavras como "verdadeiro", "racional" e "argumento". Tampouco vai ser resolvida a questão se filósofos, como Annette Baier, estão corretos em sugerir que ponhamos Kant de lado e voltemos à tentativa, de Hume, de

---

65 HABERMAS, J. *Moral Consciousness and Communicative Action*, p.118.

descrever a razão em termos de sentimento condicionado, em vez de em termos de obrigação condicional.[66]

Mas embora não precisemos (se estou certo) de uma teoria da racionalidade, precisamos, sim, de uma narrativa de maturação. O desacordo mais profundo entre mim e Habermas pode ser sobre se a distinção entre o incondicional e o condicional, em geral, e a distinção entre moral e prudência, em particular, é uma marca de maturidade ou um estágio de transição no caminho para a maturidade. Um dos muitos pontos em que Dewey concordava com Nietzsche era essa segunda opção. Dewey pensava que o desejo de universalidade, incondicionalidade e necessidade era indesejável, porque conduzia para longe dos problemas práticos da política democrática, para uma terra do nunca da teoria. Kant e Habermas pensam que é um desejo desejável, um que se tem quando se atinge o mais alto nível de desenvolvimento moral.[67]

---

66 Baier descreve Hume como "o filósofo moral das mulheres", porque seu tratamento da moral facilita sua sugestão de substituir "obrigação" por "confiança apropriada" como a noção moral básica. Em "Human Rights, Racionality and Sentimentality", reimpresso em meu *Truth and Progress* (Cambridge: Cambridge University Press, 1998), discuto a noção de Baier, em conexão com minha alegação (reiterada no presente texto) de que deveríamos tratar de criar, em vez de pressupor, a universalidade.

67 Um outro aspecto dessas duas diferentes histórias, acerca de maturação, são as diferentes atitudes que elas fomentam em relação à discussão entre Sócrates e os sofistas, e mais genericamente em relação à distinção entre *argumento* e modos de persuasão, que descrevi como "educativos" na seção anterior. Apel (*Diskurs und Verantwortung*, p.353n) diz que uma das muitas coisas erradas com o tipo de posição comum a Gadammer, Rorty e Derrida é que a despreocupação desses homens acerca da "Unterschied zwischen den argumentativen Diskurs, und, anderseits, dem 'Diskurs' im Sinne von Verhandlungen, Propaganda, oder auch von poetischer Fiktion nicht mehr zu erkennen bzw, anzuerkennen vermögen". Apel prossegue dizendo que aquela atitude marca "o fim da filosofia". A mim me parece que marca um estágio no desenvolvimento da filosofia – um passo para longe da adoração do poder, adoração envolvida na ideia

Tenho tentado mostrar como podem ser vistas as coisas, quando se põe a política democrática no contexto da narrativa deweyana de maturação. Não posso oferecer nada nem remotamente próximo de um argumento decisivo, baseado em premissas aceitas em comum, para essa narrativa. O melhor que eu poderia fazer, no sentido de uma defesa maior de minha posição, seria contar uma história mais completa, abrangendo mais tópicos, a fim de mostrar como pode ser vista a filosofia europeia pós-nietzschiana por um ângulo deweyano, em vez de por um ângulo universalista. (Isso é algo que tenho tentado fazer, aos poucos, em outros lugares.) Penso que as narrativas são um meio perfeitamente razoável de persuasão, e que *O discurso filosófico da modernidade*, de Habermas, e *A busca da certeza*, de Dewey, são ambos ilustrações admiráveis do poder das narrativas de maturação.

Minhas razões para preferir a narrativa de Dewey não são que eu penso que Dewey apreendeu a verdade e a racionalidade corretamente, e que Habermas as apreendeu de modo errado. Penso que não há nada aqui para ser apreendido, correta ou erroneamente. Nesse nível de abstração, conceitos como verdade, racionalidade e maturidade estão disponíveis para uso de qualquer um. A única coisa que interessa é qual maneira de dar-lhes outra forma os tornará, no longo prazo, mais úteis à política democrática. Conceitos são, como Wittgenstein nos

---

de que há um poder chamado "razão", que virá lhe ajudar se você seguir o exemplo de Sócrates e tornar explícitas suas definições e premissas. Como um deweyano contaria a história, a ideia da filosofia como uma *strenge Wissenschaft*, como uma busca por conhecimento, é em si um sintoma de imaturidade; e os sofistas não estavam totalmente errados. As acusações recíprocas de imaturidade, com as quais Apel e eu provocamos um ao outro, podem facilmente parecer baratas e vazias, mas elas realmente expressam convicções profundas de ambos os lados, convicções acerca de como seria a utopia e, portanto, acerca do que é exigido para progredir na sua direção.

ensinou, usos de palavras. Os filósofos têm, há muito tempo, tentado entender os conceitos, mas a questão é transformá-los, de modo que faça com que sirvam melhor a nossos propósitos. A linguistificação dos conceitos kantianos por Habermas, Apel, Putnam e Wellmer é uma sugestão de como tornar esses conceitos mais úteis. O naturalismo total, de Dewey e Davidson, é uma sugestão alternativa.

A virada pragmática de Richard Rorty
(Contextualismo, razão e naturalização)

Jürgen Habermas

Em "Trotsky e as orquídeas selvagens", Richard Rorty lança um olhar retrospectivo romântico sobre seu desenvolvimento como filósofo.[1] Usando a forma de uma "narrativa de maturação", ele apresenta seu desenvolvimento intelectual como um progressivo distanciar-se de seu sonho adolescente de fundir numa só imagem a beleza extraordinária das orquídeas selvagens e a libertação do sofrimento profano de uma sociedade explorada: o desejo de "segurar a realidade e a justiça numa visão única" (Yeats). O pano de fundo existencial do neopragmatismo de Rorty é sua revolta contra as falsas promessas da filosofia: a filosofia que pretende ser capaz de satisfazer necessidades estéticas e morais ao satisfazer necessidades teóricas.

---

1 RORTY, R. Trotsky and the Wild Orchids. *Common Knowledge* 3, p.140-53, 1992.

Muito tempo atrás, a metafísica queria instruir seus alunos em exercícios espirituais envolvendo uma purificadora contemplação do bem no belo. Mas o juvenil Rorty, que se deixou encher de entusiasmo por Platão, Aristóteles e Tomás de Aquino, vai penosamente chegar a perceber que a perspectiva de um contato com a realidade do extraordinário, oferecido pela teoria (um contato ao mesmo tempo *desejável* e *reconciliador*), embora possivelmente atingível nas formas mais definidas da oração, não pode ser realizado pelo caminho da filosofia. Como resultado, Rorty lembra-se então de Dewey – desdenhado por McKeon, Leo Strauss e Mortimer Adler –, que ainda não havia sido completamente esquecido na Chicago dos anos 1940. A compreensão de que a realidade cotidiana não esconde nenhuma realidade superior, nenhum reino do ser em si a ser extaticamente desvelado, e de que as práticas cotidianas não dão espaço para uma visão *redentora*, cura o agora refreado Rorty de seu mal platônico. De todo modo, a memória da visão exótica e do cheiro inebriante das orquídeas selvagens, nas montanhas de sua infância no noroeste de Nova Jersey, não pôde ser inteiramente apagada.

É aproximadamente desse modo, em termos de sua própria história de vida, que Rorty hoje nos explica os motivos de sua visão da dupla dominância de Dewey e de Heidegger desenvolvida em *Contingência, ironia e solidariedade*. Estranhamente, porém, sua apresentação não contém nenhuma referência ao papel dominante de Wittgenstein, o terceiro partido dessa aliança. O relato de Rorty, das experiências de seu próprio desenvolvimento filosófico, interrompe-se com sua leitura de Hegel, nos seus últimos dias de estudante em Yale, quando seu trabalho como um filósofo profissional estava para começar. Sua formação em filosofia analítica, com seu professor Wilfrid Sellars, sua convicção básica da verdade do fisicalismo, sua bem-sucedida carreira como um jovem filósofo analítico – esses passos de seu desenvolvimento não são absolutamente mencionados. Entretanto, somente sua ambivalência para com a tradição da filosofia analítica – a única tradição em cuja linguagem Rorty aprendeu a discutir, e no uso da qual ele continua a explanar brilhantemente seus excitantes ensinamentos – pode explicar por que ele atribui uma significação culturalmente crítica à sua virada antiplatônica, uma significação que supostamente se estende muito além de sua própria pessoa e de sua troca pessoal de filiação filosófica.

Tratarei resumidamente de sua motivação para um tipo de filosofar que quer despedir-se de si mesmo como tal, antes de me prender à discussão da justificativa da própria concepção neopragmatista. Da radicalização pragmatista da virada linguística, Rorty obtém uma compreensão não realista do conhecimento. A fim de testar se ele radicaliza a virada linguística da maneira certa, compararei então a abordagem contextualista com a dúvida epistemológica do cético moderno. Fazendo isso, recordarei um problema que sempre esteve ligado às concepções coerentistas da verdade: o problema de como a verdade será distinguida da aceitação racional. Na resposta a essa questão se encontra uma separação de caminhos filosóficos. Enquanto Rorty identifica verdade e justificação, em detrimento das intuições realistas do cotidiano, outros tentam levar em conta essas intuições, mesmo no interior do paradigma linguístico, quer com a ajuda de uma estratégia deflacionária no que diz respeito ao problema da verdade, quer por meio de uma idealização do próprio processo de justificação. De um lado, argumentarei contra a estratégia deflacionária que se apoia numa concepção semântica da verdade, enfatizando, em vez disso, as vantagens de um ponto de vista pragmatista. De outro, novamente de uma perspectiva pragmatista, criticarei uma espécie de epistemização da ideia de verdade que eu próprio anteriormente propus. Ao fazer isso, desenvolverei uma alternativa à liquidação de alegações incondicionais de verdade. É essa liquidação que acabou por obrigar Rorty a operar uma naturalização problemática da razão linguística – ou, em todo caso, uma naturalização que conduz a outros problemas.

Um antiplatônico platonicamente motivado

Richard Rorty é um dos mais notáveis filósofos analíticos, que consistentemente argumenta de um modo informado e astuto. Mas seu programa para uma filosofia que deve livrar-se de toda filosofia parece decorrer mais da melancolia de um desapontamento metafísico, impulsionado por acicates nominalistas, que da autocrítica de um filósofo analítico esclarecido que deseja completar a virada linguística de uma maneira pragmatista. Em 1967, quando a filosofia analítica (em suas duas versões) havia alcançado um reconhecimento generalizado, comparável ao do neokantismo no período anterior à Primeira Guerra Mundial, Rorty editou uma coletânea de textos com o título exigentemente lacônico de *A virada linguística*. Essa coletânea, como podemos ver em retrospecto, marca uma ruptura na história do pensamento analítico. Os textos reunidos na coletânea destinam-se a servir a um duplo propósito. Ao resumir uma progressão triunfante, devem, ao mesmo tempo, assinalar sua conclusão. De qualquer sorte, a despeito de seu gesto laudatório, a distância metafilosófica, a partir da qual o editor comenta sobre os textos, trai a mensagem hegeliana de que toda manifestação do espírito que alcança a maturidade está condenada a declinar. Naquela ocasião, Rorty deu o sinal de partida para um discurso a que, desde então, atribuiu-se o nome de "pós-analítico". Em sua introdução à coletânea, ele especula sobre o "futuro" da filosofia analítica – um futuro que a relega ao tempo passado. Em face de uma ortodoxia ainda intacta, Rorty aponta para três abordagens que convergem em contradizer a pressuposição geral básica de que "há verdades filosóficas ainda esperando ser descobertas, que podem ser justificadas com base em argumentos". Rorty vincula tais abordagens antiplatônicas aos nomes de Heidegger, Wittgenstein e Waismann (cujo programa filosófico, Rorty, mesmo então, descreveu em termos similares à sua posterior descrição do pragmatismo de Dewey).

Esse olhar distanciado para a filosofia analítica absolutamente não encobre o respeito imenso do iniciado, que aqui se desloca para fora de sua própria tradição:

> A filosofia linguística, nos últimos trinta anos, conseguiu pôr toda a tradição filosófica, de Parmênides, passando por Descartes e Hume, a Bradley e Whitehead, na defensiva. Ela o fez através de um escrutínio, cuidadoso, dos modos pelos quais os filósofos tradicionais têm usado a linguagem na formulação de seus problemas. Tal realização é suficiente para colocar esse período entre as grandes eras da história da filosofia.[2]

Somente a irresistibilidade dos argumentos da filosofia analítica explica a verdadeira dor de Rorty. Essa irresistibilidade o conduz a dar adeus às promessas sedutoras da metafísica, de um modo tão irrevogável que, mesmo após a filosofia analítica, não pode haver alternativa ao pensamento pós-metafísico. Contudo, Rorty, então como agora, está em busca de algum modo de pensar que, como Adorno diz no fim da *Dialética negativa*, mostre solidariedade para com o pensamento metafísico no momento de sua queda.[3] Existe melancolia na ironia tensa hoje propagada por Rorty: "O intelectual pós-filosófico de Rorty é irônico porque percebe que a verdade não é tudo aquilo que ele queria que fosse. A ironia depende essencialmente de uma espécie de *nostalgie de la verité*".[4] Mesmo a divisão de trabalho romântica entre ironia e seriedade, entre Heidegger e Dewey, não pode diminuir a dor. Uma vez que a metafísica tem comando apenas sobre a linguagem do conhecimento, a estetização

---

2 RORTY, R. *The Linguistic Turn:* Recent Essays in Philosophical Method. Chicago, 1970, p.33.

3 ADORNO, T. W. *Negative Dialectics*. Trad. E. B. Ashton (para o inglês). Londres, 1973, p.408.

4 WILLIAMS, M. *Unnatural Doubts*, n.51. Princeton, 1996. p.365. Cf. também RORTY, R. Is Derrida a Quasi-Transcendental Philosopher? *Contemporary Literature*, p.173-200, 1995.

de sua reivindicação de verdade significa uma estetização da tradição filosófica como mera herança cultural. A realidade das ideias, com a qual a teoria platônica prometia nos pôr em contato, não é a mesma coisa que a extraordinária atração da experiência estética. O que antes aspirava a ser "verdadeiro" em um sentido enfático, não pode ser preservado na forma do "edificante". Ao perder o poder vinculante de seus juízos, a metafísica perde sua substância.[5]

Quando alguém se confronta com esse dilema, é possível entender o passo que Rorty finalmente dá, a fim de devolver à filosofia, mesmo hoje, algo de uma "doutrina", algo daquela inimitável combinação de orquídeas selvagens com Trotsky: sua imitação do gesto, no mínimo do *insight*, que é ao mesmo tempo *estimulante* e *rico de consequência prática*. Entretanto, a necessidade metafísica de libertar a filosofia da esterilidade de um pensamento pós-metafísico pusilânime pode agora ser satisfeita apenas pós-metafisicamente. O adeus à filosofia analítica não pode conduzir a um retorno à metafísica desvalorizada. Por essa razão, a única opção que resta é dramatizar o adeus à filosofia em geral. Apenas se o próprio ato de partida liberasse um choque e interviesse na vida cotidiana, a filosofia, "no momento de sua queda", seria capaz de adquirir uma significação mais que puramente acadêmica. Mas como um abandono da filosofia analítica, realizado por meios analíticos, pode atingir uma significação do tipo que permitiria ao pensamento analítico ser iluminado, uma última vez, com o brilho de sua grande tradição? Como eu entendo seu impulso, naturalisticamente refratado, na direção da grande filosofia, Rorty quer dar uma resposta a essa questão.

Rorty começa mostrando que a filosofia analítica partilha, com a tradição que ela desvalorizou, de uma premissa funda-

---

5 Cf. a discussão entre T. McCarthy e Rorty em *Critical Inquiry* 16, p.355-70, 633-41, 1990.

mental. Trata-se da convicção de que "há verdades filosóficas esperando ainda serem descobertas". Graças a uma ideia muito alemã, que ele toma emprestado de Heidegger, Rorty atribui então um peso dramático a esse *proton pseudos* da metafísica ocidental. De acordo com sua tese heideggeriana, os destinos profanos do Ocidente foram supostamente atingidos, apenas nos limites do alcance de uma compreensão datada do ser; além disso, nos limites de uma compreensão governada pela metafísica. Naturalmente, diferentemente de Heidegger, Rorty não mais estiliza o pensamento pós-metafísico, posterior à filosofia analítica, como uma sagrada "comemoração do ser" (*Andenken des Seins*). Rorty entende a desconstrução da história da metafísica como uma diagnose deflacionária no sentido de Wittgenstein. O antiplatonismo tira sua significação eminentemente prática apenas da gravidade da doença que deve curar. O desmascaramento do platonismo visa, para além do escolasticismo, uma cultura que está alienada de si mesma platonicamente. Se, finalmente, o ato de despedida não se deve exaurir em negação, Rorty tem de abrir uma perspectiva que permitirá uma nova autocompreensão, que possa tomar o lugar da velha e esvaziada. Visando esse fim, ele adapta o hegelianismo de Dewey ao seus propósitos, de modo que uma perspectiva se abra para práticas cotidianas que não sejam mais distorcidas pelos preconceitos platonistas. Desse modo, tal como Hegel, mesmo os "últimos" filósofos capturam seu próprio tempo, uma vez mais, no pensamento.

Rorty sabe, é claro, que essas reflexões pós-metafísicas não podem, por si mesmas, transformar a autocompreensão da filosofia.[6] Ele não pode sair da filosofia sem usá-la para reivindicar validade para seus pensamentos. Rorty não seria o filósofo escrupuloso e sensível, sugestivo e estimulante que é, se de-

---

6 RORTY, R. *Linguistic Turn*. Chicago: University of Chicago Press, 1967. p.39.

vesse insistir apenas no papel retórico do reeducador. O diagnóstico de uma falsa autocompreensão permanece também uma questão de teoria. Rorty tem de oferecer argumentos, se quer convencer seus colegas de que a distinção "platônica" entre "convincente" e "persuasivo" não tem sentido. Ele deve provar que mesmo a filosofia analítica permanece dominada pelo sortilégio da metafísica contra a qual combate.

A virada pragmática

O importante livro de Rorty, *A filosofia e o espelho da natureza* (1979), persegue um certo número de objetivos. Ao levar a seu termo a desconstrução da filosofia da consciência, ele deseja concluir uma virada linguística ainda não completada, de modo que se torne óbvia a falsa autocompreensão platônica, profundamente enraizada na nossa cultura. Minhas dúvidas referem-se ao segundo passo. A virada pragmática, que Rorty cobra corretamente em face de abordagens semanticamente fixadas, requer uma compreensão antirrealista do conhecimento?

a) A estrutura conceitual básica da filosofia do sujeito tem sido submetida, desde Peirce até Wittgenstein e Heidegger, a uma crítica incessante. Rorty recorre a argumentos contemporâneos (entre outros, os de Sellars, Quine e Davidson) para denunciar os pressupostos básicos da epistemologia mentalista, com vistas a uma crítica da razão. As ideias de "autoconsciência" e de "subjetividade" implicam que o sujeito cognoscente pode desvelar, para si mesmo, uma esfera privilegiada de vivências (*Erlebnisse*), imediatamente acessíveis e absolutamente certas, quando não visa diretamente aos objetos, mas antes, reflexivamente, às suas próprias representações (*Vorstellungen*) dos objetos. Para a epistemologia clássica, há uma separação constitutiva entre o interior e o exterior – um dualismo de mente e corpo –, que apela para o acesso privilegiado da primeira pessoa às suas próprias vivências. A autoridade epistêmica da primeira pessoa é sustentada pelas fontes de três pressupostos constitutivos do paradigma:

1. que conhecemos nossos estados mentais melhor que qualquer coisa;

2. que o conhecer se dá essencialmente como representação de objetos;

3. que a verdade dos juízos repousa em evidência que atesta sua certeza.

A análise da forma linguística de nossas experiências e pensamentos descobre nesses pressupostos três mitos correspondentes: o mito do dado, o mito do pensamento como representação e o mito da verdade como certeza. Fica claro que não podemos evitar a expressão linguística como meio para a representação e a comunicação do conhecimento. Não há experiências (*Erfahrungen*) não interpretadas que sejam acessíveis apenas privadamente e que escapem à apreciação e correção públicas. Além disso, o conhecimento de objetos não é um modelo adequado para o conhecimento de estados de coisas estruturados proposicionalmente. Finalmente, a verdade é uma propriedade de proposições criticáveis que não pode ser perdida; só pode ser justificada com base em razões – não pode ser autenticada com base na gênese das representações.

Rorty, claro, vincula essa crítica do mentalismo ao objetivo, de maior alcance, de radicalizar a virada linguística. Ele quer mostrar "a que conduz a filosofia da linguagem quando purificada das tentativas de imitar seja Kant seja Hume".[7] Enquanto a relação sujeito-objeto for projetada meramente sobre a relação proposição-fato, as respostas semânticas resultantes permanecem presas a um modo mentalista de questionamento.

---

7 RORTY, R. *Philosophy and the Mirror of Nature*. Princeton: Princeton University Press, 1979. p.261.

Enquanto a representação (*Darstellung*) de estados de coisas – como a representação (*Vorstellung*) de objetos* – for concebida como uma relação de dois lugares, a virada linguística deixa intacto o "espelho da natureza" como metáfora para o conhecimento do mundo.

Rorty quer fazer pleno uso do espaço conceitual que foi aberto pela filosofia da linguagem. Com Peirce, ele substitui a relação de dois lugares, entre o sujeito representante e o objeto representado, por uma relação de três lugares: a) a expressão simbólica, que atribui validade a b) um estado de coisas para c) uma comunidade interpretante. O mundo objetivo não é mais algo a ser refletido, mas é simplesmente o ponto de referência comum para um processo de comunicação (*Verständigund*) entre membros de uma comunidade de comunicação que chegam a um entendimento, uns com os outros, a respeito de alguma coisa. Os fatos comunicados não podem ser separados do processo de comunicação mais que a *suposição* de um mundo objetivo pode ser separada do horizonte interpretativo, intersubjetivamente compartilhado, no interior do qual os participantes da comunicação já operam. O conhecimento não coincide mais com a correspondência de sentenças e fatos. Por essa razão, somente uma virada linguística que seja rigorosamente levada à sua conclusão pode, superando o mentalismo, também superar o modelo epistemológico do "espelho da natureza".

b) Estou interessado na questão se Rorty realiza essa plausível radicalização pragmática da maneira certa. Se não mais referirmos questões epistemológicas apenas à linguagem como uma forma gramatical de representação (*Darstellung*), relacionando-as em vez disso à linguagem como é usada comunicativamente, abre-se com isso uma dimensão adicional. Essa é a

---

* Habermas observa que em inglês a palavra *representation* (representação) é usada para referir-se tanto a *Darstellung* quanto a *Vorstellung*. (Nota do editor R. Brandom)

dimensão das interações e tradições – o espaço público de um mundo vivido, compartilhado intersubjetivamente pelos usuários da linguagem. Essa perspectiva expandida permite que se torne visível o entrelaçamento de realizações epistemológicas, dos indivíduos socializados, com seus processos de cooperação e comunicação: "Quando a conversação substitui a confrontação [de pessoas com estados de coisas], *a noção da mente como um Espelho da Natureza pode ser abandonada*".[8] O *"modelo comunicativo"* do conhecimento destaca o fato de que nós não temos nenhum acesso imediato às entidades no mundo, isto é, nenhum acesso independente de nossas práticas de atingir compreensão, e do contexto, linguisticamente constituído, do nosso mundo vivido:

> Elementos do que chamamos de "linguagem" ou "mente" penetram tão profundamente no que chamamos de 'realidade', que o projeto mesmo de nos representarmos como "mapeadores", de algo que seja "independente de linguagem", fica totalmente comprometido desde o começo.[9]

Essa é uma citação de Hilary Putnam com que Rorty concorda. Entretanto, Rorty tem algo em mente mais que o "realismo interno" de Putnam. O "realismo interno" de Putnam sublinha que as condições de objetividade de um conhecimento só podem ser analisadas *em conexão* com as condições da intersubjetividade de uma compreensão mútua com respeito ao que é dito. Na visão de Rorty, "estar em contato com a realidade" tem de ser traduzido no jargão de "estar em contato com uma comunidade humana", de uma maneira tal que desapareça completamente a intuição realista à qual queria fazer justiça o mentalismo, com seu espelho da natureza e sua correspondência entre representação e objeto representado. Para Rorty, todo

---

8 RORTY, R. *Philosophy and the Mirror of Nature*. Princeton: Princeton University Press, 1979. p.170.

9 PUTNAM, H. *Realism with a Human Face*. Cambridge, 1990. p.28; RORTY, R. Putnam and the Relativist Menace. *Journal of Philosophy* 90, p.443, 1993.

tipo de representação de algo no mundo objetivo é uma perigosa ilusão. Agora, ocorre certamente que, com a virada pragmatista, a autoridade epistêmica da primeira pessoa do singular, que inspeciona seu eu interior, fica deslocada pela primeira pessoa do plural, pelo "nós", de uma comunidade de comunicação, diante da qual toda pessoa justifica suas opiniões. Entretanto, é apenas a interpretação empirista dessa nova autoridade que conduz Rorty a identificar "conhecimento" e o que é aceito como "racional" de acordo com os padrões de nossas respectivas comunidades.

Do mesmo modo que Locke e Hume referiam suas reflexões mentalistas à consciência das pessoas empíricas, Kant referia as suas à consciência de sujeitos "em geral". Também as relações linguísticas podem ser referidas a comunidades de comunicação "em geral". Mas Rorty, o "nominalista", permanece na tradição empirista, e refere a autoridade epistêmica às práticas sociais recebidas de "nossas" respectivas comunidades. Ele considera o apelo "para ver as práticas sociais de justificação como mais do que simplesmente tais práticas",[10] como sendo algo sem sentido. O próprio Rorty faz a conexão entre, de um lado, a interpretação contextualista da virada pragmática e a compreensão antirrealista do conhecimento, e, de outro, a rejeição de uma estratégia kantiana de análise:[11]

> Se virmos o conhecimento como uma questão de conversação e prática social, em vez de como uma tentativa de espelhar a natureza, não é provável que tenhamos em vista uma metaprática que será a crítica de todas as formas possíveis de prática social.[12]

10 RORTY, 1979, p.390.
11 Ibidem, p.179: "[A visão contextualista] ameaça a imagem neokantiana da relação da filosofia com a ciência e a cultura. O anseio (*urge*) por dizer que as asserções e as ações devem não somente ser coerentes com outras asserções e ações, mas também 'corresponder' a algo distinto daquilo que as pessoas estão dizendo e fazendo, tem algum direito de ser considerado como sendo o anseio da própria filosofia".
12 RORTY, 1979, p.171.

Para Rorty, tal tentativa formal-pragmática seria uma recaída no fundacionismo. No século XVII, os conceitos básicos de subjetividade e autoconsciência, como "mental" e "introspecção", respectivamente, tinham assegurado para a filosofia – que, naquele tempo, tinha de encontrar um novo lugar, *ao lado* da nova física – um domínio do objeto e um método próprio. Como resultado, a filosofia foi capaz de entender a si mesma como uma disciplina fundacional, que examinava e justificava as fundações de todas as outras disciplinas. Rorty agora sustenta a opinião de que essa mesma autocompreensão fundacionista apodera-se da filosofia da linguagem, quando ela se detém aquém de uma compreensão contextualista do conhecimento e da justificação. Abordagens universalistas, no interior da filosofia da linguagem, como a que Rorty percebe em Dummett e outros, ficam aqui sob suspeita.

Contextualismo e ceticismo como problemas específicos de paradigmas particulares

Quando Rorty considera o contextualismo como a consequência necessária de uma virada linguística executada cabalmente, ele está certo em um aspecto: o contextualismo designa um problema que pode ocorrer apenas quando nós contamos com uma razão corporificada em práticas linguísticas. Mas ele está errado em ver o contextualismo, ao mesmo tempo, como a solução do problema. Essa opinião tem suas raízes, se estou correto, numa compreensão problemática dos paradigmas filosóficos.

Como, por exemplo, Apel e Tugendhat, Rorty considera a história da filosofia uma sucessão de três paradigmas. Ele fala de metafísica, epistemologia e filosofia da linguagem.[13] Claro

---

13 Cf. Schnädelbach, H. Philosophie. In: MARTENS, E., SCHNÄLDEBACH, H. (Eds.) *Grundkurs Philosophie* (*Hamburgo*), 1985, p.37-76.

que a filosofia da linguagem se separou apenas indecisamente do mentalismo. Rorty acredita que a virada linguística pode ser levada consistentemente à sua conclusão apenas na forma de uma crítica da razão, que abandona a filosofia como tal.* Não são apenas os problemas que mudam, mas a maneira de pô-los – com o salto de um paradigma para o seguinte:

> Essa imagem da filosofia antiga e medieval como envolvida com coisas, da filosofia do século XVII como envolvida com ideias, e da esclarecida cena filosófica contemporânea envolvida com palavras, tem sua plausibilidade. Mas essa sequência não deve ser pensada como oferecendo três visões contrastantes acerca do que é primário, ou do que é fundacional. Não é que Aristóteles pensasse que se podiam explicar melhor as ideias e as palavras, em termos de coisas, enquanto Descartes e Russell remanejaram a ordem da explicação. Seria mais correto dizer que Aristóteles não teve – não sentiu a necessidade de ter – uma teoria do conhecimento, e que Descartes e Locke não tiveram uma teoria do significado. As observações de Aristóteles, acerca do conhecer, não oferecem respostas, boas ou más, às questões de Locke, não mais do que as observações de Locke, acerca da linguagem, oferecem respostas às questões de Frege.[14]

Essa *descontinuidade* significa que as questões filosóficas não são resolvidas pela descoberta das respostas certas; em vez disso, elas caem em desuso quando perdem seu valor de mercado. Isso também pode ser dito a propósito da questão da objetividade do conhecimento.

Na visão mentalista, a objetividade fica assegurada quanto o sujeito representante refere-se ao seu objeto do modo certo.

---

* Habermas observa que o subtítulo da tradução alemã de *A filosofia e o espelho da natureza* é "uma crítica da filosofia" (*Eine Kritik der Philosophie*). (Nota do editor R. Brandom)

14 RORTY, R. *Philosophy and the Mirror of Nature*. Princeton: Princeton University Press, 1979. p.263.

Ele compara a subjetividade de suas representações com o mundo objetivo: "'subjetivo' contrasta com 'correspondendo ao que está aí fora', e significa assim algo como 'um produto apenas do que está aqui dentro'".[15] Na visão linguística, a subjetividade das crenças não é mais examinada diretamente por meio da confrontação com o mundo, mas, em vez disso, por meio da concordância pública obtida na comunidade de comunicação: "uma consideração 'subjetiva' é aquela que foi, seria ou deveria ser posta de lado por discutidores racionais".[16] Com isso, a intersubjetividade na obtenção de entendimento toma o lugar da objetividade da experiência. A relação mundo-linguagem passa a ser dependente da comunicação entre falantes e ouvintes. A relação vertical com o mundo, aquela das representações de algo, ou das proposições acerca de algo, é como que dobrada para o interior da linha horizontal da cooperação dos participantes na comunicação. A intersubjetividade do mundo vivido, que os sujeitos em comum habitam, *desloca* a objetividade de um mundo confrontado por um sujeito solitário: "Para os pragmatistas, o desejo de objetividade não é o desejo de escapar das limitações de sua comunidade, mas simplesmente o desejo de tanta concordância quanto possível".[17] Rorty quer dizer: a troca de paradigma transforma as perspectivas de tal modo que as questões epistemológicas ficam superadas.

A compreensão contextualista da virada linguística, da qual esse antirrealismo emerge, remete a uma concepção anterior, da ascensão e queda dos paradigmas, que exclui a continuidade de temas entre paradigmas, bem como de processos de aprendizagem que se estendessem de um paradigma a outros. Na verdade, os termos nos quais empreendemos uma comparação

---

15 Ibidem, p.339.
16 Ibidem, p.338.
17 RORTY, R. *Philosophical Papers I*: Objectivity, Relativism, and Truth. Cambridge, 1991. p.23.

entre paradigmas refletem nosso ponto de partida hermenêutico – e, assim, nosso próprio paradigma. Que Rorty escolha, para sua comparação, o quadro de referência de objetividade, subjetividade e intersubjetividade, isso resulta da perspectiva conceitual básica, desde a qual nós agora descrevemos a virada linguística do mentalismo. Porém, a imagem de uma sucessão contingente de paradigmas incomensuráveis não se adequa de modo algum a essa descrição. Antes, da perspectiva daquele quadro de referência, um paradigma subsequente aparece como uma resposta a um problema a nós legado pela desvalorização de um paradigma precedente. Contrariamente ao que Rorty supõe, os paradigmas não formam uma sequência arbitrária, mas têm entre si uma relação dialética.

O nominalismo roubou das coisas a sua essência ou natureza interior, e declarou que os conceitos gerais são construções de uma mente finita. Desde então, a compreensão daquilo que é (*das Seiende*), no pensamento, deixou de ter uma fundação na constituição conceitual dos próprios seres. A correspondência da mente com a natureza não podia mais ser concebida como uma relação ontológica – as regras da lógica não mais refletiam as leis da realidade. *Pace* Rorty, o mentalismo respondeu a esse desafio pela reversão da ordem da explicação. Se o sujeito cognoscente não pode mais derivar os padrões de conhecimento a partir de uma natureza desqualificada, deve tirar esses padrões de uma subjetividade reflexivamente revelada. A razão, antes objetivamente corporificada na ordem da natureza, recua para o espírito subjetivo. Com isso, o ser em si (*das Ansich*) do mundo fica transformado na objetividade de um mundo que é dado a nós, os sujeitos – um mundo de objetos representados ou *phenomena*. Enquanto até então a constituição do mundo do ser em si havia permitido uma correspondência do pensamento com a realidade – os juízos verdadeiros –, a verdade dos juízos deve ser agora medida em relação à certeza de experiências (*Erlebnisse*) subjetivas evidentes. O pensamento representacional leva ao conhecimento objetivo à medida que compreende o mundo fenomenal.

O conceito de subjetividade introduziu um dualismo entre interior e exterior que pareceu confrontar a mente humana com a tarefa precária de superar um abismo. Com isso, o caminho estava aberto para o ceticismo na sua forma moderna. O caráter privado de minhas experiências subjetivas particulares, sobre as quais a minha certeza absoluta se baseia, dá simultaneamente razão para duvidar se o mundo como nos aparece não é de fato uma ilusão. Esse ceticismo se ancora nos conceitos constitutivos do paradigma mentalista. Ao mesmo tempo, invoca memórias de uma confortadora intuição que sustentava o paradigma ontológico: a ideia de que a verdade dos juízos está garantida por uma correspondência com a realidade, que ela se funda na própria realidade. Essa, digamos, intuição "residual", que não tinha perdido nada de seu poder cognitivo com a troca de paradigma, juntou suas forças com a nova questão cética sobre se – e como – a concordância, entre a representação e objeto representado, deve ser fundada sobre a base da evidência de nossas experiências subjetivas. É essa a questão que primeiro provoca a discussão epistemológica entre idealismo e empirismo.[18] Entretanto, à luz dessa genealogia, torna-se aparente – e essa é minha afirmação central aqui – que o contextualismo está embutido nos conceitos básicos do paradigma linguístico, do mesmo modo que o ceticismo está embutido no mentalismo. E, mais uma vez, as intuições relativas à verdade, que permanecem conosco, dos paradigmas precedentes, conduzem-nos a uma intensificação desses problemas.

---

18 Apenas os empiristas estavam preparados para chamar de "objetiva" a experiência (*Erfahhrung*) que "corresponde ao que está lá fora" (Rorty). Os idealistas transcendentais, em contraste, reduzem mesmo a objetividade da experiência a condições subjetivas necessárias da experiência possível.

Do mesmo modo que a disputa acerca dos universais, no fim da Idade Média, contribuiu para a desvalorização da razão objetiva, a crítica da introspeção e do psicologismo, no fim do século XIX, contribuiu para o abalo da razão subjetiva. Com o deslocamento da razão, da consciência do sujeito cognoscente, para a linguagem, como o meio através do qual os sujeitos em ação se comunicam uns com os outros, a ordem de explicação muda uma vez mais. A autoridade epistêmica passa do sujeito cognoscente, que obtém de si mesmo os padrões para a objetividade da experiência, para as práticas justificatórias de uma comunidade linguística. Até então, a validade intersubjetiva das crenças resultara da convergência subsequente de pensamentos e representações. A concordância interpessoal havia sido explicada pela ancoragem ontológica dos julgamentos verdadeiros, ou pelos atributos, partilhados psicologicamente ou transcendentais, dos sujeitos cognoscentes. Em seguida à virada linguística, entretanto, todas as explicações tomam como ponto de partida a primazia de uma linguagem comum. A descrição de estados e ocorrências no mundo objetivo, como a autorrepresentação de experiências às quais o sujeito tem um acesso privilegiado, depende do uso interpretativo de uma linguagem comum. Por essa razão, o termo "intersubjetivo" não mais se refere ao resultado de uma convergência *observada*, dos pensamentos e representações de várias pessoas, mas à comunalidade prévia de uma pré-compreensão linguística ou horizonte do mundo vivido – o qual, da perspectiva dos próprios participantes, é pressuposto –, no interior do qual os membros de uma comunidade de comunicação se encontram antes de encontrarem concordância uns com os outros acerca de algo no mundo. Finalmente, a questão contextualista, que não deve ser confundida com a dúvida epistemológica do ceticismo, resulta dessa primazia da intersubjetividade das crenças compartilhadas, em relação ao confronto com a realidade (uma realidade que já é sempre interpretada).

A virada paradigmática não deixa espaço para dúvida quanto à existência de um mundo independente de nossas descrições. Em vez disso, desde Peirce a Wittgenstein, a ociosa dúvida cartesiana foi rejeitada como uma contradição performativa: "Se você tentasse duvidar de tudo, você não chegaria a duvidar de nada. O próprio jogo de duvidar pressupõe a certeza".[19] Porém, todo conhecimento é falível e, quando é problematizado, dependente de justificação. Tão logo o padrão para a objetividade do conhecimento passa, da certeza privada, para as práticas públicas de justificação, a "verdade" se torna um conceito de validade triplamente localizado. A validade de proposições que são, em princípio, falíveis, é mostrada como sendo uma validade que é justificada *para* um público.[20] Ademais, porque, no paradigma linguístico, as verdades são acessíveis apenas na forma de aceitabilidade racional, surge agora a questão de como, nesse caso, a verdade de uma proposição pode ainda ser isolada do contexto no qual ela é justificada. O desconforto em relação a esse problema traz à cena intuições mais velhas acerca da verdade. Desperta a memória de uma correspondência entre pensamento e realidade, ou de um contato com a realidade que é sensorialmente certo. Essas imagens, que ainda são sugestivas a despeito de terem perdido seu alcance, estão por trás da questão de como o fato de que não podemos transcender o horizonte linguístico das crenças justificadas é compatível com a intuição de que as proposições verdadeiras se ajustam aos fatos. Não é por acaso que os debates contemporâneos sobre a racionalidade giram em torno dos conceitos de verdade e referência.[21] Do mesmo modo que o ceticismo não assimila simples-

---

19 WITTGENSTEIN, L. *On Certainty*. Trad. D. Paul e G. E. M. Anscombe (para o inglês). Oxford, 1969. § 115, p.125.

20 SCHNÄLDEBACH, H. Thesen über Geltung und Warheit. In: *Zur Rehabilitierung des Animal rationale*. Frankfurt, 1992, p.104-15.

21 A respeito de uma crítica à abordagem de Rorty, limitar-me-ei, no que se segue, ao problema da verdade. Entretanto, gostaria de pelo menos indi-

mente o ser e a aparência, mas antes dá expressão ao sentimento desconfortável de que nós *poderíamos* ser incapazes de separar um do outro convincentemente, tampouco o contextualismo adequadamente compreendido iguala a verdade com a afirmabilidade justificada. O contextualismo é bem uma expressão do embaraço que decorreria se nós tivéssemos de assimilar um ao outro. Ele nos torna conscientes de um problema para o qual o relativismo cultural apresenta uma solução que é falsa, porque contém uma autocontradição performativa.

Verdade e justificação

Mesmo na compreensão de proposições elementares acerca de estados ou acontecimentos no mundo, a linguagem e a realidade se interpenetram de uma maneira que, para nós, é *indissolúvel*. Não há possibilidade natural de isolar as imposições da realidade, que tornam uma determinada afirmação verdadeira, das regras semânticas que estabelecem essas condições de verdade. Só podemos explicar o que é um fato com a ajuda da verdade de uma afirmação de fato, e só podemos explicar o que é real em termos do que é verdadeiro. O ser, como diz Tugendhat, é o ser veritativo.[22] Desde que a verdade das crenças ou sentenças, por sua vez, só pode ser justificada com a ajuda de outras crenças e sentenças, não podemos nos libertar do círculo mágico da linguagem. Esse fato sugere uma concepção antifundacionista do conhecimento, e uma concepção holística de justificação. Pelo fato de que não podemos confrontar nossas sentenças com nada que já não seja em si mesmo linguisticamente saturado, não se podem distinguir quais-

---

car que não seríamos capazes de explicar a possibilidade dos processos de aprendizagem sem uma referência à capacidade de reconhecer as mesmas entidades sob descrições diferentes.

22 TUGENDHAT, E. *Traditional and Analytical Philosophie*. Trad. P. A. Gorner (para o inglês). Cambridge, 1982, p.55 et seq.

quer proposições básicas que sejam privilegiadas em poder legitimar-se a si mesmas, servindo por isso como base para uma cadeia linear de justificação. Rorty enfatiza, corretamente, "que nada vale como justificação a não ser por referência ao que já aceitamos", concluindo disso "que não há maneira de sair fora de nossas crenças e de nossa linguagem, de modo a encontrar algum teste além da coerência".[23]

Isso não significa, é claro, que a coerência de nossas crenças seja suficiente para clarificar o significado do conceito de verdade – que agora se tornou central. Certamente, no interior do paradigma linguístico, a verdade de uma proposição não pode mais ser concebida como correspondência com algo no mundo, pois, de outro modo, teríamos de ser capazes de "sair fora da linguagem", enquanto usando a linguagem. Obviamente, não podemos comparar as expressões linguísticas com um pedaço de realidade não interpretada ou "nua" – isto é, com uma referência que escape à nossa inspeção linguisticamente atrelada.[24] Sem embargo, a ideia da verdade como correspondência foi capaz de levar em conta um aspecto fundamental do significado do predicado verdade. Esse aspecto – a noção de validade incondicional – é varrido para debaixo do tapete se a verdade de uma proposição for concebida como coerência com outras proposições, ou como uma afirmabilidade justificada no interior de um sistema interconexo de asserções. Enquanto asserções bem justificadas podem revelar-se falsas, entendemos a verdade como uma propriedade de proposições "que não pode ser perdida". A coerência depende de práticas de justificação que

---

23 RORTY, R. *Philosophy and the Mirror of Nature*. Princeton: Princeton University Press, 1979. p.178.

24 Cf. WILLIAMS, M. *Unnatural Doubts*. Princeton, 1996. p.232: "Precisamos apenas perguntar se a apreensão direta dos fatos, da qual tal comparação depende, deve ou não ser um estado cognitivo com conteúdo proposicional. Se não deve, não pode ter um impacto sobre a verificação. Mas se deve, o que temos aqui é uma nova espécie de crença".

se deixam guiar por padrões que mudam de tempos em tempos. Daí a questão: "Por que o fato de que nossas crenças são coerentes entre si, supondo que sejam, nos dá a mínima indicação de que elas são verdadeiras?"[25]

O uso acautelatório do predicado verdade[26] mostra que, à verdade das proposições, associamos uma pretensão incondicional, que aponta para além de toda evidência disponível para nós; porém a evidência que fazemos valer em nossos contextos de justificação tem de ser suficiente para nos capacitar a levantar alegações de verdade. Embora a verdade não se possa reduzir à coerência e à afirmabilidade justificada, deve haver uma relação interna entre verdade e justificação. Como seria possível, de outro modo, explicar que a justificação de "*p*", satisfatória de acordo com nossos padrões, aponta em favor da verdade de "*p*", embora verdade não seja um termo de realização (*achievement*) – e não dependa de quão bem uma proposição pode ser justificada? Michael Williams descreve o problema como uma disputa entre duas ideias igualmente razoáveis:

> Primeiro, que, se devemos ter conhecimento de um mundo objetivo, a verdade do que acreditamos sobre o mundo deve ser independente de nós acreditarmos nela; e, segundo, essa justificação é inevitavelmente uma questão de sustentar crenças com outras crenças, donde, nesse sentido mínimo, é uma questão de coerência.[27]

Isso conduz à questão contextualista: "Dado apenas o conhecimento do que nós acreditamos acerca do mundo, e como nossa crenças se ajustam entre si, como podemos mostrar que essas crenças são provavelmente verdadeiras?"[28]

---

25 Ibidem, p.267.
26 RORTY, R. Pragmatism, Davidson, and Truth. In: LEPORE, E. (Ed.) *Truth and Interpretation*. Oxford, 1986. p.343.
27 WILLIAMS, M. *Unnatural Doubts*. Princeton, 1996. p.266.
28 Ibidem, p.249.

Essa questão, entretanto, não deveria ser entendida em sentido cético, pois a concepção segundo a qual nós, como indivíduos socializados, já sempre nos encontramos no interior do horizonte linguisticamente revelado de nosso mundo vivido, implica um pano de fundo inquestionado, de convicções intersubjetivamente partilhadas, verificadas na prática, que tornam um contrassenso a dúvida total quanto à acessibilidade do mundo. A linguagem, "fora" da qual não podemos nos colocar, não deve ser entendida por analogia com a interioridade de um sujeito representante, que está como que desconectado do mundo exterior dos objetos representáveis. A relação entre justificabilidade e verdade, embora carente de clarificação, não aponta para nenhum abismo entre interior e exterior, para nenhum dualismo que devesse ser *superado* e que pudesse dar lugar à dúvida cética sobre se o nosso mundo *como um todo* é uma ilusão. A virada pragmática puxa o tapete de baixo dos pés desse ceticismo. Há uma razão simples para isso. Nas práticas do dia a dia, não podemos usar a linguagem sem *agir*. A própria fala se realiza na forma de atos de fala, que por sua vez repousam sobre contextos de interação e estão entrelaçados com ações instrumentais. Como atores, isto é, como sujeitos interagentes e intervenientes, já estamos sempre em contato com coisas acerca das quais podemos fazer afirmações (*statements*). Os jogos de linguagem e as práticas estão *entrelaçados*. "Em algum momento ... temos de deixar o reino das frases (e textos) e recorrer à concordância na ação e na experiência (por exemplo, no uso de um predicado)."[29] Do ponto de vista da filosofia da linguagem, é justificada a conclusão fenomenológica de Husserl de que "nós já estamos sempre em contato com as coisas".

Por essa razão, a questão acerca da conexão interna entre justificação e verdade – uma conexão que explica por que pode-

---

29 KAMBARTEL, F. Universalität richtig verstanden. *Deutsche Zeitschrift für Philosophie* 44, p.249, 1996.

mos, à luz da evidência que temos, levantar uma alegação incondicional de verdade, que aponta para além do que está justificado – não é uma questão epistemológica. Não é uma questão de ser ou aparência. O que está em jogo não é a representação correta da realidade, mas práticas do dia a dia que não podem se desagregar. O desconforto contextualista trai uma preocupação com o tranquilo funcionamento de jogos e práticas de linguagem. A obtenção de entendimento não pode funcionar, a menos que os participantes refiram-se a um só mundo objetivo, dessa forma estabilizando o espaço público, intersubjetivamente compartilhado, com o qual tudo o que é meramente subjetivo pode ser contrastado.[30] Essa suposição de um mundo objetivo independente de nossas descrições, preenche uma exigência funcional de nossos processos de cooperação e comunicação. Sem essa suposição, as práticas cotidianas, que repousam sobre a distinção (em um certo sentido) platônica entre crer e saber sem reservas, romper-se-iam nas costuras.[31] Se fosse o caso de não podermos fazer de maneira nenhuma *essa* distinção, o resultado seria uma autoincompreensão patológica, mais que uma compreensão ilusória do mundo. Onde o ceticismo suspeita de um equívoco epistemológico e o contextualismo supõe uma construção falha no nosso modo de viver.

Desse modo, o contextualismo levanta a questão sobre se – e, se for o caso, como – a intuição de que podemos, em princípio,

---

30 Não foi por acidente que introduzi o conceito formal-pragmático, da suposição gramatical de um mundo objetivo, no contexto da teoria da ação. Cf. HABERMAS, J. *The Theory of Communicative Action*. Trad. T. McCarthy (para o inglês). Boston, 1984. p.75-101, v.1; HABERMAS, J. *The Theory of Communicative Action*. Trad. T. McCarthy (para o inglês). Boston, 1987. p.119 et seq. v.2.

31 Cf. WILLIAMS, M. *Unnatural Doubts*. Princeton, 1996. p.238: "Tudo o que está envolvido na ideia de um mundo objetivo como 'o que de qualquer modo está lá', é que uma coisa é uma proposição objetiva ser verdadeira e outra coisa é acreditarmos que ela seja verdadeira ou que temos justificativa para acreditar que ela seja verdadeira".

distinguir entre o que é verdade e o que é considerado como verdade pode ser introduzida no paradigma linguístico. Essa intuição não é "realista", num sentido epistemológico. Mesmo no âmbito do pragmatismo, há uma divisão em relação a essa questão. Alguns são pragmatistas o bastante para levar a sério as intuições realistas do cotidiano, e a relação interna entre coerência e verdade que elas atestam. Outros consideram infrutífera a tentativa de esclarecer essa relação, e tratam o realismo cotidiano como uma ilusão. Rorty quer combater essa ilusão por meios retóricos e cobra uma *reeducação*. Devemos nos acostumar a substituir o desejo de objetividade pelo desejo de solidariedade, e, com William James, entender a "verdade" como nada mais que aquilo em que é bom para "nós" acreditar – para nós membros liberais das sociedades ou cultura ocidentais.

> [Os pragmatistas] devem ver-se a si mesmos como trabalhando na interface entre o senso comum de sua comunidade, um senso comum muito influenciado pela metafísica grega e pelo monoteísmo patriarcal ... Devem ver-se a si mesmos como envolvidos numa tentativa de longo prazo de mudar a retórica, o senso comum e a autoimagem de sua comunidade.[32]

Antes de tratar dessa proposta, gostaria de examinar se as alternativas são tão inviáveis como Rorty considera. Não existem explicações plausíveis para o fato de que uma justificação bem-sucedida, em nosso contexto justificatório, pese a favor da verdade independente de contexto da proposição justificada? Estou interessado, sobretudo, em duas tentativas de explicação: a deflacionária, que duvida de que a "verdade" tenha qualquer natureza que possa ser explicada; e aquela epistêmica, que amplia a ideia de uma asserção justificada, a tal ponto que a verdade se torna o conceito-limite do processo justificatório.

---

32 RORTY, R. Is Truth a Goal of Inquiry? Davidson vs. Wright. *Philosophical Quarterly* 45, p. 281-300, 1995.

Certamente, o deflacionismo tem o direito de destematizar o conceito de verdade, apenas até o ponto em que esse conceito possa continuar a sustentar intuições realistas, enquanto a concepção epistêmica tem o direito de idealizar as condições justificatórias apenas até o ponto em que sua ideia de uma argumentação separada das práticas do cotidiano permaneça nos limites do alcance de "nossas" práticas.[33]

---

33 Davidson segue uma terceira estratégia, que poderia ser denominada "teoricista", ou, como ele propõe, "metodológica"; cf. DAVIDSON, D. The Folly of Trying to Define Truth. *Journal of Philosophy* 93, p.263-78, 1996. Davidson utiliza a concepção semântica de verdade, compreendida de um modo não deflacionário como o conceito indefinido básico de uma teoria empírica da linguagem. Tanto o conceito de verdade, que é usado como um termo teórico na sua história da linguagem, quanto a própria teoria, que deve explicar a compreensão de expressões linguísticas, podem provar ao mesmo tempo sua verdade (*sich bewären*). Por essa razão, a teoria implícita da verdade, de Davidson, pode ser discutida apenas em conexão com sua teoria como um todo. Em geral, vejo a seguinte dificuldade: de um lado, Davidson contesta que o conceito de verdade tenha um conteúdo capaz de ser explicado e, nessa medida, ele se alia à polêmica deflacionista contra tentativas de explicar o significado da verdade; de outro, ele tem de assegurar, para o predicado-verdade, para além e acima de sua função "descitacional" (*disquotational*), um certo conteúdo, no que diz respeito à teoria da racionalidade, a fim de explicar a natureza verídica das crenças. Nessa medida, ele se junta a Putnam e Dummett, que insistem que a convenção T de Tarski não diz nada a respeito do significado efetivo da verdade. Ficando entre essas duas posições, Davidson, em vez de meramente usar o conceito, vê-se compelido a escrever elaborados tratados sobre um conceito que ele declara ser "indefinível" – tratados em que ele ao menos isola, de um modo metacrítico, as intuições realistas ligadas à verdade. Cf. DAVIDSON, D. The Structure and Content of Truth. *Journal of Philosophy* 87, p.279-328, 1990. Davidson se apega à ideia de que podemos conhecer alguma coisa de um mundo objetivo, "que não é feito por nós". Essa visão o separa de Rorty, que tenta em vão arrastar Davidson para o lado de seu entendimento abolicionista da verdade. Cf. DAVIDSON, D. A Coherence Theory of Truth and Knowledge. In: MALACHOWSKI, A. (Ed.) *Reading Rorty*. Oxford, 1990. p.120-39; cf. também texto de Rorty, "Pragmatism, Davidson, and Truth". Para uma comparação da minha abordagem da teoria da linguagem com a de Davidson, ver: FULTNER, B. *Radical Interpretation or Communicative Action*. 1995. Dissertação (Doutorado) – Northwestern University.

A concepção semântica da verdade e a perspectiva pragmatista

A convenção T de Tarski – "'*p*' é verdadeiro se e só se *p*" – apoia-se num uso descitacional (*disquotational*) do predicado-verdade, que pode ser ilustrado, por exemplo, pelo caso da confirmação das declarações de uma outra pessoa: "Tudo o que a testemunha disse ontem é verdadeiro". Com isso, aquele que fala assume como seu "tudo o que foi dito", de tal modo que poderia repetir na primeira pessoa as asserções correspondentes. Esse uso do predicado-verdade é digno de nota sob dois aspectos. De um lado, permite uma referência generalizadora ao assunto, que é mencionada mas não explicitamente reproduzida. Tarski usa essa propriedade a fim de construir uma teoria da verdade que generaliza acerca de todos os casos de "T". De outro, o predicado-verdade, quando usado dessa maneira, estabelece uma relação de equivalência entre duas expressões linguísticas – o cerne da estratégia tarskiana de explicação depende disso. Pois, por meio da explicação da função descitacional, a inacessível "relação de correspondência" entre linguagem e mundo, ou entre sentença e fato, pode, ao que parece, ser refletida sobre a relação semântica tangível, entre as expressões de uma linguagem-objeto e aquelas de uma metalinguagem. Não importa como se conceba a função representacional das declarações, seja como "satisfação" de condições de verdade, seja como "combinando" com fatos das sentenças, o que é visado em todos os casos são imagens de relações que se estendem para além da linguagem. Parece agora possível esclarecer essas imagens com a ajuda de inter-relações que são *internas à linguagem*. Essa ideia inicial nos permite compreender por que as conotações realistas fracas estão vinculadas à concepção semântica da verdade, mesmo ficando claro que essa concepção não pode sustentar um realismo epistemológico forte, à maneira de Popper.[34]

Ora, já foi observado anteriormente que a concepção semântica da verdade não pode sustentar sua alegação de ser uma explicação do significado inteiro do predicado-verdade.[35] A razão disso é que a função descitacional não é suficientemente informativa, porque já pressupõe a função representacional. Alguém entende o significado da Convenção T quando sabe o que *significa* (*gemeint*) o lado direito da bicondicional. O significado do predicado-verdade, na oração "Tudo o que a testemunha disse ontem é verdadeiro", é dependente do modo assertivo das asserções da testemunha. Antes que a asserção possa ser citada (*quoted*), ela deve ser expressa. Esse significado assertivo pressuposto pode ser analisado, de modo exemplar, examinando-se as posições "sim" e "não" dos participantes da argumentação, que levantam ou refutam objeções; pode ser também visto no uso "acautelatório" do predicado-verdade, que relembra a experiência dos participantes em uma argumentação, de que mesmo as proposições que foram justificadas de modo convincente podem resultar serem falsas.

O predicado-verdade pertence – embora não exclusivamente – ao jogo de linguagem da argumentação. Por essa razão, seu significado pode ser elucidado (ao menos parcialmente) de acordo com suas funções no jogo de linguagem, isto é, na *dimensão pragmática* de um emprego particular do predicado. Quem quer que se limite à dimensão semântica das sentenças e dos comentários metalinguísticos de sentenças compreende apenas a reflexão de uma prática linguística anterior que, como ainda precisa ser mostrado, estende-se até o interior das práticas co-

---

34 POPPER, K. R. Truth, Rationality and the Growth of Scientific Knowledge. *Conjectures and Refutations*. Londres, 1963. p.215-50.

35 TUGENDHAT, E. Tarskis semantische Definition der Wharheit. *Philosophische Rundschau*, 1960. p.131-59. Reimpresso em seu *Philosophische Aufsätze* (Frankfurt, 1992. p.179-213).

tidianas. Entretanto, o tratamento deflacionário do conceito de verdade, por meio do esmaecimento semântico do significado pragmático da verdade, tem a vantagem de evitar discussões sobre a "natureza" da verdade, sem ter de abrir mão de uma orientação mínima, na direção da distinção entre saber e crer, entre ser verdadeiro e ser considerado verdadeiro. Essa estratégia visa separar tais distinções elementares da disputa acerca de visões epistemológicas substanciais. Se puder ser mostrado que a concepção semântica da verdade é suficiente para explicar os métodos usuais de investigação e de seleção de teoria – isto é, suficiente também para explicar o que vale como "sucesso ou como crescimento do conhecimento" no empreendimento científico –, pode-se salvar a suposição realista fraca, de um mundo independente de nossas descrições, sem promover o conceito de verdade de uma maneira realista-epistemológica.[36]

Porém, a ciência não é a única esfera – nem mesmo aquela primária – na qual o predicado-verdade encontra sua utilização. Mesmo que um conceito deflacionário da verdade fosse suficiente para elucidar o fato da ciência, para tornar transparente o funcionamento de nossas práticas de investigação, isso ainda não dissiparia a dúvida contextualista. Pois essa dúvida se estende não apenas à construção e à seleção de teorias, na verdade não apenas às práticas de argumentação em geral: mas com respeito à orientação pré-teórica, para a verdade, inerente às práticas cotidianas, uma concepção semântica da verdade simplesmente não nos ajuda de modo nenhum.

O que está em questão no mundo vivido é o papel pragmático de uma noção bifronte de verdade, que está entre a certeza comportamental e a afirmabilidade discursivamente justificada. Na rede das práticas estabelecidas, as alegações de validade,

---

36 Refiro-me aqui a posições sustentadas por P. Horwich e A. Fine; cf. WILLIAMS, M. Do We (Epistemologists) Need a Theory of Truth? *Philosophical Topics* 14, p.223-42, 1986.

implicitamente apresentadas, que foram aceitas perante um amplo pano de fundo de convicções intersubjetivamente compartilhadas, constituem os trilhos nos quais as certezas comportamentais correm. Entretanto, logo que essas certezas perdem sua posição, no campo das crenças evidentes por si mesmas, elas são tiradas de sua tranquilidade e convertidas num número correspondente de tópicos questionáveis, que se tornam assim objeto de discussão. Ao passar da ação ao discurso racional,[37] o que é, de começo, sustentado ingenuamente como verdade é libertado do modo da certeza comportamental, e toma a forma de proposições hipotéticas, cuja validade permanece aberta durante a duração do discurso. A argumentação toma a forma de uma competição pelos melhores argumentos, a favor de, ou contra, alegações controversas de validade, e serve à busca cooperativa pela verdade.[38]

Com essa descrição de práticas justificatórias guiadas pela ideia de verdade, entretanto, fica posto de novo o problema de como a mobilização sistemática de boas razões, que na melhor das hipóteses leva a crenças justificadas, deve, não obstante, ser adequada ao propósito de distinguir entre alegações de verdade justificadas e não justificadas. Para começar, quero simplesmente guardar a imagem de um processo circular, que se nos apresenta da perspectiva expandida por meio da teoria da ação: as certezas comportamentais abaladas ficam transformadas, no nível da argumentação, em alegações controversas de validade, levantadas por proposições hipotéticas; essas alegações são testadas discursivamente – e, conforme o caso, sustentadas –, resultando em que as verdades discursivamente aceitas podem voltar ao

---

37 Introduzi essa distinção nas Conferências Christian Gauss sobre a fundamentação da sociologia na teoria da linguagem (1971); cf. HABERMAS, J. *Vorstudien und Ergänzungen zur Theorie des kommunicativen Handelns*. Frankfurt, 1984. p.1-126, especialmente p.104 et seq.

38 HABERMAS, J. *The Theory of Communicative Action*. Trad. T. McCarthy (para o inglês). Boston, 1984. p.22-42, v.1.

A virada pragmática de Richard Rorty

reino da ação; com isso, as certezas comportamentais (conforme o caso, novas certezas), que se apoiam em crenças incontroversamente sustentadas como verdadeiras, são novamente produzidas. O que resta ainda a ser explicado é a força misteriosa do acordo discursivamente conseguido, que *autoriza* os participantes da argumentação, no papel de atores, a aceitar, sem reservas, as asserções justificadas como verdades. Pois fica claro, a partir da descrição do ponto de vista da teoria da ação, que a argumentação pode preencher o papel de *solucionadora de problemas*, no que diz respeito às certezas comportamentais que se tornaram problemáticas, apenas se for guiada pela verdade em sentido independente de contexto – isto é, incondicional.

Embora, quando adotamos uma atitude reflexiva, saibamos que todo conhecimento é falível, na vida cotidiana não podemos sobreviver apenas de hipóteses, isto é, de uma maneira persistentemente falibilista. O falibilismo organizado da investigação científica pode lidar, hipoteticamente, com alegações controversas de validade, indefinida e porque isso serve para obter concordâncias que são *dissociadas* da ação. Esse modelo não é adequado para o mundo vivido. Certamente, temos de tomar decisões, no mundo vivido, com base em informação incompleta; ademais, riscos existenciais, tais como a perda daqueles que nos são mais próximos, doença, velhice e morte, são a marca da vida humana. Entretanto, não obstante essas incertezas, as rotinas do dia a dia repousam sobre uma confiança irrestrita no *conhecimento* das pessoas leigas, tanto quanto dos especialistas. Não pisaríamos em ponte nenhuma, não usaríamos carro nenhum, não nos submeteríamos a nenhuma operação, sequer comeríamos uma refeição de preparo sofisticado, se não considerássemos o conhecimento aí utilizado seguro, se não considerássemos verdadeiras as pressuposições implícitas usadas na produção e execução de nossas ações. De todo modo, a necessidade performativa da certeza comportamental exclui uma restrição de princípio em relação à verdade, mesmo quando sabemos, tão logo a ingênua execução de ações é interrompida, que as alegações de verdade só podem ser sustentadas discursivamente – isto é, apenas no interior do contexto de justificação relevante. A verdade não pode ser reduzida nem à certeza comportamental nem à afirmabilidade justificada. Evidentemente, apenas as concepções fortes de conhecimento e de verdade – passíveis da acusação de platonismo – podem fazer jus à unidade do significado ilocucionário (*illocutionary*) das asserções, que assumem papéis diferentes nas esferas da ação e do discurso respectivamente. Enquanto nas práticas cotidianas as "verdades" escoram certezas comportamentais, nos discursos elas oferecem o ponto de referência para alegações de verdade que são, em princípio, falíveis.

A concepção epistêmica da verdade numa perspectiva pragmática

O problema persistente, da relação entre verdade e justificação, torna compreensível a tentativa de distinguir "verdade" de "aceitabilidade racional", por meio de uma idealização das condições de justificação. Essa tentativa propõe que uma proposição, justificada segundo "nossos" padrões, distingue-se de uma proposição verdadeira, da mesma maneira que uma proposição justificada, num dado contexto, distingue-se de uma proposição que poderia ser justificada em qualquer contexto. Uma proposição é "verdadeira" se ela pode ser justificada sob condições epistêmicas ideais (Putnam),[39] ou se pode conquistar concordância argumentativamente alcançada numa situação ideal de fala (Habermas)[40] ou numa comunidade ideal

---

39 PUTNAM, H. Introduction. In: *Realism and Reason*. Cambridge, 1983.

40 HABERMAS, J. Wahrheitstheorie. In: HABERMAS, J. *Vorstudien und Ergänzungen zur Theorie des kopmmunikativven Handelns.*

de comunicação (Apel).[41] O que é verdadeiro é o que pode ser aceito como racional sob condições ideais. Objeções convincentes a essa proposta que datam de Peirce têm sido levantadas. As objeções se dirigem, em parte, contra dificuldades conceituais relativas ao estado ideal adotado; em parte, elas mostram que uma idealização de condições justificatórias não pode atingir seu fim, porque, ou afasta a verdade para muito longe da afirmabilidade justificada, ou não a afasta o suficiente.

O primeiro tipo de objeção chama a atenção para a natureza paradoxal da noção de conhecimento "completo" ou "conclusivo", fixada como um conceito-limite – que, quando sua incompletude e sua falibilidade são retiradas dele, não se trataria mais de conhecimento (humano).[42] Paradoxal, também, é a ideia de um consenso final, ou linguagem definitiva, que levaria a uma imobilização toda comunicação ou interpretação ulterior, "resultando em que, aquilo que *deveria ser* uma situação de entendimento mútuo ideal, revelar-se-ia uma situação para além da necessidade de (e dos problemas relacionados com) processos linguísticos de obtenção de entendimento".[43] Essa objeção é dirigida não apenas contra uma idealização que hipostatiza estados finais *como estados atingíveis* no mundo. Mesmo que os pontos de referência ideais sejam compreendidos como alvos que são, em princípio, inatingíveis, ou atingíveis apenas aproximadamente, permanece "paradoxal que sejamos obrigados a nos empenhar pela realização de um ideal cuja reali-

---

41 APEL, K. O. Falibilismus, Konsenstheorie der Wahrheit und Letztbegründung. In: FORUM FÜR PHILOSOPHIE (Ed.) *Philosophie und Begründung*. Frankfurt, 1987. p.116-21.

42 LAFONT, C. Spannungen im Wahrheitsbegriff. *Deutsche Zeitschrift für Philosophie* 42, p.1007-23, 1994; WILLIAMS, M. *Unnatural Doubts*. Princeton, 1996. p.233 et seq.

43 WELLMER, A. Ethics and Dialogue. In: *The Persistence of Modernity*. Trad. D. Midgley (para o inglês). Cambridge, 1991. p.175.

zação significaria o fim da história humana".[44] Como uma ideia reguladora, o ponto crítico da orientação na direção da verdade torna-se claro apenas quando as propriedades formais ou processuais da argumentação, e *não seus alvos*, são idealizadas.

A segunda espécie de objeção conduz à mesma conclusão. Essas objeções dirigem-se, não contra os resultados incoerentes da idealização dos estados visados, mas contra a própria operação de idealização. Não importa quanto o valor das condições epistêmicas seja realçado por meio de idealizações; ou elas satisfazem o caráter incondicional das alegações de verdade por meio de requisitos que suprimem toda conexão com as práticas de justificação que nos são familiares, ou então elas mantêm a conexão com práticas que nos são familiares, pagando o preço de que a aceitabilidade racional não exclui a possibilidade de erro, mesmo sob essas condições ideais, ou seja, não simula uma propriedade "que não pode ser perdida": "Ficaria visível, ou que aquelas condições permitem a possibilidade de erro, ou que elas são tão ideais a ponto de não recorrerem à pretendida conexão com as habilidades humanas".[45]

Em seus debates com Putnam, com Apel e comigo, Rorty utiliza essas objeções não a fim de desqualificar a epistemização da verdade, mas a fim de radicalizá-la. Ele partilha, com seus oponentes, a opinião de que os padrões para a aceitabilidade racional de proposições, embora mudem historicamente, nem sempre o fazem arbitrariamente. Ao menos da perspectiva dos participantes, os padrões de racionalidade estão abertos à crítica, e podem ser "reformados", isto é, melhorados, com base em boas razões. Diferentemente de Putnam, entretanto, Rorty não quer levar em conta o fato dos processos de aprendizagem, com a admissão de que as práticas justificatórias são guiadas por

---

44 WELLMER, A. Wahrheit, Kontingenz, Moderne. In: *Endspiele*. Frankfurt, 1993. p.162. Traduzido para o inglês como *Endgames*: Essays and Lectures on the Irreconcilable Nature of Modernity. Cambridge: MIT Press, 1998.

45 DAVIDSON, D. "The Structure and Content of Truth", p.307.

uma ideia de verdade, que transcende o conceito justificatório em questão. Ele rejeita completamente a idealização de
conceitos-limite e interpreta a diferença entre justificação e
verdade de modo que um proponente esteja em princípio preparado para defender suas posições não apenas aqui e agora,
mas mesmo perante uma outra audiência. Quem quer que
esteja, nesse sentido, orientado para a verdade, está pronto "a
justificar suas convicções frente a uma audiência competente",
ou "a aumentar o tamanho ou a diversidade da comunidade
de interlocução".[46] Na visão de Rorty, toda idealização que
avança mais que isso tropeça no problema de que, ao idealizar,
devemos sempre tomar algo de familiar como nosso ponto de
partida; geralmente somos "nós", ou seja, a comunidade de
comunicação como estamos familiarizados com ela:

> Não posso ver o que "aceitabilidade racional idealizada" pos-
> sa significar, senão "aceitabilidade para uma comunidade ideal."
> Nem posso conceber, dado que nenhuma comunidade dessas vai
> ter a visão do olho de Deus, que essa comunidade ideal possa ser
> algo mais do que nós como gostaríamos de ser. Nem posso ver
> o que "nós" pode significar aqui exceto: nós liberais educados,
> sofisticados, tolerantes e moles, pessoas que estão sempre dese-
> josas de ouvir o outro lado, a pensar todas as implicações, etc.[47]

Certamente, pode-se objetar a isso, que uma idealização
das condições justificatórias de modo algum precisa tomar as
"espessas" características de uma determinada cultura como
seu ponto de partida; antes, ela pode começar com as características formais e processuais das práticas justificatórias em
geral, que, afinal de contas, podem ser encontradas em todas as
culturas – mesmo que nem sempre de forma institucionalizada.

---

46 RORTY, R. Sind Aussagen universelle Geltungansprüche? *Deutsche Zeits-
crift für Philosophie* 6, p.982 et seq., 1994.
47 RORTY, R. "Putman and the Relativist Menace", p.451 et seq.

O fato de que a prática da argumentação compele os próprios praticantes a fazer pressuposições pragmáticas, com um conteúdo contrafatual, ajusta-se perfeitamente a isso. Quem quer que entre em discussão, com a séria intenção de ser convencido de alguma coisa, por meio do diálogo com outros, tem de presumir, performativamente, que os participantes permitem que os seus "sim" e "não" sejam determinados tão-somente pela força do melhor argumento. Entretanto, com isso, assumem – normalmente de um modo contrafatual – uma situação de fala que satisfaz condições improváveis: abertura ao público, inclusividade, direitos iguais de participação, imunização contra compulsão, externa ou inerente, do mesmo modo que a orientação dos participantes para a obtenção de entendimento (isto é, a expressão sincera de declarações).[48] Nesses pressupostos inevitáveis da argumentação está expressa a intuição de que as proposições verdadeiras resistem a tentativas de refutação não constrangidas, seja espacial, social, seja temporalmente. O que sustentamos como verdade deve ser defensável, com base em boas razões, não só num outro contexto, mas em todos os contextos possíveis, isto é, em qualquer tempo e contra qualquer pessoa. Isso dá a inspiração para a teoria do discurso sobre a verdade: uma proposição é verdadeira se ela suporta todas as tentativas de refutá-la, sob as condições exigentes do discurso racional.[49]

Entretanto, isso não significa que ela seja verdadeira *por essa razão*. Uma alegação de verdade levantada em relação a "*p*" diz que as condições de verdade para "*p*" estão satisfeitas. Não temos outra maneira de afirmar se é ou não é esse o caso, senão por intermédio da argumentação, pois o acesso direto a condições de verdade não interpretadas nos é negado. Mas o fato de

---

48 HABERMAS, J. Remarks on Discourse Ethics. In: *Justification and Application*. Trad. C. Cronin (para o inglês). Cambridge, 1993. p.30 et seq., p.58 et seq.

49 WINGERT, L. *Gemeinsinn und Moral*. Frankfurt, 1993. p.277.

que as condições de verdade estão agora satisfeitas não se torna, por si mesmo, um fato epistêmico, simplesmente porque nós somente podemos *estabelecer* se essas condições estão satisfeitas por meio da sustentação discursiva da pretensão de verdade – pelo que já tivemos de interpretar as condições de verdade à luz de espécies relevantes de razões para a alegação em questão.

Uma leitura, epistemicamente consistente, da explicação discurso-teórica (*discourse-theoretical*) da verdade já tropeça no problema de que nem todas as propriedades processuais mencionadas retêm uma "conexão com habilidades humanas". Sem embargo, em relação aos pressupostos argumentativos de inclusividade geral, direitos iguais de participação, liberdade diante da repressão e orientação para a consecução de entendimento, podemos imaginar, *no presente*, como seria sua satisfação aproximadamente ideal. Isso não funciona como antecipação do futuro de uma futura corroboração (*Bewährung*).* Certamente, a orientação para o futuro tem, também, *essencialmente*, a função crítica de nos lembrar da limitação etnocêntrica e da falibilidade de todo consenso efetivamente conseguido, independentemente de quão motivado racionalmente; isto é, serve como um lembrete, para nós, de um possível descentramento posterior da perspectiva da nossa comunidade de justificação. O tempo, entretanto, é uma limitação de natureza ontológica. Pelo fato de que todos os discursos reais, conduzidos em um determinado tempo, estão limitados em relação ao futuro, não

---

* A expressão alemã *"sich bewären"* e seus cognatos têm sido geralmente traduzidos aqui por "provar-se verdadeiro" (no sentido de "resultar ser verdadeiro"), de modo que preserve sua conexão com *"wahr"*, verdadeiro. *Sich bewähren* é provar ser verdadeiro no sentido de suportar o teste, o escrutínio crítico. Entretanto, por ser o termo que Albrecht Wellmer usou para traduzir "corroboração", na sua influente discussão de Popper, na qual a referência é claramente à ideia de Wellmer de antecipar a futura *"Bewährung"*, o termo "corroboração" é utilizado. Ver: WELLMER, A. *Critical Theory of Society*. Trad. J. Cumminng (para o inglês). Nova York, 1974). (Nota do editor R. Brandom)

podemos saber se as proposições que são hoje racionalmente aceitáveis prevalecerão igualmente, mesmo sob condições aproximadamente ideais, diante de futuras tentativas de refutá--las. Porém, essa própria limitação condena nossas mentes finitas a contentarem-se com a aceitabilidade racional, como *uma prova suficiente* de verdade:

> Sempre que fazemos alegações de verdade com base em bons argumentos e evidência convincente, nós *presumimos* ... que nenhum argumento ou evidência novos aparecerão, no futuro, que coloquem em questão nossa alegação de verdade.[50]

Não é tão difícil entender por que os participantes de uma argumentação, como sujeitos capazes de fala e ação, têm de se comportar desse modo, se olharmos para uma descrição pragmatista de seus discursos, que estão assentados no mundo vivido. Nas práticas cotidianas, como vimos, os indivíduos socializados estão dependentes de certezas comportamentais, que permanecem certezas apenas enquanto estão sustentadas por um conhecimento que é aceito sem reservas. Em correspondência a isso, está o fato gramatical de que, quando apresentamos a asserção *"p"* numa atitude performativa, temos de acreditar que *"p"* é verdadeiro incondicionalmente, embora, quando adotamos uma atitude reflexiva, não possamos excluir que amanhã, ou em algum outro lugar, razões e evidências venham a emergir que invalidem *"p"*. Entretanto, isso ainda não explica por que *temos permissão* para considerar uma alegação de verdade, levantada para *"p"*, como provada, logo que a proposição é racionalmente aceita sob condições do discurso racional. O que significa dizer que alegações de verdade podem ser "sustentadas" discursivamente?

---

50 WELLMER, A. "Wahrheit", p.163. Cf. as reflexões correspondentes acerca de "superafirmabilidade" em WRIGHT, C. *Truth and Objectivity*. Cambridge, 1992.

A concepção pragmática da verdade

Ainda não está claro o que é que nos *autoriza* a considerar como verdadeira uma proposição que presumimos ser justificada idealmente – nos limites das mentes finitas. Wellmer fala, a esse respeito, de um "excedente" que reside na "antecipação de futura corroboração". Talvez fosse melhor dizer que os participantes de uma argumentação, que se convencem da justificação de uma controversa alegação de validade, alcançaram um ponto a que foram conduzidos, pela força não coagida do melhor argumento, a uma certa *mudança de perspectiva*. Quando, no curso de um processo de argumentação, os participantes atingem a convicção de que, tendo incorporado toda a informação relevante, e tendo ponderado todas as razões relevantes, esgotaram o reservatório das potenciais objeções possíveis a "*p*", então todos os motivos para a continuação da argumentação foram, digamos, gastos. De todo modo, não há mais nenhuma motivação racional para reter uma atitude hipotética, em relação à alegação de verdade, levantada para "*p*", mas temporariamente deixada em aberto. Desde a perspectiva dos atores, que adotaram temporariamente uma atitude reflexiva a fim de restaurar um entendimento de fundo, parcialmente perturbado, a desproblematização de uma alegação de verdade, questionada, significa que uma licença foi dada para retornar a uma atitude de atores que estão envolvidos num trato mais ingênuo com o mundo. Tão logo as diferenças de opinião estejam resolvidas entre "nós" e "outros", a respeito de qual é o caso, "nosso" mundo pode fundir-se, uma vez mais, como "o" mundo.

Quando essa troca ocorre, nós, que como participantes de uma argumentação aceitamos como justificada a alegação de verdade para "*p*", voltamos a atribuir ao estado de coisas "que *p*" – problematizado até aqui – seus direitos como uma asserção M*p*, que pode ser feita da perspectiva da primeira pessoa. Uma asserção que foi *descartada* argumentativamente dessa maneira,

Filosofia, racionalidade, democracia

e que retornou ao campo da ação, toma seu lugar num mundo vivido, intersubjetivamente compartilhado, do interior de cujo horizonte, nós, os atores, referimo-nos a algo num mundo objetivo único. Trata-se aqui de uma suposição *formal*, não de uma que pré-julga o conteúdo objetivo, nem de uma que sugere a meta da "imagem correta da natureza das coisas", que Rorty sempre vincula a uma intuição realista. Pelo fato de que os sujeitos agentes têm de lidar com "o" mundo, eles não podem evitar serem realistas, no contexto de seu mundo vivido. Ademais, eles têm permissão para ser realistas, porque suas práticas e jogos de linguagem, enquanto funcionam de um modo que é prova contra desapontamento, "demonstram sua verdade" (*sich bewähren*) ao serem levados adiante.

Essa autoridade pragmática, responsável pela certeza – interpretada, de um modo realista, com a ajuda da suposição de um mundo objetivo –, fica suspensa, no nível reflexivo dos discursos que são dispensados dos compromissos da ação, e onde só os argumentos contam. Aqui, nosso olhar se afasta do mundo objetivo e das frustrações que experimentamos no nosso trato direto com ele, para focalizar exclusivamente nossas interpretações conflitantes do mundo. Nessa dimensão intersubjetiva de interpretações contestadas, uma asserção "prova-se verdadeira" apenas com base em razões, ou seja, em relação à autoridade responsável pela possível refutação, não pela frustração praticamente experimentada. Aqui, entretanto, a consciência falibilista, de que podemos errar mesmo no caso de crenças bem justificadas, depende de uma orientação na direção da verdade, cujas raízes se estendem até o realismo das práticas cotidianas – um realismo que não tem mais força no interior do discurso. A orientação para uma verdade incondicional, que compele os participantes de uma argumentação a pressupor condições ideais de justificação, e exige deles um sempre crescente descentramento da comunidade de justificação, é um reflexo dessa outra diferença – requerida no mundo vivido – entre acreditar e saber; essa distinção se baseia na suposição, ancorada no uso comunicativo da linguagem, de um mundo objetivo único.[51] Desse modo, o mundo vivido, com suas concepções de verdade e conhecimento fortes e relacionadas com a ação, projeta-se para dentro do discurso e oferece o ponto de referência – transcendendo a justificação – que mantém viva, entre os participantes da argumentação, uma consciência da falibilidade de suas interpretações. Inversamente, essa consciência falibilista reage também de volta sobre as práticas cotidianas, sem por isso destruir o dogmatismo do mundo vivido. Pois os autores, que, como participantes de uma argumentação, aprenderam que nenhuma convicção é prova contra uma crítica, desenvolvem, no mundo vivido, também atitudes bem menos dogmáticas em relação às suas convicções problematizadas.

Essa percepção estereoscópica dos processos de cooperação e comunicação, em camadas, de acordo com os contextos de ação e os discursos, permite-nos reconhecer o *embasamento* dos discursos no mundo vivido. As convicções têm um papel diferente, na ação e no discurso, e "provam sua verdade" de um modo também diferente, num e noutro. Nas práticas cotidianas, um reflexivo "lidar com o mundo" decide se as convicções "funcionam" ou se serão arrastadas para o turbilhão da problematização, enquanto na argumentação depende apenas de razões que expressem se as alegações de verdade controversas merecem ou não um reconhecimento racionalmente motivado. É verdade que a questão da relação interna entre justificação e verdade põe-se apenas no nível reflexivo; entretanto, só a interação entre ações e discursos permite uma resposta a essa questão. A dúvida contextualista não pode ser dissipada en-

---

51 Cf. LAFONT. "Spannungen im Wahrheitsbegriff", p.1021: "Só a pressuposição de um único mundo objetivo... permite[-nos] tornar a validade incondicional da verdade compatível com o entendimento do conhecimento como falível".

quanto insistirmos em permanecer no nível da argumentação e negligenciarmos a transformação – assegurada como que por uma união pessoal – do conhecimento daqueles que agem, no conhecimento daqueles que argumentam; enquanto igualmente negligenciarmos a transferência do conhecimento na direção oposta. Apenas o entrelaçamento dos dois papéis pragmáticos, representados respectivamente pelo conceito bifronte da verdade em contextos de ação e em discursos racionais, pode explicar por que uma justificação bem-sucedida, num contexto local, conta a favor da verdade independente de contexto, da crença justificada. Do mesmo modo que, por um lado, o conceito de verdade permite a tradução de abaladas certezas comportamentais em proposições problematizadas, também, por outro lado, a orientação para a verdade, firmemente mantida, permite a *retrotradução* de asserções discursivamente justificadas em certezas comportamentais restabelecidas.

Para explicar isso, temos apenas de reunir, do modo certo, os juízos parciais formulados até aqui. No mundo vivido, os atores dependem de certezas comportamentais. Eles têm de lidar com um mundo tomado como objetivo e, por essa razão, têm de operar com a distinção entre acreditar e conhecer.[52] Há

---

52 Não posso, no presente contexto, tratar da moral e de outras afirmações de validade normativa, que têm uma orientação intrínseca para a comprovação discursiva. Falta-lhes a propriedade de "transcender a justificação", que se soma às alegações de verdade por meio da suposição de um só mundo objetivo, implicado o uso comunicativo da linguagem. Alegações de validade normativa são levantadas para relações interpessoais, no interior de um mundo social que não é independente da "nossa confecção", como é o mundo objetivo. O tratamento discursivo de alegações normativas é, entretanto, "análogo à verdade", à medida que os participantes do discurso prático são guiados pela meta de uma "única resposta certa", obrigatória, permitida ou proibida. O mundo social é intrinsecamente histórico, isto é, ontologicamente constituído de um modo diferente daquele do mundo objetivo. Por essa razão, no caso do mundo social, a idealização de condições justificatórias não pode incluir uma "antecipa-

uma necessidade *prática* de apoiar-se intuitivamente no que é incondicionalmente tomado como verdadeiro. Esse modo de um incondicional tomar como verdade reflete-se, no nível discursivo, nas conotações de alegações de verdade, que apontam para além do contexto dado de justificação e requerem a suposição de condições justificatórias ideais – com o resultante descentramento da comunidade de justificação. Por essa razão, o processo de justificação pode ser guiado por uma noção de verdade que *transcende a justificação*, embora seja *sempre já operativamente efetiva no campo da ação*. A função da validade de afirmações nas práticas cotidianas explica por que a sustentação discursiva de alegações de validade pode, ao mesmo tempo, ser interpretada como a satisfação de uma necessidade pragmática de justificação. Essa necessidade de justificação, que desencadeia a transformação de certezas comportamentais abaladas em alegações de validade problematizadas, pode ser satisfeita apenas por uma retradução de crenças discursivamente justificadas, de volta para verdades comportamentais.

Pelo fato de que, no final, é essa interação que dissipa a dúvida contextualista acerca das intuições realistas cotidianas, uma objeção provável é que a disputa fica, no todo, prejudicada por minha descrição tendenciosa do embasamento dos discursos no mundo vivido. Rorty certamente não negaria a conexão

---

ção de futura corroboração (*Bwärung*)", no sentido de uma refutação antecipada de futuras objeções (Wingert), mas apenas no sentido crítico de uma provisão relativa à aproximação, isto é, uma provisão relativa à justificação do estado de descentramento realmente atingido por uma comunidade de justificação. A indicação discursiva de uma alegação de verdade diz que as condições de verdade, interpretadas como condições de afirmabilidade, estão satisfeitas. No caso de uma alegação normativa de validade, o acordo discursivamente alcançado fundamenta o valor (*worthiness*) da norma a ser reconhecido; nessa medida, o próprio acordo contribui para a satisfação das condições de validade da norma. Enquanto a aceitabilidade racional apenas indica a verdade de uma proposição, ela oferece uma contribuição construtiva para a validade das normas.

entre discurso racional e ação. Ele também concordaria com nosso estabelecimento de uma conexão entre as duas perspectivas: a perspectiva dos participantes de uma argumentação, que procuram convencer uns aos outros da correção de suas interpretações, e a perspectiva de sujeitos agentes, envolvidos em suas práticas e jogos de linguagem. Entretanto, Rorty não distinguiria essas perspectivas uma da outra, de um modo tal, que uma fosse relativizada pela outra. Para o propósito de sua descrição, ele toma emprestado, da perspectiva dos participantes na argumentação, o aprisionamento no diálogo, que nos impede que nos libertemos de contextos de justificação; ao mesmo tempo, ele toma emprestado, da perspectiva dos atores, o modo de lidar com o mundo. É por meio da *mistura, uma na outra*, dessas perspectivas opostas, que a certeza etnocêntrica se forma – uma certeza que leva Rorty a fazer a pergunta por que haveríamos de tentar pôr o conhecimento contextualista, obtido por intermédio da experiência reflexiva na argumentação, em harmonia com o realismo cotidiano atribuído ao mundo vivido. Se os atores no mundo vivido não podem – temporariamente – evitar ser "realistas", pior para eles. Nesse caso, cabe aos filósofos reformar a enganosa concepção de verdade do senso comum.

Certamente, um deflacionismo que opere, na linha de Michael Williams, com uma concepção semântica de verdade, é ainda demasiado forte para esse propósito. Em vez dele, Rorty leva rigorosamente a termo uma epistemização do conceito de verdade. Porque não há nada além de justificação, e porque nada se conclui da verdade de uma proposição a partir de sua afirmabilidade justificada – o conceito de verdade é supérfluo. "A diferença entre justificação e verdade não faz nenhuma diferença, exceto para lembrar que a justificação para uma audiência não é justificação para outra."[53] Mesmo o único uso não redundante

---

53 RORTY, R. "Is Truth a Goal of Inquiry?", p.300.

do predicado-verdade – o uso "acautelatório" – exige uma reinterpretação. É uma questão de inventar e implementar um novo vocabulário, que passe sem um conceito de verdade e elimine as intuições realistas (tais como a suposição de um mundo objetivo, a conversa acerca da representação dos fatos etc.):

> Nós simplesmente nos recusamos a falar de um certo modo, do modo platônico ... Nossos esforços de persuasão devem tomar a forma de uma inculcação gradual de novos modos de falar, em vez de uma argumentação direta contra os velhos modos de falar.[54]

A naturalização da razão linguistificada

O programa rortyano de reeducação tem provocado questões e objeções.[55] Para começar, o próprio Rorty deve carregar o ônus da prova, por sua má vontade em deixar a linguagem do senso comum como ela está. Como regra, os pragmatistas fazem concessões substanciais em seu próprio favor, baseados em que suas concepções se identificam com o senso comum. Estranhamente, os neopragmatistas gabam-se de seu papel como "ateístas numa cultura predominantemente religiosa". Sua terapia deve supostamente varar os patológicos jogos de linguagem dos filósofos e atingir as distorções de responsabilidade do platonismo na vida cotidiana. A fim de tornar plausível a violência idealista do platonismo, Rorty tem de se permitir um diagnóstico da história da metafísica ocidental como um declínio. Entretanto, o que Heidegger ou Derrida, por exemplo, têm a dizer, nos seus modos bastante metafísicos, acerca da crítica da metafísica, é, na apreciação de Rorty, mais parte da literatura

---

54 RORTY, R. "Relativism: Finding and Making", Ms., 1995, p.5.
55 McCARTHY, T. Philosophy and Social Practice: Richard Rorty's 'New Pragmatism. In: *Ideals and Illusions*. Cambridge, 1991. p.11-34.

"edificante", que deve ser reservada ao aperfeiçoamento particular do eu, e não pode, de maneira nenhuma, servir à crítica pública de condições de vida alienadas.[56]

Certamente, mais importante que a motivação desse empreendimento é a questão de sua viabilidade. Eu gostaria de concluir com apenas duas questões a respeito:

a) A revisão desejada de nossa autocompreensão é compatível com uma habilidade para aprender, que não já seja constrita *a priori*?

b) O que será do caráter normativo da razão, e quão oposta à nossa intuição é a sugerida autocompreensão neodarwiniana dos seres racionais?

a) O programa de uma revisão racional dos preconceitos platônicos, profundamente arraigados, presume que sejamos capazes de um processo de aprendizagem, que não apenas pode ocorrer nos limites de um dado vocabulário e de acordo com os padrões prevalecentes num dado contexto, mas que atinge o vocabulário e os padrões eles próprios. Só essa razão já exige que Rorty ofereça o equivalente apropriado de uma orientação para a verdade que vise para além do contexto de justificação prevalecente. Se, entretanto, a distinção entre "verdadeiro" e "justificado" fica reduzida ao fato de que o proponente está preparado para defender "*p*", mesmo diante de uma audiência *diferente*, fica faltando o ponto de referência para uma tal antecipação [da verdade]. Rorty enfrenta essa objeção concedendo uma idealização cautelosa das condições justificatórias. Ele concede que o que tradicionalmente foi chamado de "busca da verdade" poderia muito bem ser descrito como "busca de concordância intersubjetiva não imposta, em grupos mais e mais

---

56 RORTY, R. Habermas, Derrida, and the Functions of Philosophy. *Revue Internationale de Philosophie* 49, p. 437-60, 1995. Ver réplica de Habermas na p.553-6 da mesma obra.

amplos de interlocutores": "Esperamos justificar nossa crença frente a tantas e tão amplas audiências quanto possíveis".[57] Rorty, é verdade, não quer que isso seja entendido como uma orientação na direção de um "objetivo sempre em fuga", isto é, como uma ideia reguladora. Mesmo a audiência mais ampla e o contexto mais abrangente não devem ser mais que uma audiência diferente e um contexto diferente. Sem embargo, Rorty acrescenta a essa descrição as qualificações mencionadas: amplitude e diversidade sempre crescentes – ou seja, condições que amarram, de modos determinados, não completamente arbitrários, o possível sucesso de uma argumentação.

Rorty não pode explicar esse impedimento, desnecessário de um ponto de vista funcional, ao sucesso de uma argumentação. Com a orientação para "mais e mais", "maiores e maiores", e "crescentemente diversas" audiências, Rorty introduz uma fraca idealização, que, no seu argumento, está longe de ser autoevidente. Tão logo o conceito de verdade é eliminado, em benefício de uma validade para nós dependente do contexto, fica faltando o ponto de referência normativo, necessário para explicar por que um proponente deveria tentar procurar acordo para *"p", para além das fronteiras de seu próprio grupo*. A informação de que o acordo de uma audiência cada vez maior nos dá cada vez menos razão para temer sermos refutados, pressupõe o interesse mesmo que tem de ser explicado: o desejo de "tanto acordo subjetivo quanto seja possível". Se algo é "verdadeiro" se, e só se, é reconhecido como justificado "por nós", porque é bom "para nós", não há motivo racional para expandir o círculo de seus membros. Não há razão para a descentralizadora expansão da comunidade de justificação, especialmente desde quando Rorty define "meu próprio ethos" como o grupo diante do qual me sinto obrigado a me explicar. Não há,

---

57 RORTY, R. "Is Truth a Goal of Inquiry?", p.298.

entretanto, justificação normativa para qualquer orientação ulterior, na direção do acordo com "estranhos", mas, meramente, um indicador explanatório para os aspectos arbitrários de uma "cultura ocidental liberal", na qual "nós intelectuais" adotamos uma atitude mais ou menos não dogmática. Mesmo nós, porém, somos assegurados, por Rorty, de que "devemos, na prática, privilegiar nosso próprio grupo, mesmo que não haja nenhuma justificativa não circular para fazê-lo".[58]

b) Ao perder a ideia reguladora de verdade, a prática da justificação perde aquele ponto de orientação por meio do qual os padrões de justificação são distinguidos das normas "costumeiras". A sociologização da prática de justificação significa uma naturalização da razão. Como regra, normas sociais podem ser descritas não apenas do ponto de vista de um observador sociológico, mas também da perspectiva dos participantes, à luz dos padrões que sustentam como verdadeiros. Sem uma referência à verdade ou à razão, entretanto, os próprios padrões não teriam mais nenhuma possibilidade de autocorreção, e por sua parte perderiam o *status* de normas capazes de ser justificadas. Nesse aspecto, deixariam de ser, até mesmo, normas costumeiras. Não seriam *nada além de* fatos sociais, embora continuassem a alegar validade "para nós", a comunidade relevante de justificação. Se, a despeito disso, a prática de justificação não deve implodir, e se o predicado "racional" não deve perder seu caráter normativo – isto é, se ambos devem continuar a poder funcionar –, os padrões de racionalidade válidos para nós têm de ser, se não justificados, então pelo menos explicados.

Para isso, Rorty recai numa descrição naturalista dos seres humanos como organismos que desenvolvem ferramentas, a fim de melhor se adaptarem ao seu ambiente, com o propósito

---

58 RORTY, R. *Philosophical Papers I:* Objectivity, Relativism, and Truth. Cambridge, 1991. p.29.

de satisfazer suas necessidades. A linguagem também é uma ferramenta – e não, por exemplo, um meio para representar a realidade: "Não importa se a ferramenta é um martelo ou uma pistola ou uma crença ou uma afirmação, o uso de ferramentas é parte da interação do organismo com o ambiente".[59] O que aparece para nós como a dimensão normativa da mente humana, linguisticamente constituída, apenas dá expressão ao fato de que operações inteligentes são funcionais para a preservação de uma espécie que, por intermédio do agir, deve "lidar" com a realidade. Essa autodescrição neodarwinista cobra um preço irônico. Pois Rorty, ao pôr a "adaptação bem-sucedida ao meio" no lugar da "correta descrição dos fatos", apenas troca um tipo de objetivismo por outro: o objetivismo da realidade "representada" pelo objetivismo da realidade instrumentalmente "dominada". Embora possamos admitir que, com isso, a direção de adequação para a interação entre seres humanos e o mundo fica alterada, o que permanece igual é o ponto de referência de um mundo objetivo, como a totalidade de tudo o que nós, num caso, "representamos", e com que nós, no outro caso, "lidamos".

A virada pragmática deveria substituir o modelo representacionista do conhecimento por um modelo de comunicação, que põe a bem-sucedida mútua compreensão (*Verständigung*), intersubjetiva no lugar de uma objetividade quimérica da experiência. É, entretanto, exatamente essa dimensão intersubjetiva que é, por sua vez, bloqueada, numa descrição objetivante dos processos de cooperação e comunicação, que podem ser apreendidos, como tal, somente da perspectiva dos participantes. Rorty utiliza um jargão que não permite mais uma diferenciação entre as perspectivas do participante e do observador. As relações interpessoais, que são devidas à posse intersubjetiva de uma

---

59 RORTY, R. "Relativism: Finding and Making", p.11 et seq.

língua compartilhada, ficam assimiladas ao padrão de um comportamento adaptativo (ou de uma ação instrumental). Uma correspondente desdiferenciação, entre o uso estratégico e não estratégico da linguagem, entre a ação dirigida para o sucesso e a ação dirigida para atingir compreensão, priva Rorty dos meios conceituais para fazer justiça às distinções, intuitivas, entre convencer e persuadir, entre a motivação por meio da razão e o exercício causal de influência, entre aprendizado e doutrinação. A contraintuitiva mistura de um com outro tem a desagradável consequência de perdermos os padrões críticos operantes na vida cotidiana. A estratégia naturalista de Rorty conduz a um nivelamento das categorias de distinções, de tal ordem que nossas descrições perdem sua sensibilidade a diferenças que fazem realmente diferença nas práticas cotidianas.[60]

---

60 O mesmo objetivismo e a mesma espécie de insensibilidade poderiam ser mostrados por meio da referência à descrição egocêntrica e etnocêntrica, rortyana, dos processos de interpretação, por exemplo, de casos difíceis de entendimento (*Verständigung*) intercultural. Diferentemente de Gadamer, Rorty não recorre às condições simétricas de uma adoção de perspectivas, aprendida pelos falantes e ouvintes, ao aprenderem o sistema de pronomes pessoais, e ao tornarem possível uma convergência recíproca de horizontes interpretativos, que, inicialmente, estão distantes entre si. Em vez disso, ele toma como seu ponto de partida uma relação assimétrica entre "nós" e "eles", de modo que temos de julgar suas manifestações segundo nossos padrões, e assimilar seus padrões aos nossos; cf. HABERMAS, J. *Postmetaphysical Thinking*. Trad. W.M. Hohengarten (para o inglês). Cambridge, 1992. p.135 et seq. Esse modelo assimilatório de entendimento (*Verstehen*) coincide parcialmente com o modelo de interpretação de Davidson. Entretanto, o que para Davidson é resultado de uma decisão metodológica, de considerar a interpretação de expressões linguísticas a aplicação das hipóteses de uma teoria da verdade, empiricamente orientada, resulta, para Rorty, da decisão (de significado estratégico para sua teoria) em favor de um vocabulário descritivo naturalista.

Resposta a Jürgen Habermas
(Realidade objetiva e comunidade humana)

Richard Rorty

As seções iniciais do texto de Jürgen Habermas oferecem um relato muito amigável e perspicaz dos motivos que me levaram a sustentar minhas posições filosóficas atuais. Compreendo muito melhor o percurso de meu próprio pensar depois de lê-lo. Essas seções também mostram a extensão em que Habermas e eu vemos a história da filosofia e sua situação atual em termos semelhantes.[1] Seu *O discurso filosófico da modernidade*

---

1 Concordo inteiramente com Habermas quando diz que "os paradigmas [filosóficos] não formam uma sequência arbitrária, mas uma relação dialética". Lamento ter dado a ele a impressão de que creio que os modos das coisas, ideias e palavras são incomensuráveis entre si. Penso neles como tendo sucedido uns aos outros como resultado da necessidade de uma "revolução" kuhniana, a fim de superar anomalias acumuladas. A observação de Habermas de que, do mesmo modo que a disputa escolástica sobre os universais conduziu à desvalorização da razão objetiva, "a crítica

causou em mim uma impressão muito forte. A partir do momento que eu o li, tenho pensado na "virada linguística" como incluída no movimento mais amplo, desde a racionalidade centrada no sujeito até uma racionalidade comunicativa. Mas os motivos que Habermas tem para louvar esse movimento são os mesmos que me conduzem a proceder ao que ele chama de "virada pragmatista" – isto é, a exaltar a solidariedade acima da objetividade, a duvidar de que exista um "desejo de verdade" distinto de um desejo de justificação, e a sustentar que, nas palavras de Habermas,

> "estar em contato com a realidade" deve ser traduzido por "estar em contato com uma comunidade humana", de um modo tal que a intuição realista – à qual o mentalismo queria fazer justiça com seu espelho da natureza e com sua correspondência entre a representação e o objeto representado – desaparece completamente.

Os desacordos que permanecem entre nós começam a emergir no começo da seção do texto de Habermas chamada "Verdade e justificação". Aí ele diz que "a ideia correspondentista da verdade foi capaz de levar em conta um aspecto fundamental do significado do predicado-verdade" – a noção de uma validade incondicional. Essa é uma noção para a qual não consigo encontrar utilidade nenhuma. Num artigo intitulado "Universalidade e verdade?",* a uma de cujas versões Habermas se refere, eu

---

da introspecção e do psicologismo, ao final do século XIX, contribuiu para abalar a razão subjetiva" é uma apresentação admirável das anomalias relevantes. Concordo com Davidson quando afirma que o uso de "incomensurável", por Kuhn, para descrever a diferença entre o discurso pré e pós-revolucionário, foi infeliz. As revoluções na ciência, como em toda parte, são experiências de aprendizado, não pulos no escuro.

* É o artigo de Rorty que aparece no início da obra BRANDOM, R. (Ed.) *Rorty and His Critics*. Oxford: Blackwell Publishers, 2000. p.1-30. Aqui, esse mesmo artigo aparece como texto de abertura do primeiro diálogo. (Nota do organizador)

argumento que a mudança a favor de uma "racionalidade comunicativa" deveria levar-nos a abandonar a ideia de que, quando faço uma afirmação, faço implicitamente a alegação de poder justificá-la para todas as audiências, existentes ou possíveis.

Essa alegação seria, propus, como o campeão do vilarejo, inchado com sua vitória, predizer que pode derrotar qualquer desafiante, quando e onde seja. Talvez possa, mas não tem nenhuma boa razão para pensar assim, e não faria sentido ter tal pretensão. De modo análogo, argumentei que, quando terminarmos de justificar nossa crenças para a audiência que consideramos relevante (talvez nossa própria consciência intelectual, ou nossos concidadãos, ou os especialistas relevantes), não precisamos fazer, e caracteristicamente não fazemos, outras alegações, muito menos de alcance universal. Depois de apresentar nossa justificação, podemos dizer "É por isso que penso que minha afirmação é verdadeira", ou "É por isso que minha afirmação é verdadeira", ou dizer ambas as coisas. Ir da primeira afirmação para a segunda não é uma significativa transição filosófica da particularidade à universalidade, ou uma passagem de uma dependência de contexto a uma independência de contexto. É apenas uma diferença estilística.

De modo que, quando Habermas diz que há uma "conexão interna entre justificação e verdade", uma conexão que "explica por que podemos, à luz da evidência de que dispomos, levantar uma alegação incondicional de verdade que aponta para além do que está justificado", eu protesto que simplesmente não há aí um *explicandum*. Não miramos para além do que está justificado. Nenhuma alegação incondicional de verdade foi feita. Não se trata de que, como diz Habermas: "Aquilo que sustentamos ser verdadeiro tem de ser defensável com base em boas razões, em todos os contextos possíveis". Se se tratasse, eu estaria – sempre que adquirisse uma crença – tacitamente fazendo uma predição empírica, extremamente injustificada, acerca do que aconteceria, em um número potencialmente infinito de contextos justificatórios, diante de um conjunto de audiências potencialmente infinitamente diverso. Acho isso tão pouco plausível quanto a sugestão, notoriamente oferecida pelos positivistas lógicos: de que toda asserção empírica é uma previsão acerca de um número potencialmente infinito de futuros dados sensíveis.

Também, quando Habermas faz uma distinção entre "dois papéis pragmáticos ... representados pelo duplo conceito de verdade, em contextos de ação e em discursos racionais respectivamente", e quando ele prossegue dizendo que "o conceito de verdade permite a tradução de certezas comportamentais abaladas, em proposições problematizadas", eu acrescentaria que ele está ignorando a tese de Peirce, de que as crenças são apenas hábitos de ação. Um discurso racional é simplesmente mais um contexto de ação, no qual uma certeza comportamental se evidencia. Não há nenhum duplo papel a ser representado e nenhuma tradução a ser realizada.

Os discursos racionais são a espécie de contexto de ação no qual se está tentando adquirir melhores hábitos de ação, por comparação e contraste dos seus próprios hábitos com os de outras pessoas. Nesses contextos, sua certeza comportamental evidencia-se na tentativa de justificar a própria crença. Você bem pode mudar sua crença, como resultado da participação no discurso racional, do mesmo modo que você pode mudá-la como resultado de sua falta de sucesso em lidar com o ambiente não humano. Mas quando você passa de confrontos com a parte não humana, não linguística de seu ambiente, para confrontos com a parte humana, usuária de linguagem e argumentadora, não há nenhuma transição que exija explicação ou mediação. A passagem de um contexto de ação para outro não levanta problemas filosóficos que possam ser resolvidos por meio de uma compreensão melhor do conceito de verdade.

Não há nada a ser entendido acerca do conceito de X, exceto os vários usos do termo "X". Isso vale igualmente para o conceito de verdade. "Verdadeiro" é um termo que podemos, se quisermos, aplicar a todas as asserções que nos sentimos justificados em fazer, ou que sentimos que outros estão justificados em fazer. Nós, por isso, endossamos essas asserções. Mas podemos também acrescentar, depois de qualquer asserção que nós ou outros fizermos, "Mas naturalmente alguém, algum dia (talvez nós mesmos, hoje), pode levantar algo (evidência nova, uma hipótese explicativa melhor etc.) que mostre que aquela asserção não era verdadeira". Isso é um exemplo do uso acautelatório de "verdadeiro". Não vejo por que o fato de que o termo "verdadeiro" tem tanto um uso endossante quanto um uso acautelatório deva nos levar a achar que há uma "conexão interna" entre justificação e verdade, ou entre asserção e incondicionalidade, ou a pensar que um relato deflacionário da verdade é, como Habermas alega, aceitável apenas se "pode continuar a sustentar intuições realistas".

Há certamente algo de incondicional acerca da verdade. Essa incondicionalidade é expressa pelo fato de que, uma vez verdadeiro, sempre verdadeiro: consideramos incorrendo em erro as pessoas que usam a palavra em expressões como "verdadeiro então, mas não agora". Desde quando "uma vez justificado, sempre justificado" é obviamente falso, pode-se realmente expressar o contraste entre verdade e justificação como um contraste entre o incondicional e o condicional. Mas a incondicionalidade em questão não oferece uma *razão* para o fato de que o uso acautelatório de "verdadeiro" é sempre apropriado. Dizer que a verdade é eterna e imutável é apenas uma maneira pitoresca de *reafirmar* esse fato acerca de nossas práticas linguísticas. Toda a força pragmática da alegação de que a verdade não é condicional está em *expressar* a disposição de mudar de opinião se as circunstâncias se alterarem, e não em explicar ou justificar essa disposição. Não somos contritamente falíveis porque estamos abismados pela incondicionalidade da verdade. Em vez disso, falar da verdade como sendo incondicional é apenas mais uma maneira de expressar nosso senso de falibilidade contrita (ou, dito de modo mais forte, nosso senso da desejabilidade de comparar nossos hábitos de ações com os de outros, a fim de ver se podemos desenvolver hábitos mais efetivos). A incondicionalidade da verdade não tem nenhum conteúdo positivo, para além ou acima da função acautelatória de expressões como "justificado, mas talvez não verdadeiro".

Da maneira como vejo, os filósofos que pensam que temos um dever para com a verdade, ou que devemos dar valor à verdade, ou que devemos ter fé na verdade, estão se envolvendo numa hipostatização desnecessária e enganadora.[2] Da mesma maneira como os filósofos que se preocupam em saber se suas práticas de justificação são "indicativas de verdade" – se os epistemólogos vão ser, um dia, capazes de demonstrar que a justificação conduzirá, de algum modo, se Deus quiser, à verdade. Da mesma maneira – como me parece – que Habermas, quando diz que é um "fato" que "uma justificação bem-sucedida no nosso contexto justificatório pesa a favor da verdade independente de contexto da proposição justificada".

"Nosso contexto justificatório." O contexto justificatório *de quem?* Certamente, nem todo e qualquer desses contextos tem essa característica desejável. Contextos justificatórios passados (os da ciência primitiva, da política racista, e semelhantes) já não nos afastaram da verdade? A fim de lidar com tais questões retóricas, Habermas introduz a distinção entre convencer as pessoas racionalmente e manipulá-las estrategicamente para que concordem com você. Ele quer dizer que apenas no primeiro caso temos justificação genuína e, portanto, indicativa de verdade. Algumas das chamadas "justificações" – aquelas

---

2 A expressão "valorizar a verdade" (*valuing truth*) é usada por Akeel Bilgrami, e a expressão "fé na verdade", por Daniel Dennett. Critico o uso polêmico dessas expressões na minha "Resposta a Dennet". Ver BRANDOM, R. (Ed.) *Rorty and His Critics*. Oxford: Blackwell Publishers, 2000. p.101-8.

Resposta a Jürgen Habermas

que nos parecem mais lavagem cerebral que apresentação de argumentos – devem ser excluídas, a fim de salvar a alegação de que "o sucesso em nosso contexto justificatório pesa a favor de uma verdade independente de contexto".

Überzeugen [convencer], em resumo, pesa a favor de tal verdade, mas *überreden* [manipular] não. Desse modo, vemos Habermas criticando-me por varrer essa distinção para debaixo do tapete:

> Uma ... recusa a diferenciar os usos estratégicos da linguagem dos usos não estratégicos, entre ação orientada para o sucesso e orientada para o entendimento, priva Rorty de ferramentas conceituais para fazer justiça às distinções intuitivas entre convencer racionalmente e persuadir, entre a motivação através de razões e o uso causal de influência, entre aprender e doutrinar. (... *zwischen Überzeugen e Überreden, zwischen der Motivierung durch Gründe und kausaler Einflussnahme, zwischen Lernen und Indoktrination* ...)

Habermas e eu podemos concordar que certas práticas e instituições sociais desejáveis não poderiam sobreviver, a menos que os participantes pudessem utilizar essas distinções do senso comum. Mas entendo que essas distinções são tão dependentes de contexto quanto a distinção entre justificação suficiente e insuficiente. Desse modo, não posso entender como poderiam servir de instrumentos conceituais para nos dizer quando estamos sendo levados na direção de verdades independentes de contexto. Toda a ideia de uma independência de contexto, no meu entendimento, é parte de um esforço infeliz para hipostatizar o adjetivo "verdadeiro". É só essa hipostatização que cria a impressão de que há uma meta de investigação, além da justificação perante audiências contemporâneas relevantes.

Essa hipostatização é exemplificada pela alegação, de Habermas, de que "as proposições verdadeiras são resistentes a tentativas, não espacial, social e temporalmente constrangidas, de refutá-las".[3] Mas as proposições são apenas asserções hipostatizadas. Atribuir-lhes poderes causais, tais como a habilidade de resistir, é a mesma jogada que Platão fez, quando hipostatizou o adjetivo "bom" e deu poder causal à ideia resultante. Platão pensou que, só dando poder ao bem, explicaria o apelo à virtude moral. Habermas pensa que, só dando poder às proposições verdadeiras, ele pode explicar o apelo de virtudes intelectuais, tais como o interesse em ouvir o outro lado. Mas "A verdade resiste às tentativas de refutá-la", ou "A verdade não pode perder num confronto livre e aberto", é pragmaticamente tão vazio quanto "As pessoas sadias não adoecem". Se elas adoecem, não eram sadias. O que é refutado nunca foi verdadeiro. Uma propriedade intrínseca chamada "verdade" não explica a resistência à refutação mais que uma propriedade chamada "saúde" explica resistência à doença.[4]

Habermas diz, corretamente, que estou tentando pôr uma descrição neodarwiniana dos seres humanos no lugar de uma que distingue acentuadamente entre o que os animais fazem (manipulação causal) e o que nós fazemos (oferecer argumentos racionalmente convincentes). Para levar a cabo essa substituição, preciso dizer, primeiro, que toda argumentação é, sob uma descrição útil, uma manipulação causal (*kausaler Einflussnahme*). Em segundo lugar, preciso afirmar que alguns tipos de mani-

---

3 O original diz "wahre Aussagen gegen raümlich, sozial und zeitlich entschränkte Versuche der Widerlegnungen resistent sind". Mas Maeve Cook, o tradutor, está certo em traduzir, nesse contexto, *Aussagen* por "proposições". Pois asserções, que são eventos, não são resistores (*resistors*), embora assertores (*assertors*) possam ser. Assertores, entretanto, estão sempre bastante presos, tanto no interior de situações espaciais quanto temporais.

4 Ver JAMES, W. A concepção pragmatista da verdade. In: JAMES, W. *Pragmatismo*. Coleção Os Pensadores. São Paulo: Abril Cultural, 1979, para seu uso da analogia entre verdade, saúde e riqueza, e para sua citação de Hanschen Schlau, de Lessing: "Wie kommt es, Vetter Fritzen, dass grad' die Reichsten in der Welt, das Meiste Geld besitzen?".

Resposta a Jürgen Habermas

pulação causal, por meio da linguagem, são altamente desejáveis. A diferença entre usos estratégicos e não estratégicos da linguagem é a diferença entre o tipo de manipulação causal que gostamos que seja praticado conosco e o tipo que nos desagrada que seja praticado conosco. A esse respeito, é como a diferença entre ter nosso corpo manipulado por um doutor experiente, um que preze nossos interesses, e tê-lo manipulado por um quiroprático charlatão querendo ganhar dinheiro rapidamente.

Como entendo, a distinção filosófica entre usos estratégicos e não estratégicos da linguagem não acrescenta nada à distinção, do senso comum, entre desonestidade e sinceridade. Você está sendo o que Habermas chama de "não estratégico", se os argumentos que você oferece aos outros – embora possam parecer aos seus críticos meras diatribes retóricas – são os que você mesmo acha inteiramente persuasivos. Você está sendo o que ele chama de "estratégico", se você diz a você mesmo algo como "Meu interlocutor não entenderia ou não aceitaria os argumentos que me convenceram, por isso usarei premissas que ele aceite e termos que ele entenda, embora eu desdenhe utilizar qualquer dos dois quando em conversa comigo mesmo".[5] Nesse caso, seu interesse por seu interlocutor é do tipo daquele do quiroprático charlatão por seu paciente. Mas um quiroprático sincero e ignorante não está sendo mais "estratégico" que um orador nazista sincero e ignorante. Ambos estão sendo honestos e não estratégicos, embora nenhum dos dois tenha chance de lhe fazer algum bem.

A distinção entre honestidade e sinceridade não é ela mesma dependente de contexto (ou, pelo menos, não mais que a

---

5 Ser estratégico, dessa maneira, é algumas vezes moralmente condenável, como quando você pode facilmente equipar seu interlocutor com a habilidade para entender argumentos melhores. Outras vezes, não é condenável, como quando você está tentando evitar que uma injustiça iminente seja cometida, usando quaisquer meios que funcionem no pouco tempo disponível.

distinção entre direito e torto). A distinção entre lógica e "mera retórica", no entanto, é tão dependente de contexto quanto aquela entre a presença e a ausência de uma justificação adequada. Pois um nazista sincero pode utilizar com sucesso argumentos realmente lamentáveis para justificar infâmias – argumentos que ninguém, fora sua audiência notavelmente provinciana, ignorante e estúpida, levaria a sério. São argumentos que nós descreveríamos corretamente como "mera" manipulação causal ou "mera" retórica, ainda que, para o nazista e sua audiência estúpida, pareçam casos exemplares de persuasão racional (*überzeugende Argumentation*).

De uma perspectiva pragmatista, descrever alguém como sucumbindo ao apelo do "melhor argumento" é descrevê-lo como sendo convencido pelo tipo de razões que nos convenceram, ou nos convenceriam, da mesma conclusão. Nossos critérios para uma superioridade de argumento são relativos ao espectro de argumentos à nossa disposição. Descrever alguém como tendo chegado a uma certa conclusão por razões ruins é simplesmente dizer que as razões que o convenceram não nos convenceriam.

Habermas, entretanto, diz que, quando entramos numa discussão séria, "pressupomos performativamente que os participantes permitem que seu 'sim' ou 'não' sejam determinados pela força do melhor argumento". Mas isso é hipostatizar os argumentos, do mesmo modo que em outra parte ele hipostatiza proposições verdadeiras. Os argumentos não têm uma propriedade de superioridade, independentemente de contexto, mais que as proposições têm uma resistência a refutação, independentemente de contexto. Quando entramos numa discussão séria, naturalmente esperamos que nossos interlocutores achem convincente o mesmo tipo de considerações que nós achamos; na verdade, não estamos certos de que a discussão será ou não tomada como séria, até descobrirmos que essa esperança será correspondida. Mas essa esperança não é uma pressuposição

Resposta a Jürgen Habermas

acerca da relação de nossos interlocutores com uma ordem natural de razões, uma ordem na qual a superioridade dos argumentos seja aparente, sem qualquer necessidade de considerar "as restrições espaciais, temporais e sociais" impostas a quaisquer interlocutores reais.

Dizer que não há isso de uma proposição ser justificada *tout court*, ou de um argumento ser melhor *tout court*, significa dizer que todas as razões são razões para determinadas pessoas, que são limitadas (como as pessoas sempre são) por condições espaciais, temporais e sociais. Pensar de outra maneira é pressupor a existência de uma ordem natural de razões, da qual nossos argumentos, com sorte, aproximar-se-ão mais e mais. A ideia de tal ordem é apenas uma relíquia da ideia de que a verdade consiste na correspondência com a natureza intrínseca das coisas, uma natureza que de algum modo precede e subjaz todos os vocabulários descritivos. A ordem natural de razões é, para os argumentos, o que a natureza intrínseca da realidade é para sentenças. Mas se as crenças são hábitos de ação, um ideal regulador é tão desnecessário quanto o outro. Contudo, Habermas só pode ir além das distinções do senso comum entre uso desonesto e honesto da linguagem, de um lado, e argumentos aceitáveis e não aceitáveis para nós, de outro, se apelar para essa ideia implausível. Pois essa seria a única maneira de tornar plausível a alegação de que há uma distinção, não dependente de contexto, entre justificação real e aparente, ou que a distinção *überzeugen-überreden* não está apenas nos ouvidos da audiência.

Do meu ponto de vista neodarwiniano, claro, a ideia cartesiana de uma ordem natural de razões é tão ruim quanto a sugestão, mencionada por Wittgenstein, de que a grande vantagem da língua francesa é que as palavras ocorrem na ordem em que naturalmente pensamos nelas. As palavras francesas familiares de fato ocorrem na ordem em que os franceses pensam nelas, do mesmo modo que os argumentos que nos parecem *überzeugend* [convincentes], em vez de meramente *überredend*

223

[manipuladores], têm premissas arrumadas na ordem em que nós próprios as arrumaríamos. Mas o que conta como argumentação racional é tão determinado historicamente, e tão dependente de contexto, como o que conta como bom francês.

Habermas oferece, em seu texto, razões excelentes para abandonar, como inútil, a noção de Peirce de "fim de uma investigação". Mas me parece que essas são também boas razões para abandonar todas as idealizações semelhantes. Todas elas soam inspiradoras, mas todas elas minguam quando examinadas mais de perto, tal como a noção de Peirce. As noções de uma ordem natural de razões, de uma maneira como as coisas realmente são, independentemente das necessidades humanas, a noção de uma linguagem ideal e de uma validade universal, só podem ser explicadas invocando-se a noção da audiência ideal – a audiência que testemunhou todos os experimentos possíveis, testou todas as hipóteses possíveis e assim por diante. Para explicar o que significa qualquer dessas idealizações, você tem de recorrer à ideia de uma audiência cujos padrões de justificação não podem ser melhorados. Mas tal audiência me parece uma coisa tão difícil de imaginar quanto o número maior, o conjunto maior ou a última síntese dialética – aquela que não se pode tornar dialética a tese de uma nova tríade. Nossa finitude consiste no fato de que nunca pode haver uma audiência ideal, apenas mais audiências, espacial, temporal e socialmente limitadas. Desse modo, a ideia de "pretensões de validade universal" parece-me mais uma tentativa do tipo de evasão da finitude, que Heidegger corretamente criticou.

Minha conclusão é que não é necessária uma tentativa de chegar mais perto de um ideal, mas antes uma tentativa de afastar-se mais das partes de nosso passado que nós mais lamentamos. Devemos desistir da estratégia de Kant-Peirce-Apel de encontrar ideias reguladoras para servir como substitutos para a autoridade de algum poder não humano, substituindo assim a metafísica pela filosofia transcendental. Em vez disso, devemos responder às questões "O que nos liberta de nossos contextos paroquiais e expande as fronteiras da investigação?", e "O que nos mantém críticos, em vez de dogmáticos?", com "A memória de quão paroquiais nossos ancestrais foram, e o medo de que nossos descendentes venham a nos achar igualmente paroquiais". Em resumo, *devemos ser retrospectivos antes de prospectivos: a investigação deve ser conduzida por temores concretos de regressão, antes que por esperanças abstratas de universalidade.*

Essa substituição, da esperança pelo medo, é minha estratégia para responder a uma outra crítica de Habermas. Ele diz:

> Tão logo o conceito de verdade é eliminado em favor de uma validade para nós, epistêmica, dependente de contexto, falta-nos o ponto de referência normativo (*normative Bezugspunkt*) que explicaria por que um proponente deve lutar para assegurar aceitação para "p" além dos limites de seu próprio grupo (*... über die Grenze der eigenen Gruppe hinaus bemühen sollte*).

Aqui é preciso distinguir entre querer ir além dessas fronteiras e ter a obrigação de fazê-lo: entre *hinaus bemühen will* e *hinaus bemühen soll* [entre *quer* esforçar-se (por aceitação) para além (do próprio grupo), e *deve* esforçar-se (por aceitação), etc.] Considero um feliz acidente histórico que nos encontremos numa cultura – a alta cultura do Ocidente nos séculos XX e XXI – altamente sensível às necessidades de ultrapassar tais fronteiras. Essa sensibilidade é o resultado de nossa consciência da crueldade cega que resultou de não fazê-lo no passado, e de nosso medo de recair no barbarismo.

Não penso que temos a *obrigação* de ir além dessas fronteiras, mas isso simplesmente porque suspeito muito da noção de *obrigação*. Tendo a concordar com Elizabeth Anscombe quando ela duvida, em seu famoso ensaio "Filosofia moral moderna", de que os que não acreditam na existência de Deus tenham direito de usar o termo "obrigação moral".[6] Acerca desse pon-

---

6 Ver ANSCOMBE, G. E. *Ética, religião e política*. Minneapolis: Minnesota University Press, 1981. p.29-30.

to, teístas como Anscombe e ateístas como eu podem tomar partido, juntos, contra os kantianos, que pensam que você pode preservar, e deve preservar, um "deve" não prudencial. Podemos nos alinhar a Mill e Dewey e desconfiar, tanto da distinção moralidade-prudência, quando ela recebe um acento transcendental, quanto desconfiamos da distinção verdade--justificação, quando recebe o mesmo acento.

Entretanto, eu concederia, como Anscombe talvez não faça, que se pode dar à noção de "obrigação moral" um sentido respeitável, secular, não transcendental, por meio de sua relativização a um sentido historicamente contingente de identidade moral.[7] Como alguém cujo sentido de identidade moral está amarrado à necessidade de ir além das fronteiras de meu próprio grupo, posso recuperar a noção de *hinaus bemühen soll*, embora, talvez, não do modo que Habermas acharia adequado. Pois posso dizer que eu não poderia viver comigo mesmo que não me esforçasse o mais possível para ir além das fronteiras em questão. Nesse sentido, estou moralmente *obrigado* a fazê-lo, mas apenas no mesmo sentido que um nazista, que não pudesse viver consigo mesmo que poupasse um certo judeu, teria a obrigação moral de matá-lo.

Mas a minha identidade moral não é uma expressão ou um relato de mim mesmo como um usuário de linguagem. Assim, não pode ser incorporada no interior da "ética do discurso", de Habermas, ou tratada como uma obrigação universal de qualquer ser usuário de linguagem. É apenas uma consideração acerca de quem *ocorre* que eu seja, não acerca do que devo, para evitar

---

7 Discuto a mudança de identidade moral no meu texto "Justiça como uma lealdade mais ampla", no qual a trato como uma mudança no nosso sentido do que conta como "nós", de que tipo de pessoa deve ser consultada no curso da deliberação. A ideia é considerar o progresso moral como um resultado da ampliação das fronteiras de nossa imaginação, mais que como resultado de uma obediência mais estrita a um imperativo independente de contexto.

uma autocontradição performativa, conceber a mim mesmo como sendo. Talvez eu também não pudesse viver comigo mesmo se consumisse uma abundante refeição na presença de uma criança faminta, com quem eu recusasse dividir minha comida. Mas também isso é um fato acerca da maneira que ocorreu que eu fosse educado, não um fato acerca do que é ser um ser humano.

Em resumo, o único *normative Bezugspunkt* [ponto de referência normativo] de que acho que necessito é algo que se insere facilmente numa imagem naturalista e darwinista de mim mesmo: sou um organismo cujas crenças e desejos são, em grande medida, o produto de uma certa aculturação. Especificamente, sou o produto de uma cultura que se preocupa com o fato de que a escravidão negra, nos Estados Unidos, e os progroms, na Europa, pareciam sensatos e certos para gerações anteriores de cristãos brancos. Como tal produto, gasto tempo preocupando-me se eu poderia estar agora admitindo atrocidades semelhantes, atuais, como coisa normal. Adquiri dessa cultura uma identidade moral e um conjunto de obrigações. Penso que tenho sorte em ter sido criado nessa cultura. Mas estou bem consciente de que meus ancestrais bárbaros pensavam ter sorte de terem sido criados em suas culturas, que meus primos na Alemanha pensavam ter sorte em poder alistar-se na Juventude Hitlerista, e que meus descendentes, numa hipotética cultura fascista, teriam uma sensação semelhante, agradável, de gratidão por sua própria educação.

Os filósofos que temem o relativismo estão comprometidos com a ideia de que nós precisamos de um critério para distinguir justificações e obrigações reais daquelas aparentes, e maturação real de maturação aparente. Desde quando a distinção aparência-realidade parece-me uma relíquia de nosso passado autoritário (uma tentativa secularizadora de pôr a "natureza intrínseca da realidade" no papel antes representado pela "pessoa que deve ser obedecida"), não estou preocupado com o relativismo. O medo do relativismo me parece o medo de que não haja nada no universo para segurar, exceto uns aos outros. No meu entender, não nos tratamos uns aos outros com respeito porque somos racionais. Em vez disso, a "racionalidade" é, na nossa cultura, um dos nomes para nosso hábito de ouvir o outro lado – de tratar a maior parte de nossos interlocutores com o devido respeito. Não há uma faculdade chamada "razão" que nos diga para ouvirmos o outro lado (diga ao senhor de escravos para ouvir o escravo, ou o nazista para ouvir o judeu). Em vez disso, há virtudes sociais denominadas "conversabilidade", "decência", "respeito pelos outros", "tolerância" etc. Na nossa cultura, limitamos o termos "racional" a pessoas que exibem essas virtudes. É por isso que o monstro escolhido de Richard Hare, o "nazista racional", é uma genuína possibilidade. É possível ouvir o outro lado e ainda assim fazer a coisa errada, pois é possível ouvir argumentos que *nós* sabemos ser *überzeugend*, e, contudo, não ser *überzeugt* [convencido].

Logo que alguém aceita a mudança, que Habermas propõe, de uma razão "centrada no sujeito" para uma razão "comunicativa", ao que me parece, deveria ficar feliz com a ideia de que suas únicas obrigações são aquelas para com outros seres humanos e para consigo mesmo. Habermas, entretanto, acredita que Kant estava certo em pensar que não podemos passar completamente sem a noção de incondicionalidade. Ele considera a validade incondicional e universal como uma noção não apenas útil, mas indispensável. Não apenas não consigo ver por que ela seria indispensável, não posso nem mesmo ver que ela seja útil. Parece-me o que Wittgenstein chama de "uma roda que gira mesmo quando nada mais gira junto com ela, e não é, portanto, parte alguma do mecanismo". A única função que ela poderia ter seria intimidar-nos, fazendo-nos sentir que, não importa o que façamos, nada será suficientemente bom – a função antes desempenhada pela doutrina do Pecado Original. Mas desde quando comecemos a pensar na investigação como uma relação entre os organismos e o seu meio, em vez de como uma relação entre os seres humanos e algo de tremendo – algo como a verdade ou a realidade –, não precisamos mais sentir medo.

Vejo a oposição entre Hume e Kant – ou, na filosofia moral contemporânea, entre filósofos morais humeanos contemporâneos, como Annete Baier, e kantianos contemporâneos, como Christine Korsgaard – como centrada em suas respectivas compreensões da motivação moral. Para escritores de tradição kantiana, as noções interligadas de racionalidade e universalidade são indispensáveis. Baier interpreta Hume, "o filósofo moral da mulher", como alguém que trata a própria ideia de racionalidade universal como uma relíquia do autoritarismo patriarcal. Isso me parece correto, e é por isso que considero o pragmatismo, e a redescrição neodarwiniana da investigação que ele oferece, parte de um movimento antiautoritário mais geral – o movimento que presume que, se nós cuidarmos da democracia constitucional, da liberdade acadêmica e de imprensa, da instrução universal, das carreiras abertas ao talento, e instituições democráticas semelhantes, então a verdade cuidará de si mesma.

Desse ponto de vista humeano, progresso moral é o que Hume chamava de "um progresso de sentimentos" – uma habilidade para tolerar (*overlook*) aquilo que, antes, foram consideradas aberrações morais: por exemplo, mulheres falarem nas igrejas, casamentos inter-raciais, judeus com os mesmos direitos civis que cristãos, casamentos homossexuais. Do meu ponto de vista pragmatista, o progresso intelectual é uma subdivisão do progresso moral – é o progresso em descobrir crenças que sejam ferramentas, cada vez melhores, para realizar nossos projetos comuns. Um desses projetos é substituir ressentimento por boa vontade e autoridade por democracia.

O que Peirce chamava de "bloquear o caminho da investigação" ocorre sempre que uma determinada visão – a teoria copernicana do movimento planetário, ou a teoria darwiniana da ascendência do homem, ou o pragmatismo de James, ou o racismo de Hitler – torna-se suspeita de ser uma abominação moral. Algumas vezes, como no caso do racismo de Hitler, bloquear o caminho da investigação é uma coisa excelente. Outras vezes, como no caso da teoria de Darwin, é uma coisa ruim. Algumas vezes, como no caso do pragmatismo de James, podemos ficar genuinamente perplexos acerca de se estamos lidando com uma abominação moral, ou com uma sugestão bem-intencionada, mas desorientada, ou com uma proposta útil acerca de como nos libertarmos de modos obsoletos de pensar.

Uma quantidade de poderosas considerações filosóficas pode ser posta em relação com tal perplexidade, e esse intercâmbio entre Habermas e eu tem repassado uma parte delas. Mas, se os pragmatistas estiverem certos, a reflexão filosófica não vai decidir a questão, pois essas reflexões podem fazer pouco mais que rearrumar intuições previamente existentes, e não criar novas ou apagar antigas. Mas apagar é o que os pragmatistas estão querendo. Somente a experimentação – testar nossa vida intelectual e moral, como seria vivida, sem as familiares intuições platônicas/kantianas – decidirá o assunto.

Em um mundo que não tivesse tarefas mais urgentes que realizar experimentos sociais a fim de resolver desacordos filosóficos, a decisão entre o modo quase-kantiano de Habermas considerar racionalidade e moralidade, e meu modo quase-humeano, seria tomada depois de ver o resultado de experimentos de treinamento, de uma ampla amostra da nova geração, depois de pensar exclusivamente em termos humeanos. Minha previsão é que os objetos desses experimentos seriam pessoas tão decentes quanto o grupo de controle – aqueles que fossem educados para compreender o termo "validade universal".

Apêndices

Reflexões sobre o pragmatismo (Respostas de Habermas a perguntas formuladas por Mitchell Aboulafia)

Quando você encontrou pela primeira vez os pensadores chamados pragmatistas?

Quando era um estudante secundário, interessei-me por filosofia. Durante o pós-guerra (de 1945 a 1949, quando terminei o colegial), era muito difícil comprar livros. Eu dependia basicamente de três fontes – a bem fornida biblioteca de meu tio, professor de filosofia; o estoque bem ordinário da livraria comunista, e as estantes não muito opulentas de meus pais. Foi aí que encontrei, entre os livros de meu pai, do tempo de *seus* estudos, uma introdução à filosofia de um filósofo vienense que foi, como soube mais tarde, o primeiro tradutor de William James. Seu nome era Wilhelm Jerusalem.[1] Ele não só dedicou

---

1 JERUSALEM, W. *Einleitung in die Philosophie*: siebentes bis neuntes Tausend. Wien und Leipzig: Wilhelm Braunmüller, 1913.

todo o § 26 a uma explicação da "máxima pragmatista" de Charles Sanders Peirce, mas, por todo o livro, continuou referindo-se a William James, John Dewey e F. C. S. Schiller, lado a lado com Ernst Mach. Essa abordagem naturalista, de uma concepção evolucionista da mente e da cultura, me parecia combinar com o materialismo histórico de Marx e Engels, cujas pequenas brochuras li mais ou menos na mesma época.

Eu havia me esquecido desse primeiro encontro com o pragmatismo, até recentemente, quando me lembrei de Jerusalem na ocasião em que fazia algumas anotações autobiográficas. Procurei seu livro nas minhas prateleiras e achei-o no lugar certo – no meio da literatura secundária sobre a coleção de autores pragmatistas, que tem continuado a crescer desde que comprei a edição de sete volumes de Peirce, no começo dos anos 1960.

Algum de seus professores ou colegas tinha conhecimento do pragmatismo?

Tanto quanto me lembro, nenhum de meus professores de filosofia, durante meus estudos universitários, entre 1949 e 1954, jamais mencionou, quer a escola quer algum de seus membros proeminentes. Mas, durante meus estudos, encontrei a sociologia do conhecimento de Max Scheller, publicada originalmente em 1925.[22] O ensaio "Erkenntnis und Arbeit. Eine Studie über Wert und Grenzen des pargmatischen Motivs in der Erkenntnis der Welt" [conhecimento e trabalho: um estudo...] contém uma discussão e uma crítica completas da epistemologia de William James. No mesmo contexto, Scheller introduziu sua famosa classificação tripartite das "formas de conhecimento": *Erlösungs-, Bildungs-, Leistungswissen* [saber de salvação, saber de formação e saber de operação]. Como se pode perceber, da concepção de "interesses orientadores de conhecimento", que Apel e eu de-

---

2 SCHELLER, M. *Die Wissensformen und die Gesellschaft*. Bern und München: Francke Verlag, 1960.

senvolvemos durante os anos 1960, aquele encontro inicial com Scheller deixou marcas profundas (ainda que eu tenha deixado de fazer uma referência explícita a Scheller em *Conhecimento e interesse*, que eu deveria ter feito).

Foi Apel quem dirigiu minha atenção para Peirce, no início dos anos 1960. Primeiro, li aqueles bem conhecidos ensaios epistemológicos de seu período intermediário. O capítulo Peirce em *Conhecimento e interesse* resultou de uma conferência que apresentei em Heidelberg em 1963. Um pouco antes, o *Reunião da filosofia*, de Morton White, garantiu-me uma perspectiva a partir da qual eu podia defender o *continuum* racional entre proposições descritivas, avaliativas e normativas, contra Popper, com cuja teoria eu estava pelejando durante a chamada "querela do positivismo". De Morton White veio-me a referência à *Lógica da descoberta*, de Dewey. Um pouco mais tarde, eu trouxe para casa mais dois livros de Dewey, de minha primeira visita aos Estados Unidos: *A busca da certeza* e *Reconstrução em filosofia*. Depois de me mudar de Heidelberg para Frankfurt, comecei a ensinar *A mente, o eu e a sociedade*, de G. H. Mead, nas minhas aulas de sociologia. (Por recomendação minha, o livro foi traduzido e publicado pela Suhrkamp, em 1968.) Por essa época, eu havia provavelmente me tornado mais familiarizado, e também mais acorde com o pragmatismo, que a maioria de meus colegas norte-americanos.

Fiquei, de todo modo, surpreso, por suas reações, quando visitei universidades norte-americanas em 1965 – Ann Arbor, Berkeley e algumas outras. Os departamentos de filosofia ainda estavam sob o domínio da teoria da ciência de Carnap ou da fenomenologia linguística de Wittgenstein. Quando mencionava o pragmatismo como "a" grande tradição norte-americana", sempre me deparava com um dar de ombros. Peirce era visto como, no melhor dos casos, "estranho", e Dewey como um pensador "impreciso". Dick [Richard] Bernstein, que em 1972 me convidou para dar uma conferência no Harverford College, foi o primeiro pragmatista "de verdade" que conheci, e aquele que desde então tem continuado a me empurrar na direção de uma destranscendentalização mais intensa de Kant. Dick [Richard] Rorty deu-me o mesmo conselho, naturalmente, quando vim para seu seminário, em Princeton, dois anos depois. Além desses dois, e também com uma educação acadêmica em Chicago, Larry Kohlberg tornou-se um outro amigo, que vim a admirar como uma impressionante encarnação do espírito pragmatista.

O que você achou de mais valioso na tradição pragmática para seu próprio trabalho?

O impacto no meu desenvolvimento intelectual foi triplo. Na epistemologia – e na teoria da verdade –, Peirce teve a influência mais forte, desde minha conferência inaugural de *Conhecimento e interesse* (1965), até *Verdade e justificação* (1999). Desde que Apel e eu havíamos ficado em contato, foi sua interpretação que primeiro guiou minha recepção. Nossa familiaridade inicial com a, e nosso aprendizado da antropologia filosófica e analítica do *Dasein* em *Ser e tempo* (a análise, de Heidegger, do "ser no mundo", em particular) tinham-nos preparado para uma epistemologia pragmatista. O estilo de análise de Peirce era mais atual e, por isso, mais adequado a uma defesa das relações *internas* entre formas de conhecimento e tipos de ação, em comparação com a visão limitada dos empiristas lógicos e de seu foco na dimensão semântica. Para Peirce, a razão e o entendimento estavam desde o começo encarnados nas atividades de pesquisa de uma comunidade de investigadores. Nós percebemos a abordagem pragmatista de Peirce como uma promessa de salvação de *insights* kantianos, numa veia destranscendentalizada mas analítica. Tal promessa também se aplica, para mim mais que para Apel, a uma reconciliação entre Kant e Darwin, entre uma perspectiva transcendental e uma perspectiva evolucionista. Meus estudos da filosofia da natureza de Schelling e minha recepção de Marx haviam-me tornado mais aberto a um naturalismo *"soft"*, não cientificista.

A segunda influência, quase tão forte quanto a de Peirce, veio da teoria da interação social de Mead. A estrutura conceitual que seus estudantes mais tarde chamariam de interacionismo simbólico serviu-me de guia na direção de uma teoria da ação comunicativa, que deveria conectar o marxismo hegeliano da teoria social crítica, tanto com a metodologia da tradição hermenêutica (de Schleiermacher e Dilthey até Gadamer) quanto com uma concepção dialógica da linguagem e da comunicação, que Apel e eu aprendêramos inicialmente com Wilhelm von Humbolt. Foi só mais tarde que também descobri as implicações éticas da mútua "tomada de perspectiva" de Mead – uma elaboração dinâmica na direção das "perspectivas de descentramento" de Piaget. Essa visão também evocava a teoria ética já implícita nas análises de Humbolt dos papéis de primeira e segunda pessoas dos participantes de um diálogo.

Foi uma feliz coincidência histórica – para nós, jovens alemães, da primeira geração de estudantes do pós-guerra – que correntes de "nossas" fontes no idealismo alemão (incluindo Humbolt e Marx) – das quais os próprios grandes pragmatistas haviam uma vez decolado – estavam de novo fluindo com o que descobrimos ser os resultados de um encontro norte-americano-alemão, anterior, extraordinariamente produtivo.

Como se poderia esperar, a terceira influência do pragmatismo teria de estar, obviamente, no campo da teoria política. E é verdade que fui atraído com muita força para a mentalidade progressista de um modernismo de inspiração comunitarista, expresso de modo tão belo no *pathos* dos grandes hinos de Walt Whitman. Lembremos também das palavras de William James, inscritas no James Hall, em Harvard: "A comunidade fica estagnada sem o impulso do indivíduo, o impulso se extingue sem a empatia da comunidade". A *atitude* antielitista, democrática e inteiramente igualitarista, que molda e impregna o trabalho de todos os pragmatistas, foi muito mais importante que os *conteúdos* de qualquer ensaio particular sobre política ou democracia.

Desde o estudo de Robert B. Westbrook, *John Dewey e a democracia americana* (1991), todo mundo pensa em Dewey também como um grande teórico político. E, com seu *O público e seus problemas* (1927), Dewey poderia ter sido uma fonte importante do meu *A transformação estrutural da esfera pública* (1962). Na verdade, não o foi. Deparei-me com os escritos de Dewey só depois de terminar esse primeiro livro. E, mesmo depois disso, não peguei seus escritos políticos e éticos por várias décadas. Naturalizando Hegel, Dewey permaneceu para mim mais como um epistemologista de inclinação antropológica que como um pensador político. Ele me aparecia como o filósofo que antecipou importantes argumentos, tanto de *O ser humano*, de Arnold Gehlen, como de *A filosofia e o espelho da natureza*, de Rorty.

Em algum momento do fim dos anos 1980, talvez, descobri retrospectivamente a convergência de nossas posições acerca da esfera pública, discursivamente estruturada como um requisito para a democracia. Essa circunstância não diminui, por certo, o papel político que o pragmatismo tem tido na formação de minhas ideias de democracia e de estado constitucional. O pragmatismo constitui, ao lado de Marx e de Kierkegaard, a terceira tradição jovem hegeliana, e a única que desenvolve convincentemente o espírito liberal da democracia radical.

Quais são os pontos mais fortes do pragmatismo?

A combinação de falibilismo com anticeticismo, e uma abordagem naturalista da mente humana e da cultura, que se recusa a ceder a qualquer tipo de cientificismo.

Quais são suas maiores fraquezas?

A mensagem de que apenas as diferenças que fazem uma diferença deveriam ser levadas em conta é frequentemente tomada, enganosamente, como uma recomendação de borrar até mesmo distinções relevantes. Quase com a mesma frequência, a desconfiança antiplatônica do uso ilegítimo de ideias abstra-

Reflexões sobre o pragmatismo

tas é equivocadamente entendida como uma recusa da força transcendente e do significado incondicional das alegações de verdade. Há uma corrente empirista subjacente no pensamento de Dewey e uma corrente emotivista subjacente no pensamento de James. Ambas ameaçam a herança kantiana, que é salva, em tradução pragmatista, por Peirce – e, a propósito, por Robert Brandom. Meu amigo Dick Rorty é muito kantiano, na seriedade de sua ambição de transformar essas fraquezas em pontos fortes.

O que você considera a contribuição mais duradoura do pragmatismo para a tradição da filosofia e do pensamento social ocidentais?

Os pragmatistas teriam rejeitado uma pergunta que sugere que cada grande filósofo realiza um pensamento próprio, característico. Em contraste com a falsa pretensão heideggeriana, Peirce e Royce, James, Mead e Dewey sentiram a obrigação de resolver problemas, um a um, ali no contexto local onde os confrontavam. Mas, igualmente, eles teriam objetado uma generalização falsa dessa atitude honesta, em termos de um contextualismo que aplaude o provincianismo local de nossas capacidades de solucionar problemas. Com Marx e Kierkegaard, de novo, o pragmatismo emerge como a única abordagem que abraça a modernidade em suas formas mais radicais, e reconhece suas contingências sem sacrificar o propósito da filosofia ocidental – o de experimentar explicações sobre quem somos e quem poderíamos ser, como indivíduos, como membros de nossas comunidades, e como pessoas *überhaupt* [em geral], isto é, como seres humanos.

Sobre *Verdade e justificação*, de Habermas

Richard Rorty

A amplitude das questões discutidas nessa coleção de recentes ensaios de Jürgen Habermas é sugerida pelo título de sua Introdução: "O realismo depois da virada linguística". Habermas diz que essa virada mudou "o padrão de objetividade epistêmica, da certeza privada do sujeito [individual] que tem a experiência, para a prática pública de justificação, no interior de uma comunidade de justificação". Ela, desse modo, encorajou um "desafio contextualista à intuição realista", pois levantou a questão "se algum senso de validade independente de contexto pode ser salvo para o conceito de verdade" (p.249).

Habermas formula esse desafio nos termos sugeridos pelo título de um dos ensaios: "De Kant a Hegel e de volta: a passagem para a destranscendentalização". Suas exposições e críticas dos trabalhos de Robert Brandom, Hilary Putnam e outros filósofos contemporâneos estão escritos com um olho no contraste

Kant-Hegel – a oposição entre o universalismo visado pela filosofia transcendental e o particularismo e localismo exigidos pelo historicismo hegeliano.

Habermas é um dos poucos filósofos que fica tão à vontade com Hegel, Hamann e Heidegger, quanto com Davidson, Sellars e Dummet. Assim, ele pode mover-se para adiante e para trás, perspicazmente e sem dificuldade, entre uma análise crítica em escala micro e comparações e generalizações históricas penetrantes. O resultado é uma visão geral do cenário filosófico contemporâneo muito mais imaginosa e estimulante que as encontradas em livros cujos autores têm como referência tão somente as últimas décadas de trabalho da filosofia analítica.

Esse livro será de grande interesse, tanto para estudantes da ética universalista do discurso, de Habermas, quanto para os filósofos interessados no debate, entre, de um lado, os filósofos simpatizantes de Wittgenstein e do pragmatismo (tais como Davidson, Putnam e Brandom), e, de outro, seus críticos, que, depois de fazerem grandes concessões aos ataques de Wittgenstein ao empirismo, ainda estão preocupados em preservar o que McDowell denomina "responsabilidade frente ao mundo" (*answerability to the world*).

Habermas considera Robert Brandom representante da "forma mais recente das abordagens pragmáticas em filosofia analítica da linguagem", mas pensa que a sua "assimilação da objetividade da experiência, à intersubjetividade da comunicação, é reminiscente de um infame passo hegeliano" (p.7-8). Ele lê Brandom como sendo um arquicontextualista, cuja teoria inferencialista da natureza do conteúdo proposicional "elimina a distinção, entre o mundo da vida, intersubjetivamente partilhado, e o mundo objetivo". Brandom, diz ele, "não recupera as intuições realistas através do recurso às imposições de um mundo tomado como existindo independentemente e para todos" (p.155), e desse modo é conduzido a uma versão linguistificada do idealismo objetivo de Hegel.

Sobre *Verdade e justificação*, de Habermas

Habermas argumenta que precisamos de um conceito de verdade empírica, que "conecte o resultado de uma justificação bem-sucedida, com alguma coisa no mundo objetivo" (p.42). Isso significa manter intacta a distinção entre a disponibilidade de "um ponto de referência independente de justificação", para asserções de fatos empíricos, e a ausência de tal ponto de referência quando passamos aos julgamentos morais e às normas. Na moralidade, diz ele, falta-nos "a conotação ontológica de referência às coisas com relação às quais podemos declarar fatos" (p.42). Assim, ele critica a recusa de Brandom de aceitar qualquer versão da distinção kantiana entre os usos teóricos e os usos práticos da razão.

Habermas trata Putnam com mais simpatia. Ele partilha do medo que Putnam tem do relativismo, e acha que Putnam é bem-sucedido em oferecer uma "teoria da referência direta", que nos capacita a "reconhecer os [mesmos] objetos – sob descrições diferentes, ou, se necessário, entre um paradigma e outro" (p.219). Mas embora ele pense que Putnam é mais consistente do que Brandom no assunto da verdade empírica, ele tem dúvidas em relação à ausência do que chama de "o momento de incondicionalidade", na explicação, de Putnam, das normas morais. A deweyana e aristotélica "ética da virtude", de Putnam, ele pensa, não faz justiça à distinção entre "uma moralidade universalista da justiça e a ética particularista da vida boa" (p.228).

Por todo o seu livro, Habermas preocupa-se em manter no lugar as distinções que os hegelianos e os pragmatistas cobram que abandonemos. Em particular, ele acha que o historicismo, comum a Hegel, Heidegger e Dewey, é um perigo para a validade universal, por exemplo, da proibição contra a tortura. Ele não se dispõe a pensar que tal proibição é algo de local e recente – uma inovação do Iluminismo europeu. Ele insiste que tais proibições absolutas estão fundamentadas na natureza da comunicação linguística – na habilidade dos seres humanos de dar e de cobrar razões. Ele considera a assimilação, pelo pragmatismo, da verdade empírica, à vantagem prática, como preparando o caminho para o relativismo moral.

Como Putnam e Bernard Williams, Habermas quer naturalizar e destranscendentalizar a filosofia, e separar a moralidade da metafísica. Assim, ele está disposto a ceder muito terreno à polêmica de Nietzsche contra Platão – e em particular, a desistir da teoria correspondentista da verdade. Mas ele, não obstante isso, se agarra tanto às alegações de incondicionalidade quanto ao que ele chama de "o platonismo natural do mundo da vida" – um platonismo que insiste num "padrão transcendente à justificação para nos orientar por alegações de verdade independentes de contexto" (p.254).

Os filósofos que Habermas acha que foram longe demais numa direção hegeliana concordam com ele que, no mundo moderno, "o universo moral perde a aparência de algo ontologicamente dado e passa a ser um construto" (p.263). Mas diferem dele em duas questões: 1) responder ou não a essa mudança desistindo inteiramente da noção de "algo ontologicamente dado" – nas ciências empíricas tanto quanto na moralidade; 2) se devemos ou não nos preocupar, depois de reconhecer que o universo moral é um construto, acerca de se é um construto local ou se contém elementos que são mais que meramente locais.

A reação que se tenha ao novo livro de Habermas dependerá de se se acredita que a retenção de algo como o "platonismo natural" do senso comum é essencial para nossas esperanças de uma sociedade decente, ou se, em vez disso, uma mudança no senso comum poderia nos ajudar a realizar tais esperanças. Aqueles que acompanham Dewey, em achar que a independência de contexto é um *slogan* platônico, verão Habermas como uma tentativa de nos empurrar, delicadamente de volta, de Hegel para Kant, bem no momento errado – o momento em que as ideias hegelianas começam a revitalizar a filosofia analítica da mente e da linguagem. Mas se se acha que Platão e Kant tinham algo que Hegel estava errado em abandonar – que o jogo de dar e cobrar

Sobre *Verdade e justificação*, de Habermas

razões exige tanto a noção de algo ontologicamente dado quanto aquela de uma obrigação incondicional –, então vai-se acolher esse livro como, de fato, muito bem-vindo. Ambos os tipos de leitores acharão o livro tão abrangente quanto incisivo, e tão vigorosamente argumentado quanto justo e equilibrado.

Grandiosidade universalista, profundidade romântica, finitude humanista*

Richard Rorty

A filosofia só ocupa um lugar importante na cultura quando as coisas parecem estar desmoronando – quando as crenças mais queridas estão ameaçadas. Nesses períodos, os intelectuais oferecem sugestões acerca do que pode ser preservado e do que deve ser descartado. Aqueles cujas sugestões provam-se mais influentes são colocados na lista dos "grandes filósofos". Por exemplo, quando a oração e a arte sacerdotal começaram a ser vistas com suspeita, Platão e Aristóteles encontraram modos de manter a ideia de que os seres humanos, diferentemente dos animais que morrem, têm uma relação especial com os poderes

---

* Incluímos no livro, neste apêndice, esta conferência, que nos foi gentilmente enviada pelo próprio Rorty, pois ela volta a tratar, extensamente, de suas considerações sobre o pensamento de Habermas. (Nota do organizador)

que regem o universo. Quando Copérnico e Galileu começaram a apagar a imagem de mundo que satisfizera Dante e Tomás de Aquino, Espinosa e Kant ensinaram à Europa como substituir o amor a Deus pelo amor à verdade, e como substituir a obediência à vontade divina pela pureza moral. Quando as revoluções democráticas e a industrialização forçaram-nos a repensar a natureza do vínculo social, Marx e Mill saíram com algumas sugestões úteis.

No curso do século XX, não houve crises que exigissem novas ideias. Não houve qualquer luta intelectual comparável em escala ao que Lecky descreveu, de modo célebre, como a guerra entre a ciência e a teologia. Nem houve quaisquer convulsões sociais que tornassem irrelevantes as sugestões de Mill ou de Marx. À medida que a alta cultura tornava-se mais completamente secularizada, as classes educadas da Europa e das Américas tornaram-se complacentemente materialistas em seu entendimento de como as coisas funcionam. Na batalha entre Platão e Demócrito – aquela que Platão descreveu como se travando entre os deuses e os gigantes – elas passaram, de uma vez por todas, para o lado dos gigantes. Elas também vieram a partilhar a mesma visão utópica: uma comunidade global, na qual os direitos humanos sejam respeitados, a igualdade de oportunidades seja assegurada, e as chances de felicidade humana sejam desse modo ampliadas. Elas têm-se tornado não ideológicas e experimentais em suas avaliações de iniciativas políticas e sociais propostas.

Esse consenso entre os intelectuais deslocou a filosofia para as margens da cultura. Controvérsias como aquelas entre Russell e Bergson, Heidegger e Cassirer, Carnap e Quine, Ayer e Austin, Habermas e Gadamer, e Fodor e Davidson, não tiveram nenhuma ressonância fora das fronteiras dos departamentos de filosofia. As explicações dos filósofos, de como a mente está relacionada com o cérebro, ou de como pode haver um lugar para os valores num mundo de fatos, ou de como o livre-arbítrio e o

Grandiosidade universalista, profundidade romântica, finitude humanista

mecanicismo poderiam ser reconciliados, não deixam curiosos os intelectuais contemporâneos, em sua maioria. Esses problemas, preservados em âmbar no livro *Problemas de filosofia*, ainda prendem a imaginação de alguns estudantes brilhantes. Mas ninguém alegaria que sua discussão é central para a vida intelectual. A solução daqueles mesmos problemas foi de toda importância para os contemporâneos de Espinosa. Mas quando os professores de filosofia de hoje insistem em que eles são "perenes", ou que permanecem "fundamentais", ninguém presta atenção. A maior parte dos intelectuais de nossos dias descarta alegações de que nossas práticas sociais exigem fundações filosóficas, com a mesma impaciência que têm com alegações semelhantes postas pela religião.

Mas embora a luta entre os deuses e os gigantes tenha terminado, duas outras controvérsias descritas por Platão ainda estão vivas. A primeira é a querela entre a filosofia e a poesia – uma querela que foi revitalizada pelo movimento romântico e que, agora, assume a forma de tensão entre as "duas culturas" de C. P. Snow. Essa querela trata de ver se os seres humanos estão no seu melhor – se realizam suas forças especiais em grau máximo – quando utilizam a razão para descobrir como as coisas realmente são, ou quando usam a imaginação para transformarem-se a si mesmos. A segunda querela é aquela que Platão descreveu como se dando entre os filósofos e os sofistas. Ela ocorre entre aqueles que pensam que há uma importante virtude chamada "o amor à verdade" e aqueles que não pensam assim.

O impasse entre Nietzsche e Platão, que domina muito da produção filosófica recente, sintetiza essas duas querelas. Essa oposição, diferentemente de quaisquer daquelas mais paroquiais que listei anteriormente, ainda é capaz de capturar a imaginação de intelectuais de senso comum materialista e de senso comum utilitarista (do "utilitarismo da norma"). A melhor maneira de nós, professores de filosofia, ganharmos a atenção das pessoas de fora de nossa própria disciplina é levantar a questão

Filosofia, racionalidade, democracia

se Platão tinha razão em que os seres humanos podem, por meio da busca da verdade, transcender a contingência; ou se Nietzsche tinha razão em que tanto a religião como o platonismo são fantasias escapistas.

A querela que os filósofos têm com os poetas não é a mesma que têm com os sofistas, por razões a que logo chegarei. Mas os poetas e os sofistas têm de fato muito em comum, especialmente suas dúvidas acerca da alegação de que a ciência natural deve servir como modelo para o resto da alta cultura. Ambos desconfiam do que chamarei de "grandiosidade universalista" – o tipo de grandiosidade atingido pela matemática e pela física matemática.

Tanto os números como as partículas elementares exibem a imperturbabilidade tradicionalmente atribuída ao divino. O estudo de ambos produz estruturas de grande beleza, estruturas que são divinas em sua indiferença aos propósitos humanos. O mesmo impulso que conduziu Platão a pensar que o que chamou de "o realmente real" deve ser mais como um número que como um pedaço de barro levou muitos filósofos recentes a considerar a ciência física moderna a estrutura abrangente no interior da qual a investigação filosófica deve ser conduzida. Assim, vemos Quine identificar a pergunta "isso é fato?" (*is there a fact of the matter?*),[1] com a pergunta "faz uma diferença para as partículas elementares?". Davidson sugeriu que as partículas são o único lugar verdadeiro da causalidade, uma vez que elas são as únicas entidades cujo comportamento está regulado por "leis estritas, sem exceções". Uma série de outros filósofos tem-se devotado a "naturalizar a epistemologia" e a "naturalizar a semântica". Essas são tentativas de descrever a mente e a linguagem de modo a admitir o fato de que o que é pensado e o que é significado são supervenientes aos movimentos das partí-

---

1 Ou seja: o que está sendo afirmado corresponde a uma realidade factual, objetiva; corresponde "à" realidade?

culas físicas. Enquanto os intelectuais em geral aceitam, sem problemas, que a ciência física nos diz como as coisas funcionam, muitos filósofos contemporâneos são ainda suficientemente platônicos para achar que ela faz mais que isso. Acham que ela nos diz o que é realmente real.

Filósofos desse tipo frequentemente descrevem a batalha que travam, contra colegas que chamam de "irracionalistas", ou "negadores da verdade", ou sofistas, como uma defesa da ciência contra seus inimigos. Muitos deles pensam na ciência natural do mesmo modo que os intelectuais anteriores a Galileu pensavam na religião: como a área da cultura na qual os seres humanos estão no seu máximo, porque é onde estão mais desejosos de reconhecer as pretensões de algo que transcende o meramente humano. A hostilidade à ciência é, segundo sua visão, uma degradação moral. Assim, Bertrand Russel, no começo do século passado, reagiu à linha de pensamento que William James chamou de "pragmatismo", e que seu amigo de Oxford, F. C. S. Schiller, chamou de "humanismo", escrevendo o seguinte:

> ... a grandeza da alma não é promovida pelas filosofias que assimilam o universo ao Homem ... Há uma tendência filosófica, muito difundida, para uma visão que nos diz que o Homem é a medida de todas as coisas, que a verdade é feita pelo homem ... Essa visão ... é uma inverdade, mas, além de ser uma inverdade, tem o efeito de roubar a contemplação filosófica de tudo o que dá valor a ela ... O intelecto livre verá como Deus poderia ver, sem um aqui e agora, sem esperanças e medos ... calmamente, desapaixonadamente, no desejo único e exclusivo de conhecimento – conhecimento enquanto impessoal, enquanto puramente contemplativo, enquanto possível de ser atingido pelo homem.

Em nossos dias, Thomas Nagel partilha do desprezo de Russell por aqueles que acreditam que, como diz James, "as marcas da serpente humana estão em todas as coisas". Nagel descreve o que ele chama de "a estrutura mais exterior de todos

os pensamentos", como "uma concepção do que é o caso objetivamente – o que é o caso, sem qualificação subjetiva ou relativa".[2]
Em resposta aos pragmatistas e historicistas, que argumentam
que toda justificação se dá segundo nossas luzes – as luzes de
um tempo e de um espaço particulares –, Nagel replica que

> as alegações no sentido de que um tipo de juízo expressa um
> ponto de vista local são inerentemente objetivas no seu propó-
> sito. Elas sugerem uma imagem das verdadeiras fontes daqueles
> juízos, que os coloca num contexto incondicional. O juízo da
> relatividade ou condicionalidade não pode ser aplicado ao pró-
> prio juízo de relatividade ... Pode haver alguns subjetivistas que
> talvez chamem a si mesmos de pragmatistas, que apresentem o
> subjetivismo com algo que se aplica até a si mesmo. Mas então o
> que eles dizem não exige réplica, pois é apenas um relato do que
> o subjetivista acha agradável dizer. (LW, 14-5)

Russell e Nagel partilham do gosto de Platão pela grandiosidade universalista. Eles também partilham de sua convicção de que não há meio-termo entre reconhecer as imposições
de uma estrutura de pensamento, incondicional e suprema
(*outermost*), e simplesmente dizer o que quer que se ache
agradável dizer. Como Platão, eles veem os seres humanos
enfrentando uma escolha entre, de um lado, lutar para chegar
ao que é universal e incondicional, e, de outro, dar rédea livre a
desejos injustificáveis e idiossincráticos. Assim, a sugestão dos
pragmatistas, de que a matemática e a física sejam consideradas
simplesmente como úteis para a melhoria do estado do homem
e como servas da tecnologia, parece a Russell e a Nagel um
sintoma, tanto de fraqueza moral quanto de erro intelectual.

No passado, tentei defender as réplicas de James a Russell e
reiterar a defesa de Protágoras montada por Schiller, através do
alinhamento do pragmatismo com o romantismo. Em particu-

---

2 NAGEL, T. *The Last Word*. Oxford: Oxford University Press, 1997. p.16.

lar, tentei consolidar a aliança entre os sofistas e os poetas, enfatizando o débito que tanto Dewey como Nietzsche têm para com Emerson. Mas ultimamente tenho concluído que é melhor distinguir mais claramente os românticos, que tendem a aceitar a distinção platônica entre razão e paixão, e a exaltar a paixão às custas da razão, dos pragmatistas, que têm pouco a fazer, seja com a distinção razão-paixão, seja com a distinção objetivo-subjetivo. Assim, nessa conferência, vou enfatizar o contraste entre as duas querelas que tenho discutido: aquela entre filosofia e poesia, e aquela entre os neoplatônicos, como Russell e Nagel, e os neo-sofistas, como eu mesmo.

Para explicitar a diferença, vou invocar duas distinções feitas por Jürgen Habermas em seu livro *O discurso filosófico da modernidade* – distinções que achei de imenso valor para tentar contar uma história acerca da história da filosofia recente. A primeira é a que Habermas faz entre o que chama de "razão centrada no sujeito" e "razão comunicativa". A razão centrada no sujeito é uma invenção platônica: consiste numa alegada co--naturalidade entre a mente de cada ser humano e a natureza das coisas. Platão descreveu essa co-naturalidade em termos da preexistência da alma num mundo imaterial. Descartes, Russell e Nagel pressupõem-na, quando alegam que tudo o que temos a fazer para alcançar uma estrutura transcultural e anistórica, a mais suprema, do pensamento, é substituir a confusão conceitual pela clareza conceitual.

O que Habermas chama de "racionalidade comunicativa", por outro lado, não é um dom natural, mas um conjunto de práticas sociais. Encontra-se, em alguma medida, onde quer que as pessoas estejam dispostas a ouvir o outro lado, a conversar sobre as coisas, a argumentar até que áreas de concordância sejam encontradas, e a seguir os acordos resultantes. Pensar na razão como centrada no sujeito é acreditar que os seres humanos possuem uma faculdade que os capacita a esquivar-se da conversação – ignorar a opinião e avançar direito para o conhecimento. Substituir a razão centrada no sujeito pela racionalidade comunicativa é ver a verdade como aquilo que provavelmente emergirá da conversação livre e imaginosa. É pensar no conhecimento como a obtenção de consenso, mais do que como um estado mental que goza de uma relação mais próxima da realidade do que a opinião.

Concordar com Habermas, em que a razão é comunicativa e dialógica em vez de centrada no sujeito e monológica, é substituir a responsabilidade perante um padrão não humano, pela responsabilidade perante os outros seres humanos. É baixar nossas vistas, do incondicional acima de nós, para a comunidade em torno de nós. Tal substituição capacita-nos a aceitar, com equanimidade, a sugestão de Thomas Kuhn, de que se deve pensar nos cientistas mais como solucionando quebra-cabeças do que como descobrindo gradualmente a verdadeira natureza das coisas. Ajuda-nos a nos limitarmos a esperanças de sucessos pequenos, finitos, passageiros, e a desistir da aspiração de participar de uma grandiosidade duradoura.

Isso é tudo sobre a primeira distinção de Habermas. Sua segunda distinção é entre permanecer leal à racionalidade e procurar o que ele chama de "um outro da razão". Habermas usa esta última expressão para caracterizar coisas como o *insight* místico, a inspiração poética, a fé religiosa, a força da imaginação e a autoexpressão autêntica – fontes de convicção que têm sido apresentadas como superiores à razão.

Como as ideias claras e distintas de Descartes, cada um desses "outros da razão" é pensado como um atalho na conversação, que nos levará diretamente à verdade. Se você está em contato com um tal outro, você não precisa conversar com outros seres humanos. Se você tem algo como o que Kierkegaard chama de "fé", ou se você pode engajar-se no que Heidegger chama de *Denken* (pensamento), não lhe interessa se outras pessoas podem ou não ser persuadidas a partilhar de suas crenças. Seria degradar o relevante "outro da razão", empurrar aquelas crenças para dentro da arena da conversação, fazê-las competir na feira das ideias.

Habermas tem sugerido que vou longe demais, quando nego a validade universal como um objetivo da investigação. Ele acha que minha recusa desse objetivo e meu entusiasmo pelo que Heidegger chama de *Welterschliessung* (desvelamento do mundo) são uma concessão infeliz ao romantismo, o que me põe em má companhia. Mas considero a insistência de Habermas, para que mantenhamos o ideal de validade universal, uma concessão infeliz ao platonismo. Segurando-se àquele, parece-me, Habermas permanece subjugado à tradição filosófica que nos oprimiu com a ideia de razão como uma faculdade humana que está de algum modo em sintonia com a realidade real.

Ir até o fim com o projeto de Habermas, de substituir uma concepção de razão centrada no sujeito por uma concepção comunicativa, deixar-nos-ia, parece-me, sem qualquer necessidade ou qualquer uso para a noção de validade universal. Pois nos permitiria pensar a investigação racional como não tendo nenhum objetivo mais alto do que resolver os problemas transitórios do dia a dia. Como vejo, pensar a investigação nesses termos, quase-deweyanos, está para a razão comunicativa como o universalismo está para a razão centrada no sujeito, e como o romantismo está para os diversos "outros" da razão. Ambos, Habermas e eu, desconfiamos da metafísica. Mas, enquanto ele pensa que nós devemos encontrar uma interpretação não metafísica da noção de validade universal, a fim de evitar as seduções do romantismo, penso que aquela noção e a metafísica ou permanecem ambas ou caem juntas.

Uma maneira de expressar nossa discordância é dizer que ponho Habermas no papel em que ele põe Hegel – como alguém que quase atinge a posição filosófica correta, mas deixa de dar o último passo crucial. Uma das conclusões de Habermas, no *Discurso filosófico da modernidade*, é que Hegel quase rompeu o domínio das concepções da racionalidade centrada no sujeito, mas não chegou realmente a fazê-lo. Ele chegou muito perto de substituí-la, de uma vez por todas, pelo que Terry Pinkard chamou de "doutrina da socialidade da razão". Tal doutrina sustenta que um indivíduo humano não pode ser racional sozinho, do mesmo modo que não pode usar a linguagem sozinho. A menos que tomemos parte no que Robert Brandom chama de "o jogo de dar e pedir razões", permanecemos bestas não pensantes.

Habermas pensa que, se Hegel tivesse conseguido levar até o fim essa linha protowittgensteiniana de pensamento, poderíamos ter passado sem os agressivos antirracionalismos pós-hegelianos, de Kierkegaard, Bergson, Nietzsche, Heidegger, Sartre, Foucault e outros. Mas, para que Hegel tivesse dado aquele salto, ele teria de ter abandonado a ideia de conhecimento absoluto. Ele teria tido de dar as costas a Parmênides, a Platão e à busca do tipo de grandiosidade que só se tornará possível quando a dúvida ficar eliminada, quando nenhum participante da conversa tiver mais nada para dizer, e quando a história puder chegar – e talvez também o próprio tempo – a um final. Para fazer isso, Hegel teria de ter desistido de sua visão de uma confluência do humano com o divino. Ele teria tido de ficar satisfeito com o pensamento de que a conversação da humanidade seguirá seu caminho imprevisível pelo tempo que nossa espécie existir – resolvendo problemas particulares à medida que eles venham a surgir, e, levando até o fim as consequências dessas soluções, gerando novos problemas.

Um modo de dar sequência à crítica de Habermas a Hegel é dizer que Hegel assume a tarefa impossível de reconciliar a ideia romântica de que o futuro humano poderia vir a ser inimaginavelmente diferente, e inimaginavelmente mais rico que o passado, com a ideia grega de que o tempo, a história e a diversidade são distrações que nos afastam da unidade eterna. Tal como no caso de Goethe, muito da grandiosidade de Hegel está em ele ter intensificado as tensões entre o temporal e o eterno, e entre o clássico e o romântico, mais que no seu sucesso em

Grandiosidade universalista, profundidade romântica, finitude humanista

sintetizá-los. É como se a astúcia da razão usasse Hegel para intensificar essa tensão, desse modo prevenindo-nos contra a ideia de tentar qualquer síntese dessa.

John Dewey, o maior dos hegelianos de esquerda, tomou nota desse aviso. Dewey não tinha o que fazer, seja com a teodiceia, seja com o ideal de conhecimento absoluto. Ele estava interessado apenas em ajudar as pessoas a resolver problemas, e não tinha gosto nem por grandiosidade nem por profundidade. Seu abandono desses dois objetivos levou-lhe a ser descartado como uma chatice burguesa. Era basicamente assim que Russell o considerava. Tanto Russell como Heidegger pensavam que os pragmatistas eram incapazes de elevar-se ao nível espiritual em que a filosofia deveria ser conduzida.

Uma razão para eu admirar tanto Dewey é que penso que seria uma boa ideia para os filósofos eles se aburguesarem, pararem de tentar elevar-se ao nível espiritual no qual Platão e Nietzsche se confrontam. Seria melhor se eles parassem inteiramente de pensar em termos de níveis, cessassem de se imaginar elevando-se às alturas ou mergulhando em profundidades. A fim de desenvolver esse ponto, passo agora, da metáfora universalista da ascensão, para uma estrutura abrangente que transcende o meramente humano, para a metáfora romântica da descida ao mais fundo da alma humana.

Um dos críticos mais vigorosos de Dewey, Arthur Lovejoy, foi também um notável historiador de ideias. Nesta última qualidade, ele urgia que era tempo de pôr de lado a desgastada oposição entre classicismo e romantismo – de tratá-la como um instrumento histórico envelhecido. Num célebre ensaio, Lovejoy listou um grande número de movimentos intelectuais que rotulou de "romantismo", e mostrou não apenas que nada os vinculava, mas que alguns deles estavam em direta oposição.

Isaiah Berlin foi um dos poucos historiadores de ideias que tiveram a coragem de desafiar Lovejoy em seu próprio terreno e de insistir que ele estava, "nesse caso, errado". "*Houve* um movimento romântico", diz Berlin, e "houve algo que foi central para ele; ele criou uma grande revolução na consciência, e é importante descobrir o que foi isso".[3] Berlin dá nova vida à noção de romantismo, opondo-a não ao classicismo mas ao universalismo. Ele, desse modo, transforma-o num termo de contraste *filosófico*, em vez de literário. Ele chama o universalismo de "espinha dorsal da principal tradição ocidental", e diz que foi essa espinha dorsal que o romantismo "quebrou" (RR, 21). O romantismo, diz Berlin, foi "a mais profunda e mais duradoura de todas as mudanças na vida do Ocidente" (RR, xiii).

Antes dos últimos anos do século XVIII, alega Berlin, os pensadores ocidentais estavam basicamente de acordo com três doutrinas: primeiro, todas as questões genuínas podem ser respondidas. Segundo, todas essas respostas podem ser descobertas por meios públicos – meios que, como diz Berlin, "podem ser aprendidos e ensinados a outras pessoas". Terceiro, e o mais importante, "todas essas respostas são compatíveis umas com as outras". Elas todas se conjugam em "Uma Verdade". Como Berlin o diz, apropriadamente, os pensadores ocidentais viam a vida humana como a tentativa de resolver um quebra-cabeças de encaixar. Ele descreve o que tenho chamado de sua (deles) obsessão com a grandiosidade universalista, da seguinte maneira:

> Deve haver algum modo de juntar as peças. O ser todo-sábio, o ser onisciente, seja ele Deus ou uma criatura terrena onisciente – dependendo do modo como você deseja concebê-lo –, é em princípio capaz de juntar todas as peças num padrão coerente. Quem fizer isso saberá como o mundo é: o que são as coisas, o que foram, o que serão, que leis as governam, o que é o homem, qual a relação do homem com as coisas, e portanto o que o homem precisa, o que ele deseja e como obtê-lo. (RR, 23)

---

3 BERLIN, I. *The Roots of Romanticism*. Princeton: Princeton University Press, 2001. p.20.

Os escritos filosóficos do próprio Berlin estão construídos em torno de sua convicção de que as peças, na verdade, não se encaixarão. O tema de seu ensaio mais conhecido, "Os dois conceitos de liberdade", é que alguns bens são incompatíveis entre si. Qualquer que seja o arranjo político com que nos ponhamos de acordo, algo será perdido. Alguém será prejudicado. Essa é uma visão com a qual Dewey teria concordado inteiramente.

De acordo com a história contada por Berlin, a Revolução Francesa forçou-nos a encarar a incompatibilidade. A unidade da Verdade não pode ser reconciliada com o fato de que "Danton ... um revolucionário que cometeu certos erros, não merecia morrer, e contudo Robespierre estava perfeitamente certo em condená-lo à morte" (RR, 12). A reação romântica a esse paradoxo, diz Berlin, foi atribuir a mais alta importância a valores como

> integridade, sinceridade, disposição para sacrificar a própria vida a alguma luz interior, dedicação a algum ideal pelo qual valha a penas viver e morrer (RR, 8). Considerado de um ponto de vista platônico, isso significava dar à paixão a supremacia sobre a racionalidade, dar à autenticidade a supremacia sobre a conversabilidade.

Berlin resume a reação romântica, contra a suposição de que há sempre uma resposta certa à questão "o que fazer?", dizendo que o que Hegel chamava de "colisão do bem com o bem" não é "devido ao erro, mas a algum tipo de conflito inevitável, de elementos soltos vagando pela terra, de valores que não podem ser reconciliados. O que interessa é que as pessoas devem dedicar-se a esses valores com tudo o que têm" (RR, 13).

O pragmatismo difere do romantismo ao levar a sério a colisão do bem com o bem, enquanto permanece em dúvida em relação a uma dedicação total, e a um engajamento apaixonado. Os pragmatistas pensam que Danton e Robespierre – e, do mesmo modo, Antígona e Creonte – deveriam ter se esforçado mais para fazer algum tipo de acordo, tido mais disposição para conciliar. A tradição platônica insiste em que essas colisões, do bem

Filosofia, racionalidade, democracia

com o bem, são, sempre, ilusórias, porque há sempre uma coisa certa a fazer. As peças do quebra-cabeça que se recusam obstinadamente a se encaixar devem ser descartadas como mera aparência. Mas para os pragmatistas, o conflito intelectual e moral é tipicamente uma questão de crenças, que foram adquiridas na tentativa de servir a um bom propósito, virem a atrapalhar o caminho de outras crenças, que surgiram no processo de servir a um outro bom propósito. A coisa a fazer, dizem, não é decidir o que é real e o que é meramente aparente, mas fazer um acerto – encontrar uma conciliação que permita a ambos os lados atingir ao menos parte do bem que tinham originalmente esperado obter. Isso realmente significa redescrever a situação que deu origem aos vários problemas, encontrando um modo de pensar sobre ela com o qual ambos os lados possam viver. Desde quando os pragmatistas concordam com James que o verdadeiro é o que é bom ou útil acreditar, e desde quando consideram inevitável o conflito do bem com o bem, eles não acham que a grandiosidade e a finalidade universalistas serão jamais atingidas. Compromissos engenhosos entre velhos bens produziram novos conjuntos de aspirações e novos projetos, e novas colisões entre essas aspirações e projetos, para sempre. Nunca escaparemos do que Hegel chamou de "a luta e o trabalho do negativo". Mas isso é simplesmente dizer que deveremos continuar a ser criaturas finitas, filhos de tempos e de lugares específicos.

A ideia, de Platão, de que "o Bem" é o nome de algo perfeitamente unificado, algo como o "Um" parmenidiano, ajudou-lhe a ver todos os bens que prezava como sendo compatíveis uns com os outros. Autor tanto de poemas de amor quanto de provas matemáticas, ele queria ver ambos servindo aos mesmos propósitos. Se pusermos o *Fedro* com a *República*, podemos ver Platão tentando combinar seu desejo por homens jovens, a quem ele dedicou seus poemas, seu amor por Sócrates, e suas esperanças de uma cidade justa, com sua paixão pela certeza demonstrativa. Insistindo, como disse Nietzsche, em que só o racional pode ser belo, e identificando a verdadeira beleza com a realidade última, ele conseguiu convencer-se de que as feias colisões do bem com o bem podiam ser postas de lado como meras aparências.

Na explicação de Berlin, a grandiosidade imperturbável do mundo novo e radiante que Platão alegou ter discernido dominou a imaginação do Ocidente até o movimento romântico. Graças a pensadores da época heroica da filosofia, como Espinosa e Kant, o ideal da grandiosidade universalista sobreviveu à secularização da alta cultura. Pois esses filósofos sugeriram modos de manter viva a visão da investigação como quebra-cabeças, mesmo depois que nos tornamos democritianos no nosso entendimento de como as coisas funcionam. Eles insistiram que a "Verdade" podia continuar "Una", ser ainda considerada tanto um objeto apropriado de empenho erótico como um aliado invulnerável.

O movimento romântico fez o possível para separar o que Platão pensou ter unificado. Zombou da tentativa de Platão de sintetizar a certeza matemática e o êxtase erótico. Recusou-se a pensar na pessoa particular, na cidade, ou no livro, que amamos com todo o nosso coração, nossa alma e nossa mente, como simplesmente um disfarce temporário de algo eterno e infinito, algo que não estivesse ele próprio sujeito à contingência e à derrota. Abandonou a ideia de uma estrutura abrangente que fosse co-natural com a razão humana, e que acabaria por se revelar a todo aquele que se esforçasse por pensar objetivamente. Para citar novamente Berlin:

> O que o romantismo fez foi minar a noção de que há, em matéria de valor, política, moral, estética, coisas como critérios objetivos que operam entre seres humanos, tais que quem não usar esses critérios é simplesmente um mentiroso ou um louco, o que é verdade tanto para a matemática e para a física. (RR, 140)

O romantismo, em outras palavras, corroeu a pressuposição, comum a Platão, a Kant e a Habermas, de que há algo como

Filosofia, racionalidade, democracia

"o melhor argumento" – melhor não por referência à sua habilidade para convencer alguma audiência particular, mas porque possui validade universal. A ideia de que existe a coisa certa para fazer ou para crer, não importando quem você seja, e a ideia de que os argumentos têm uma bondade ou maldade, não importando quem os avalie, andam de mãos dadas. Os pragmatistas descartam ambas essas ideias. Meu desacordo básico com Habermas diz respeito à sua tentativa de reter a noção de argumento intrinsecamente melhor, ao mesmo tempo que adota a teoria hegeliana da sociabilidade da razão. Essas duas coisas me parecem, como pareciam a Dewey, como óleo e água.

Se concordarmos que os românticos obtiveram sucesso em quebrar a visão de quebra-cabeças do que é investigação, então nos disporemos a admitir que a investigação não precisa ter nenhum objetivo mais elevado do que o de resolver problemas, na medida em que eles surgem. Mas Berlin, como Dewey, reconheceu que a esperança platônica, de falar com uma autoridade que não fosse apenas aquela de um determinado tempo e lugar, sobreviveu no interior do ventre do romantismo. Ali ela engendrou o que Habermas chama de "os outros da razão". O tratamento do contraste universalismo-romantismo de Berlin ajuda-nos a ver que uma das ideias mais importantes que os românticos tomaram da tradição ontoteológica foi a de "infinito".

"Infinito" é um termo ambíguo que universalistas e românticos usam de modos diferentes. A ideia de infinito, do universalismo, é de algo que abrange tudo mais, e, assim, algo contra o qual nada tem poder algum. Dizer que Deus é infinito é dizer que nada de fora Dele pode afetá-Lo, muito menos afastá-Lo de Seus propósitos. A ideia de infinitude, do romantismo, é diferente. É a ideia, essencialmente reativa, de remover todas as limitações, e, em particular, todas as limitações impostas pelo passado humano, todas aquelas que estão inseridas nos modos como comumente falamos e pensamos. A ideia romântica de infinitude tem mais a ver com a figura de Prometeu do que com

Grandiosidade universalista, profundidade romântica, finitude humanista

a de Sócrates: a ideia da liberdade perfeita subtraída daquela do conhecimento perfeito.

Berlin utiliza o termos "profundeza" e "profundidade" para descrever a versão romântica do infinito. Eis aqui uma passagem em que ele se estende sobre o sentido que os românticos dão a esses termos:

> Quando digo que Pascal é mais profundo do que Descartes ... ou que Kafka é mais profundo do que Hemingway, o que exatamente estou tentando expressar, sem sucesso, através dessa metáfora? ... De acordo com os românticos – e essa é uma das suas principais contribuições ao entendimento em geral – o que se quer dizer com profundidade, embora eles não discutam-no sob esse nome, é a inexauribilidade, a inabrangibilidade. [N] o caso de uma trabalho que é profundo, quanto mais digo mais resta para dizer. Não há dúvida de que, embora eu tente descrever em que consiste a profundidade deles, tão logo falo, torna-se muito claro que, não importa quanto eu fale, novas lacunas se abrem. Não importa o que diga, sempre tenho que deixar reticências ao final. (RR, 102-103)

Platão pensou que a conceitualização e a argumentação chegariam mais cedo ou mais tarde a um ponto final, a um ponto além do qual lacunas não mais se abririam. Sua esperança de que a argumentação, mais cedo ou mais tarde, nos traria a um ponto, onde não seria mais necessário deixar reticências no final, resume exemplarmente a visão de quebra-cabeças de encaixar, da situação humana – a visão de que há um grandioso significado abrangente, da vida humana em geral, em vez de significados meramente pequenos e transitórios que são reunidos pelos indivíduos e suas comunidades e abandonados por seus sucessores.

Os românticos se convenceram de que a conceitualização e a argumentação sempre deixariam reticências ao final, e então concluíram que é o poeta, ou, mais genericamente, o gênio imaginativo, que nos salvaria da finitude, em vez do dialético socrático. Berlin diz que Friedrich Schiller introduziu, "pela primeira vez no pensamento humano", a noção de que "os ideais não são, em absoluto, descobertos, mas inventados; não encontrados mas gerados, gerados do modo que a arte é gerada (RR, p.87). Simultaneamente, Shelley estava contando à Europa que o poeta vislumbra as sombras gigantes que o futuro lança sobre o presente. Tanto para Schiller como para Shelley, o poeta não reúne eventos passados para oferecer lições para o futuro. Em vez disso, ele nos provoca a dar as costas ao passado. Ele incita a esperança de que nosso futuro será maravilhosamente diferente.

É o bastante sobre a apresentação, de Berlin, da revolta romântica contra o universalismo. Quando tal revolta foi modulada numa chave filosófica, o resultado foi uma série de tentativas de descrever o que Habermas chama de "um outro da razão". Os filósofos fizeram tais tentativas porque pensaram que a profundeza oferecia uma espécie de legitimidade que substituiria a legitimidade que reside num acordo universal. O consenso é, para muitos românticos, como mais recentemente para Foucault, simplesmente um modo de procurar a conformidade com as crenças e instituições usuais. A profundidade não produz acordo, mas, para os românticos, supera o acordo.

Na dialética que percorre os dois últimos séculos de pensamento filosófico, e que Habermas sumariza em seu livro, os universalistas desqualificam cada novo outro da razão como pondo em perigo, tanto a racionalidade como a solidariedade humanas. Os românticos então respondem que o apelo à racionalidade é apenas uma tentativa disfarçada de eternizar o costume e a tradição. Os universalistas dizem, com razão, que abandonar a busca de acordo intersubjetivo é abandonar as restrições ao poder que nos *têm* tornado possível atingir algum grau de justiça social. Os românticos dizem, com igual justiça, que ceder à ideia de que só aquilo com que todos podem concordar pode ser considerado verdadeiro significa render-se à tirania do passado sobre o futuro.

Formular a oposição nesses termos me conduz à minha tese central: que o pragmatismo, e sua defesa do antropocentrismo protagoriano, devem ser vistos não como uma versão do romantismo, mas como uma alternativa a ambos, universalismo e romantismo. É por isso que a querela dos filósofos com os sofistas não é mesma que sua querela com os poetas. O pragmatismo simplesmente descarta a noção de "legitimidade", invocada tanto por universalistas como por românticos, e põe no seu lugar a utilidade de curto prazo. A resposta do pragmatista à dialética que Habermas resume no *Discurso filosófico da modernidade* é simplesmente um modo de dramatizar a necessidade de acordo intersubjetivo, enquanto que o ardor e a profundidade românticos são simplesmente modos de dramatizar a necessidade de novidade, a necessidade de ser imaginativo.

Nenhuma das duas necessidades deveria ser posta acima da – ou poder excluir a – outra. Assim, em vez de fazer perguntas epistemológicas acerca das fontes do conhecimento, ou perguntas metafísicas acerca do que há para conhecer, os filósofos deviam contentar-se em fazer o que Dewey tentou fazer: ajudar seus concidadãos a equilibrar a necessidade de consenso com aquela de novidade. Sugerir como atingir esse equilíbrio não é, naturalmente, algo que nós, professores de filosofia, saibamos melhor que os membros de outras disciplinas acadêmicas. Sugerir modos de atingir tal equilíbrio é trabalho de qualquer um que tenha ambições de dar nova forma à cultura que nos circunda. É por isso que desenvolver o humanismo de F. C. S. Schiller – sua tentativa de reabilitar a alegação de Protágoras, de que o homem é a medida de todas as coisas – significaria desistir da ideia de que há um tipo especial de atividade chamado "filosofar", um que tem um papel cultural específico.

Na visão de cultura que estou sugerindo, o progresso moral e intelectual é conseguido fazendo-se com que alegações que parecem absurdas, para uma geração, introduzam-se no senso comum de gerações posteriores. O papel dos intelectuais é efe-

Filosofia, racionalidade, democracia

tuar essa mudança, explicando como as novas ideias podem, se levadas à experiência, resolver, ou dissolver, problemas criados pelas velhas. Nem a noção de validade universal, nem a de acesso privilegiado à verdade, são necessárias para realizar esse propósito. Podemos trabalhar no sentido de um acordo inter-subjetivo, sem sermos seduzidos pela promessa de validade universal. Podemos introduzir e recomendar ideias novas e surpreendentes, sem atribuí-las a uma fonte privilegiada. O que tanto os universalistas platônicos quanto os românticos nietzschianos acham mais exasperador, no pragmatismo é sua sugestão de que nunca vamos ser nem purificados nem transfigurados por tal fonte, de que nunca faremos mais que consertar-nos a nós mesmos.

Se pensarmos que consertar experimentalmente é tudo o que conseguiremos, então vamos desconfiar tanto das me-táforas universalistas de grandiosidade, como de metáforas românticas de profundidade. Pois ambas sugerem que a suges-tão de consertar mais pode ganhar mais força se for atrelada a algo que não é, nas palavras de Russell, meramente o aqui e agora – algo como a natureza intrínseca da realidade ou as mais extremas profundezas da alma. Os universalistas que adoram metáforas de altura sugerem que o consenso racional é uma questão da força de atração exercida sobre a mente humana por algo sobre-humano, algo localizado, como Platão o situou, para além dos céus – o lugar onde as peças do quebra-cabeças se juntam para formar um padrão luminosamente claro. As pes-soas que adoram aquelas metáforas veem a investigação como tendo um objetivo exaltado chamado "Verdade", que pensam que é algo mais do que a bem-sucedida solução de problemas.

Em contraste, a visão de Berlin, de que o melhor que pode-mos fazer em política é aplainar tantos conflitos quantos sejam possíveis, exibe a mesma atitude pragmatista que a visão de Kuhn, de que o melhor que podemos fazer em ciência é lidar com quebra-cabeças à medida que surgem. Mas para pensado-

Grandiosidade universalista, profundidade romântica, finitude humanista

res como Russell e Nagel, o acordo universal sobre a desejabilidade de uma instituição política ou de uma teoria científica não é, como é para os pragmatistas, apenas uma feliz circunstância social. É também um sinal de que estamos chegando mais perto da verdadeira natureza do homem ou da natureza.

Os românticos, que adoram metáforas de profundeza, estão mais aptos a resistir à sedução da visão de quebra-cabeça da realidade e da teoria correspondentista da verdade que os universalistas. Mas eles frequentemente cometem o erro de que Habermas lhes acusa: eles desprezam sua responsabilidade de tornar plausíveis as sugestões imaginativas, explicando como a nova instituição ou a nova teoria poderia resolver os problemas que as instituições ou teorias velhas não puderam resolver. O romântico frequentemente nos diz que o que se precisa é autenticidade em vez de argumento, como se o fato de que ele teve uma nova ideia fosse suficiente para isentá-lo da responsabilidade de explicar a utilidade dessa ideia.

Assim, quando Cristo é descrito como o caminho, a verdade e a vida, ou quando Heidegger nos diz que Hitler é a realidade presente e futura da Alemanha, a pretensão é de que nossas velhas ideias, nossos velhos problemas, ou nossos velhos projetos, deveriam ser simplesmente descartados, a fim de que nossas mentes possam ser completamente tomadas pelos novos. A pura novidade excitante da pretensão é vista como algo que tornaria desnecessário torná-la plausível. Em vez de ficarmos deslumbrados com uma grandiosidade sobre-humana, devemos ficar deslumbrados com uma ousadia prometeca. Em vez de nos dizerem que fomos elevados ao nível da Verdade imutável, dizem-nos que finalmente fomos postos em contato com nosso eu mais profundo.

Se abandonarmos as metáforas de altura, não veremos nem a habilidade de obter um acordo universal sobre alguma versão atualizada dos *Principia* de Newton, nem a necessidade de respeito universal pelas provisões da Declaração dos Direitos Humanos, de Helsinque, como uma indicação de que esses documentos de algum modo correspondem à realidade. Tanto a perspectiva de um sistema completamente unificado, de explicação científica, como a perspectiva de uma civilização mundial, na qual os diretos humanos são respeitados, têm grandiosidade. Mas, obviamente, a grandiosidade, por si mesma, não é uma indicação de validade. A grandiosidade é inspiradora, e se não tivéssemos gosto por ela, não faríamos muito progresso. Mas não é nem mais nem menos inspiradora do que a profundeza. Pois o apelo a algo de inteiramente abrangente e de invulnerável, e o apelo a algo de inefável porque inexaurivelmente profundo, são ambos apenas *slogans* de propaganda, truques de relações públicas – modos de ganhar a atenção.

Dizer que esses apelos são truques é insistir que abramos mão de palavras como "intrínseco", "autêntico", "incondicional", "legítimo", "básico" e "objetivo". Podemos passar com expressões banais, de elogio ou censura, como "adequa-se aos dados", "soa plausível", "faria mais mal do que bem", "ofende nossos instintos", "pode valer uma tentativa" e "é ridículo demais para ser levado a sério". Os pragmatistas que acham suficiente esse tipo de banalidade pensam que nem um poeta nem um profeta, inspirados, deveriam argumentar a favor da utilidade de suas ideias, apelando para a sua suposta origem em algum "outro da razão". Nem deveria nenhum defensor do *status quo* passar da argumentação a favor do acordo intersubjetivo para a universalidade e a necessidade da crença sobre qual foi alcançado consenso. Entretanto, pode-se ainda valorizar o acordo intersubjetivo, depois de se ter desistido, tanto da visão de quebra-cabeças das coisas, como da ideia de que possuímos uma faculdade chamada "razão", que está de algum modo sintonizada com a natureza intrínseca da realidade. Pode-se, ainda, valorizar a novidade e a força imaginativa depois de se ter desistido da ideia romântica de que a imaginação tem aquela sintonia.

Concluirei retornando ao contraste entre os dias em que a filosofia era central para a vida intelectual e o nosso próprio tempo. A principal razão para a marginalização da filosofia, como disse antes, é a mesma razão por que a guerra entre a ciência e a teologia parece estranha – o fato de que atualmente temos todos um senso comum materialista e reformista. Mas há uma outra razão. É que as querelas que, no curso dos séculos XIX e XX, gradualmente substituíram a guerra entre os deuses e os gigantes – as querelas entre a filosofia e a poesia, e entre a filosofia e a sofística – tornaram-se, elas mesmas, tediosas.

Os intelectuais dos tempos recentes cansaram-se de ver a moda filosófica oscilar entre os entusiastas da grandiosidade, tais como Russell e Nagel, e os celebradores da profundidade inefável, como Bergson e Heidegger. Tornou-se mais difícil persuadi-los de que o destino da civilização depende de se evitarem os excessos do racionalismo científico, tanto quanto de se defender do frívolo irracionalismo dos homens de letras. As discussões acerca do relativismo entre os pragmatistas, como eu próprio, e aqueles que nos denunciam como "negadores da verdade", provocam um interesse apenas muito lânguido. A ideia de que os fundamentos filosóficos de nossa cultura precisam de atenção, ou conserto, soa tola agora, pois faz muito tempo que ninguém pensa que ela possua fundações, filosóficas ou não. Só uns poucos professores de filosofia ainda levam a sério a ideia cartesiana da "ordem natural das razões", uma estrutura inferencial anistórica e transcultural, que dita a prioridade das perguntas que os filósofos fazem em relação às perguntas de outros intelectuais.

Talvez o melhor modo de descrever o interesse decrescente em filosofia, entre os intelectuais, é dizer que o infinito está perdendo seu encanto. Estamos abraçando um senso comum finitista – tornando-nos pessoas que creem que, quando morremos, nós apodrecemos, que cada geração resolverá velhos problemas, apenas enquanto cria problemas novos, que nossos descendentes verão com desprezo e incredulidade muito do que fizemos, e que o progresso em direção a uma justiça e uma li-

Filosofia, racionalidade, democracia

berdade maiores não é nem inevitável nem impossível. Estamos ficando contentes em nos vermos como animais consertadores, que se fazem enquanto seguem em frente. A secularização da alta cultura, que pensadores como Espinosa e Kant ajudaram a realizar, formou em nós o hábito de pensar horizontalmente em vez de verticalmente – de entender como poderíamos providenciar um futuro ligeiramente melhor em vez de olhar para cima, para a estrutura suprema, ou para baixo, para as profundezas insondáveis.

SOBRE O LIVRO

Formato: 14 x 21 cm
Mancha: 23 x 45 paicas
Tipologia: Iowan Old Style 10/14
Papel: Offset 75 g/m² (miolo)
Cartão Supremo 250 g/m² (capa)
1ª *edição*: 2005
1ª *reimpressão*: 2011

EQUIPE DE REALIZAÇÃO

Coordenação Geral
Sidnei Simonelli

Produção Gráfica
Anderson Nobara

Edição de Texto
Alexandra Costa da Fonseca (Preparação de Original)
Viviane S. Oshima,
Sandra Garcia Cortés e Janaína Estramaço (Revisão)
Olivia Frade Zambone (Assistência editorial)

Editoração Eletrônica
Lourdes Guacira da Silva Simonelli (Supervisão)
Estela Mleetchol (Diagramação)

Impressão e acabamento